JIANYAN JIANCE CHANYE
ZHUANLI DAOHANG

行业专利导航丛书

检验检测产业专利导航

主　编 ◎ 吕荣波　　副主编 ◎ 马毓昭

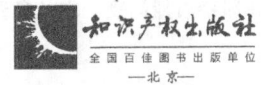

知识产权出版社
全国百佳图书出版单位
—北京—

图书在版编目（CIP）数据

检验检测产业专利导航/吕荣波主编；马毓昭副主编. —北京：知识产权出版社，2022.7

ISBN 978-7-5130-8203-7

Ⅰ.①检… Ⅱ.①吕… ②马… Ⅲ.①产品质量—质量检验—工业产业—专利—研究—天津 Ⅳ.①F273.2②G306.72

中国版本图书馆CIP数据核字（2022）第097555号

内容提要

本书通过对检验检测产业结构及布局导向、企业研发及布局导向、技术创新及布局导向、专利运营及布局方向等内容的分析，揭示产业结构调整及发展方向；以天津市东丽区检验检测产业为视角，充分调研天津市东丽区检验检测产业现状、产业特点，知识产权发展现状和需求，明晰天津市东丽区检验检测产业定位；从产业结构优化、招商引智、人才培养及引进、研发方向指引、专利布局及专利运营等方面规划天津市东丽区检验检测集聚区创新发展路径，并提供决策建议。

责任编辑：尹　娟　　　　　　　　责任印制：孙婷婷

检验检测产业专利导航

JIANYAN JIANCE CHANYE ZHUANLI DAOHANG

吕荣波　主　编
马毓昭　副主编

出版发行	知识产权出版社有限责任公司	网　　址	http://www.ipph.cn
电　话	010-82004826		http://www.laichushu.com
社　址	北京市海淀区气象路50号院	邮　编	100081
责编电话	010-82000860转8702	责编邮箱	yinjuan@cnipr.com
发行电话	010-82000860转8101	发行传真	010-82000893
印　刷	北京中献拓方科技发展有限公司	经　销	新华书店、各大网上书店及相关专业书店
开　本	720mm×1000mm　1/16	印　张	17.5
版　次	2022年7月第1版	印　次	2022年7月第1次印刷
字　数	328千字	定　价	88.00元
ISBN 978-7-5130-8203-7			

出版权专有　侵权必究

如有印装质量问题，本社负责调换。

编委会

主　编　吕荣波

副主编　马毓昭

编　委　曹志霞　李晓凤　刘　纯

前　言

2013年，国家知识产权局发布《关于实施专利导航试点工程的通知》，首次正式提出专利导航是以专利信息资源利用和专利分析为基础，把专利运用嵌入产业技术创新、产品创新、组织创新和商业模式创新，引导和支撑产业实现自主可控、科学发展的探索性工作。随后国家专利导航试点工程面向企业、产业、区域全面铺开，专利导航的理念延伸到知识产权分析评议、区域布局等工作，并取得明显成效。2021年6月，用于指导规范专利导航工作的《专利导航指南》（GB/T 39551—2020）系列推荐性国家标准正式实施，该标准对于规范和引导专利导航服务，培育和拓展专利导航深度应用场景，推动和加强专利导航成果落地实施具有重要意义。2021年7月，国家知识产权局发布《关于加强专利导航工作的通知》，要求各省级知识产权管理部门要将专利导航服务基地建设作为加强地方专利导航工作的重要抓手，做好布局规划。构建起特色化、规范化、实效化的专利导航服务工作体系，使专利导航产业创新发展重要作用得到有效发挥。

检验检测认证是现代服务业的重要组成部分，对于加强质量安全、促进制造业产业升级等具有重要作用。国务院高度重视检验检测服务业发展，先后将检验检测服务业列为高技术服务业、生产性服务业和科技型服务业。随着社会主义市场经济的不断发展，对检验检测的需求日益增长，检验检测服务呈现出良好发展势头，但我国检验检测机构规模普遍偏小，布局结构分散，重复建设严重，行业壁垒较多，国际化程度不高，迫切需要通过整合做强做大，提升核心竞争力，激发市场活力。近年来，国家认证认可监督管理委员会在上海、北京、天津等15个城市开展国家检验检测认证公共服务平台示范区创建活动，引导我国检验检测认证行业产业化聚集和集成发展，形成适应新形势的检验检测认证服务业态，不断提升检验检测认证服务业的行业产值和服务效能。

本书遵照《专利导航指南》（GB/T 39551—2020）标准实施检验检测产业专利导航，通过对检验检测产业结构及布局导向、企业研发及布局导向、技术创新及布局导向、协同创新热点方向、专利运用热点方向等内容的分析，揭示产业结构调整及发展方向；以天津市东丽区检验检测产业为视角，充分调研天津市东丽区检验检测产业现状、产业特点，知识产权发展现状和需求，明晰天津市东丽区检验检测产业定位；从产业结构优化、招商引智、人才培养及引进、研发方向指引、专利布局及专利运营等方面规划天津市东丽区检验检测集聚区创新发展路径，提供决策建议，同时为中国其他地区检验检测产业发展提供参考和借鉴。

目 录
CONTENTS

第 1 章　研究概况 …………………………………………………………… **1**
    1.1　研究背景 / 1
    1.2　研究对象及检索范围 / 1

第 2 章　检验检测产业基本情况分析 ……………………………………… **10**
    2.1　全球检验检测产业现状 / 10
    2.2　中国检验检测产业现状 / 19
    2.3　天津市检验检测产业现状 / 36
    2.4　天津市东丽区检验检测产业现状 / 38

第 3 章　检验检测产业与专利关联性分析 ………………………………… **42**
    3.1　产业创新发展与专利布局关系分析 / 42
    3.2　专利在产业竞争中发挥的控制力和影响力 / 48

第 4 章　检验检测产业专利全景分析 ……………………………………… **63**
    4.1　专利发展态势分析 / 63
    4.2　专利区域布局分析 / 65
    4.3　专利权人竞争格局分析 / 68
    4.4　专利布局热点技术方向分析 / 79
    4.5　重点专利 / 88

第 5 章　检验检测产业发展方向导航 ……………………………………… **153**
    5.1　产业结构及布局导向 / 153
    5.2　企业研发及布局导向 / 162

5.3 技术创新及布局导向 / 177
5.4 专利运营及布局方向 / 181

第6章 天津市及东丽区检验检测产业发展定位 186
6.1 结构定位分析 / 186
6.2 企业创新实力定位 / 194
6.3 创新人才储备定位 / 203
6.4 技术创新能力定位 / 210
6.5 专利运营实力定位 / 213

第7章 天津市东丽区检验检测产业发展路径导航 217
7.1 产业结构优化路径 / 217
7.2 企业培育及引进路径 / 237
7.3 创新人才培养及引进路径 / 249
7.4 技术创新及引进路径 / 257
7.5 专利布局及专利运营路径 / 265
7.6 政策建议 / 267

附录 申请人名称缩略表 270

第1章 研究概况

1.1 研究背景

随着社会的发展和科技的进步,社会公众对产品的质量、生活健康水平、生产生活的安全性、社会环境保护等方面的关注日益提升;同时随着国际贸易日益活跃、产品质量标准的持续提升和新产品新技术的不断涌现,全球检测市场保持快速增长。全球范围内大型综合性检测机构基本上来自欧洲、美国和日本等发达国家和地区,我国检测机构规模普遍偏小、布局分散且市场集中度低,缺少国际化检验检测机构。

本书以天津市东丽区检验检测产业为视角,通过对检验检测产业结构及布局导向、企业研发及布局导向、技术创新及布局导向、协同创新热点方向、专利运用热点方向等内容的分析,明确检验检测产业发展方向;同时梳理天津市、东丽区检验检测产业现状、产业特点和知识产权发展现状,从产业结构优化、招商引智、人才培养及引进、研发方向指引、专利布局及专利运营等方面规划东丽区检验检测产业发展路径,提供决策建议,同时为中国其他区域检验检测产业发展提供参考和借鉴。

1.2 研究对象及检索范围

1.2.1 产业技术分解

由于检验检测产业种类繁多,在确定研究对象时,通过资料搜集、企业调研和专家访谈等方式,项目组全面了解了检验检测技术领域,根据调研反馈和资料并基于东丽区的重点发展方向,确定了技术分解表(见表1-1),划分为2个一级技术、24个二级技术、42个三级技术。

表 1-1 检验检测产业技术分解表

技术主题	一级分支	二级分支	三级分支
检验检测	检测方法	车辆检测	整车检测
			碰撞检测
			车身检测
			底盘检测
			汽车材料检测
			电磁检测
			发动机检测
			新能源汽车检测
			排放检测
		医疗检测	体液检测
			微生物检测
			免疫检测
			基因检测
		食品检测	食品本身的检测
			食品包装的检测
			转基因制品的检测
			细菌及其代谢物的检测
		生态环境检测	水质检测
			土壤检测
			大气检测
			噪声检测
		芯片检测	
		纺织检测	
		建筑工程检测	
		轨道交通检测	
		油品检测	
		船舶检测	
		计量校准检测	
		其他	
	检测设备	车辆检测	整车检测
			碰撞检测
			车身检测

续表

技术主题	一级分支	二级分支	三级分支
检验检测	检测设备	车辆检测	底盘检测
			汽车材料检测
			电磁检测
			发动机检测
			新能源汽车检测
			排放检测
		医疗检测	体液检测
			微生物检测
			免疫检测
			基因检测
		食品检测	食品本身的检测
			食品包装的检测
			转基因制品的检测
			细菌及其代谢物的检测
		生态环境检测	水质检测
			土壤检测
			大气检测
			噪声检测
		芯片检测	
		纺织检测	
		建筑工程检测	
		轨道交通检测	
		油品检测	
		船舶检测	
		计量校准检测	
		其他	

1.2.2 专利检索及结果

1. 数据库名称和简介

使用的专利工具为中国知识产权大数据与智慧服务系统（DI Inspiro）、智慧芽全球专利数据库（PatSnap）等。

DI Inspiro 是由知识产权出版社有限责任公司开发创设的国内第一个知识产权大数据应用服务系统。目前，DI Inspiro 已经整合了国内外专利、商标、版权、判例、标准、科技期刊、地理标志、植物新品种和集成电路布图设计 9 大类数据资源，实现了数据的检索、分析、关联、预警、产业导航和用户自建库等多种功能，旨在为全球科技创新和知识产权保护提供最优质、高效的知识产权信息服务。

PatSnap 是一款全球专利检索数据库，整合了从 1790 年至今全球 116 个国家或地区超过 1.4 亿条专利数据、1.37 亿条文献数据、97 个国家或地区的公司财务数据。提供公开、实质审查、授权、撤回、驳回、期限届满、未缴年费等法律状态数据，还包括专利许可、诉讼、质押、海关备案等法律事件数据。支持中文、英文、日文、法文、德文等多种检索语言；提供智能检索、高级检索、命令检索、批量检索、分类号检索、语义检索、扩展检索、法律检索、图像检索、文献检索等检索方式，其中图像检索覆盖多个国家和地区的外观设计数据。

2. 检索范围

本研究围绕检验检测产业，检索范围为全球，涵盖了世界绝大多数国家和地区的专利数据，包含美国、日本、韩国、德国、法国、中国，以及组织如欧洲专利局（EPO）和世界知识产权组织（WIPO）等。

3. 数据检索数量

所有数据的检索截止日期为 2021 年 6 月 15 日，共检索到全球专利 605 685 项（见表 1-2）。

表 1-2 检索数据　　　　　　　　　　　　　　　（单位：项）

技术主题	申请量	一级分支	申请量	二级分支	申请量	三级分支	申请量
检验检测	605 685	检测方法	206 015	车辆检测	56 684	整车检测	46 393
						碰撞检测	1752
						车身检测	699
						底盘检测	1104
						汽车材料检测	541
						发动机检测	2263
						新能源汽车检测	2661
						排放检测	2194

续表

技术主题	申请量	一级分支	申请量	二级分支	申请量	三级分支	申请量
检验检测	605 685	检测方法	206 015	医学检测	41 478	体液检测	7175
						微生物检测	4876
						免疫检测	8718
						基因检测	24 936
				食品检测	32 448	食品本身的检测	22 451
						食品包装的检测	756
						转基因制品的检测	3094
						细菌及其代谢物的检测	8884
				生态环境检测	27 704	水质检测	12 987
						土壤检测	9318
						大气检测	2930
						噪声检测	267
				芯片检测	6994		
				纺织检测	5044		
				建筑工程检测	4797		
				轨道交通检测	4188		
				油品检测	1757		
				船舶检测	1231		
				计量校准检测	6036		
				其他	17 654		
		检测设备	471 636	车辆检测	170 098	整车检测	144 191
						碰撞检测	4619
						车身检测	2044
						底盘检测	3650
						汽车材料检测	1855
						发动机检测	4742
						新能源汽车检测	5298
						排放检测	5459

续表

技术主题	申请量	一级分支	申请量	二级分支	申请量	三级分支	申请量
检验检测	605 685	检测设备	471 636	医学检测	37 001	体液检测	7862
						微生物检测	3674
						免疫检测	7929
						基因检测	19 334
				食品检测	53 281	食品本身的检测	41 524
						食品包装的检测	2521
						转基因制品的检测	3073
						细菌及其代谢物的检测	9212
				生态环境检测	74 461	水质检测	34 372
						土壤检测	23 067
						大气检测	9923
						噪声检测	483
				芯片检测	13 413		
				纺织检测	13 843		
				建筑工程检测	170 08		
				轨道交通检测	11 336		
				油品检测	3004		
				船舶检测	3160		
				计量校准检测	8848		
				其他	66 183		

1.2.3 专利文献的去噪

由于分类号和关键词的特殊性,导致查全得到的专利文献中必定会含有一定数量超出分析边界的噪声文献,因此需要对查全得到的专利文献进行噪声文献的剔除,即专利文献的去噪。本研究主要通过去除噪声关键词对应的专利文献再结合人工去噪的方式进行。首先提取噪声文献检索要素,找出引入噪声的关键词，对涉及这些关键词的专利文献进行剔除。在完成噪声关键词去噪后对被清理的专利文献进行人工处理，找回被误删的专利文献，最终得到待分析的专利文献集合。

1.2.4 检索结果的评估

对检索结果的评估贯穿在整个检索过程中，在查全与去噪过程中需要分阶段对所获得的数据文献集合进行查全率与查准率的评估，保证查全率与查准率均在80%以上，以确保检索结果的客观性。

1. 查全率

查全率是指检出的相关文献量与检索系统中相关文献总量的比率，是衡量信息检索系统检出相关文献能力的尺度。

专利文献集合的查全率定义如下：设 S 为待验证的待评估查全专利文献集合，P 为查全样本专利文献集合（P 集合中的每一篇文献都必须要与分析的主题相关，即"有效文献"），则查全率 r 可以定义为：$r = \text{num}(P \cap S)/\text{num}(P)$ 其中，$P \cap S$ 表示 P 与 S 的交集，$\text{num}()$ 表示集合中元素的数量。

评估方法：各技术主题根据各自检索的实际情况，分别采取分类号、关键词等方式进行查全评估，如 CMOS 传感器选择了重点企业的重要发明人团队、行业中的著名申请人构建样本集；智能传感器设计则采用申请人和主要传感器类型相结合的验证方式。

2. 查准率

专利文献集合的查全率定义如下：设 S 为待评估专利文献集合中的抽样样本，S' 为 S 中与分析主题相关的专利文献，则待验证的集合的查准率 p 可定义为：$p = \text{num}(S')/\text{num}(S)$ 其中，$\text{num}()$ 表示集合中元素的数量。

评估方法：各技术主题根据各自实际情况，采用各技术分支抽样人工阅读的方式进行查准评估。

最终，本研究的查全率与查准率都已经做到各自技术主题的最优平衡。

1.2.5 检索后的数据处理

专利检索分解后，依据研究内容分解后的技术内容对采集的数据进行加工整理，本研究内容的数据处理包括数据规范化和数据标引。数据规范化是加工过程的第一阶段，是后续工作开展的基础，直接影响数据分析的结论。首先对专利信息和非专利数据采集信息按照特定的格式进行数据整理，规范化处理，保证统一、稳定的输出规范，形成直观和便于统计的 Excel 文件，生成完整、形式规范的数据信息。然后根据分析目标，以达到深度分析的目的，对专利文献作出相应的数据标引，标引结果的准确性和精确性也直接影响专利分析的结果。

1.2.6 相关数据约定及术语解释

1. 数据完整性

本研究的检索截止日期为 2021 年 02 月 28 日。由于发明专利申请自申请日（有优先权的自优先权日）起 18 个月公布，实用新型专利申请在授权后公布（其公布的滞后程度取决于审查周期的长短），而 PCT 专利申请可能自申请日起 30 个月甚至更长时间才进入国家阶段，其对应的国家公布时间就更晚。因此，检索结果中包含的 2019 年之后的专利申请量比真实的申请量要少，具体体现为分析图表可能出现各数据在 2019 年之后突然下滑的现象。

2. 申请人合并

对申请人字段进行清洗处理。专利申请人字段往往出现不一致情况，如申请人字段"A 集团公司""B（集团）公司""C（集团）公司"，将这些申请人公司名称统一；另外对前后使用不同名称、而实际属于同一家企业的申请人统一为现用名；对于部分企业的全资子公司的申请全部合并到母公司申请。

3. 对专利"件"和"项"数的约定

本研究涉及全球专利数据和中文专利数据。在全球专利数据中，将同一项发明创造在多个国家申请而产生的一组内容相同或基本相同的系列专利申请，称为同族专利，将这样的一组同族专利视为一"项"专利申请。在中文专利数据库中，针对同一申请号的申请文本和授权文本等视为同一"件"专利。

4. 同族专利约定

在全球专利数据分析时，存在一件专利在不同国家申请的情况，这些发明内容相同或相关的申请被称为专利族。优先权完全相同的一组专利被称为狭义同族，具有部分相同优先权的一组专利被称为广义同族。本研究的同族专利指的是狭义同族，即一件专利如进行海外布局则为一组狭义同族。

5. 有关法律状态的说明

有效专利：到检索截止日为止，专利权处于有效状态的专利申请。

失效专利：到检索截止日为止，已经丧失专利的专利或者自始至终未获得授权的专利申请，包括被驳回、视为撤回或撤回、被无效、未缴纳年费、放弃专利权、专利权届满等无效专利。

审中专利：该专利申请可能还未进入实质审查程序或者处于实质审查程序中。

6. 其他约定

PCT是《专利合作条约》的英文缩写。根据PCT的规定，专利申请人可以通过PCT途径递交国际专利申请，向多个国家申请专利，由世界知识产权组织（WIPO）进行国际公开，经过国际检索、国际初步审查等国际阶段之后，专利申请人可以办理进入指定国家的手续，最后由该指定国的专利局对该专利申请进行审查，符合该国专利法规定的，授予专利权。

中国申请是指在中国大陆受理的全部相关专利申请，即包含国外申请人以及本国申请人向国家知识产权局提交的专利申请。

国内申请是指专利申请人地址为在中国大陆的申请主体，向国家知识产权局提交的相关专利申请。

在华申请是指国外申请人在国家知识产权局的相关专利申请。

第 2 章 检验检测产业基本情况分析

本章对国外、国内检验检测产业从产业发展历程、产业规模、产业结构、政策环节、龙头或骨干企业等角度进行分析,明晰检验检测产业发展现状,初步判断天津市东丽区面临的问题。

2.1 全球检验检测产业现状

2.1.1 检验检测产业发展历程

1. 全球检验检测产业发展历程

检验检测行业是以工业化为开端,自人类进入工业时代起,全球质量检验检测行业便作为一个独立的行业开始发展。发展至今,欧洲国家、日本、美国等均已形成了较为规范的质量检验检测市场,并形成了一批在国际上比较有名望、有权威的民间商品检测机构。

检测行业在欧美发达国家是拥有超过百年历史的成熟行业。国际知名的检测机构大多创立于 19 世纪,最早起源于国际贸易过程中的验货和公证服务。20 世纪中期,随着西方市场经济的不断发展和繁荣以及相关检测标准制度的建立,国际检测行业初具规模。自 20 世纪末开始,国际检测行业的发展进入成熟期,主要表现为检测机构的业务范围已深入到社会生产和生活的各个层面和环节。

纵观全球检验检测行业,独立的第三方检测机构在政府监管和行业自律的约束下,发展速度非常快,其公开性、公正性、公平性日益受到了业界的肯定和社会的重视。随着技术进步、产品更新换代加快和国际分工深化,检测行业一直保持良好的增长态势。过去 20 年间全球检测市场始终保持着 5%~6% 的增长速度,近 10 年平均增速更高达约 10%。2018 年全球检验检测市场规模约为 10 157 亿元,在全球经济缓慢复苏的背景下,预计未来几年全球检验检测行业规模增速将保持在8%左右,仍是增长速度较快的行业之一。

在全球范围内,检测行业成为发展较快的行业之一。随着社会的发展和科技的进步,社会公众对产品的质量、生活健康水平、生产生活的安全性、社会环境保护等方面的关注日益提升;同时随着国际贸易日益活跃、产品质量标准的持续提升和新产品新技术的不断涌现,全球检测市场保持快速增长。

目前,全球范围内大型综合性检测机构基本来自欧洲、美国和日本等发达国家和地区。从全球检测机构的市场占有情况来看,市场占有率最大的检测机构为瑞士通用公证行,其业务规模占全球业务规模的5%左右;排名第二的为必维,其占全球业务规模的4%,优势也较为明显。另外,德国机动车监督协会、天祥等在全球市场也占有较高的地位,其全球市场占有率均在2%以上。

随着世界范围内的产业转移,制造业由发达国家向发展中国家转移的趋势更为明显,与制造业密不可分的质量检验检测行业也随着世界范围内的产业转移,由发达国家转向发展中国家。

随着技术进步、产品更新换代加快和国际分工深化,检测行业一直保持良好的增长态势。伴随中国的经济发展,国民消费水平和消费质量逐步提高,检测意愿上升,中国检测行业发展迅猛。

2. 中国检验检测行业发展历程

长期以来我国的检测认证行业的主体都是政府机构,基本上是各级的检验检疫机构和研究所。随着中国进入WTO和改革开放的深入,民间的第三方检测和国外的知名第三方检测机构也渐渐出现在国人的视野当中。我国的检测认证行业发展主要经历了三个阶段。

(1) 第一阶段:国家统一管理。

1949年后,政府开始实行国家对外贸易的统一管制,不断强化对检验检测市场的管制,建立独立自主的对外贸易管理体系,对外贸易部下设商品检验总局,统一领导和管理全国的进出口检验机构和开展检验检测工作。改革开放后,我国检验检测行业特别是进出口商品检验得到了初步发展,奠定了今后市场发展的基础。1984年发布的《中华人民共和国进出口商品检验条例》规定所有检验检测业务一律由国家机构管理实施并且外国检验机构不得在中国境内设立。

(2) 第二阶段:对民间资本开放。

1989年颁布的《中华人民共和国进出口商品检验法》取消了中国境内不允许设立外国检验机构的条款,同时规定,国家商检部门和商检机构根据需要,可向通过考核、认可并符合条件的国外检测机构或者国内民营检测机构开放部分商品检验检测市场，为我国第三方检测机构的发展奠定了基础。

2001年中国加入世界贸易组织谈判进入最终阶段，同年4月，党中央、国务院作出了一项重大决定：在改革我国质量监督检验检疫管理体制、成立国家质检总局的同时，成立国家认证认可监督管理委员会（以下简称"国家认监委"），授权其统一管理、监督和综合协调全国的认证认可工作。国家认监委成立后以建立既符合国际通行规则又切合中国实际的、统一完善的国家认证认可/合格评定工作体系为目标，以推动认证认可制度建设为主线，以充分发挥各部委、质检系统和认可、认证及相关机构积极性为手段，在战略上实施"三步走"的方针，在战术上先争取在实施强制性产品认证制度、规范国家认证及注册机构管理、整顿认证市场和推动国际合作四个方面重点突破。

2002年，《中华人民共和国进出口商品检验法》修正进一步明确，列入国家规定的进出口商品检验目录的商品，由商检机构实施检验检测；经国家商检部门许可的检验检测机构，可以接受对外贸易关系人或外国检验检测机构的委托，办理进出口商品检验鉴定业务。进一步明确了对从事进出口商品检验鉴定经营活动的民事行为的检验资格，明确界定了行政执法性质的强制性检验检测工作与民事行为的检验检测业务，为检验检测市场的对内对外开放奠定了法律基础。

（3）第三阶段：允许外资独资检测机构进入。

2005年12月11日之后，我国政府遵守加入世界贸易组织承诺，允许外资或独资企业进入中国的服务贸易市场。外资检测机构凭借雄厚的资本实力和丰富的运作经验全面进入中国检测市场，成为中国检测市场的重要组成部分。这标志着中国检验检测行业的发展框架正式形成，近十年的发展促进了民间检测机构、外资检测机构的快速发展。

政府强制性检测市场主要包括各部委的质检、商检、环保、卫生等各种认证要求的强制性认证及各级政府（含省、市、县、镇等）各种认证要求的强制性认证，目前该部分市场占全部检测市场的55%左右。外资检测机构有着强大的技术和资源优势，同时掌握了大量国外客户的检测需求，占据了强制性检测认证以外的认证市场的大部分份额。民间检测机构发展缓慢。

检验检测认证是现代服务业的重要组成部分，对于加强质量安全、促进产业发展、维护群众利益等具有重要作用。随着社会主义市场经济的不断发展，对检验检测认证的需求日益增长，检验检测认证服务呈现出良好发展势头。但我国检验检测认证机构尚处于发展初期，缺乏政府统一有效的监管，规模普遍偏小，布局结构分散，重复建设严重，体制机制僵化，行业壁垒较多，条块分割明显，服务品牌匮乏，国际化程度不高，难以适应完善现代市场体系和转变政府职能的要求,迫切需要通过整合做强做大,提升核心竞争力,激发市场活力。

2.1.2 检验检测产业规模及产业格局

从全球检验检测行业市场规模来看,检验检测行业保持良好的增长态势,市场规模突破 2000 亿欧元。

从行业竞争格局来看,行业竞争较为激烈,瑞士通用公证行、必维和天祥为领先检测机构。从行业应用情况来看,检验检测市场主要应用于消费品、食品及工业领域。

从行业发展趋势来看,全球检验检测市场将稳步发展,其中第三方检测市场发展迅速,市场占有率将持续提升。[1]

1. 市场规模

从全球检验检测行业市场规模来看,2009—2019 年,全球检验检测行业需求呈现持续增长趋势,从 2009 年的 741 亿欧元提升至 2019 年的 2053 亿欧元。

全球检验检测市场稳步发展,第三方检验占比达 48%,全球检测行业具有较强的抗风险能力,即便在 2008 年至 2009 年恶劣的国际经济危机冲击下,检测行业整个市场规模依然有所增长,在全球范围内没有出现破产案件,裁员和重组的现象都很少发生。根据全球知名调研机构 Market sand markets 预测,预计到 2025 年全球检验检测行业的规模将超过 2500 亿欧元。全球检验检测行业市场规模统计及预测情况如图 2-1 所示。

2. 市场产业结构

从检验检测市场行业应用分布情况来看,消费品及零售、食品及农产品占比相对较大,占比均为 11%。石油天然气行业紧随其后,占比达 10%。医疗卫生、轻工、汽车、化工等行业总占比为 35%,占据总销售额比例较大。全球检验检测行业应用领域分布情况如图 2-2 所示。

---

[1] 前瞻产业研究院. 中国质量检验检测产业发展前景与投资预测分析报告 [EB/OL]. [2020-06-30]. https://www.sohu.com/a/428975420_120868906.

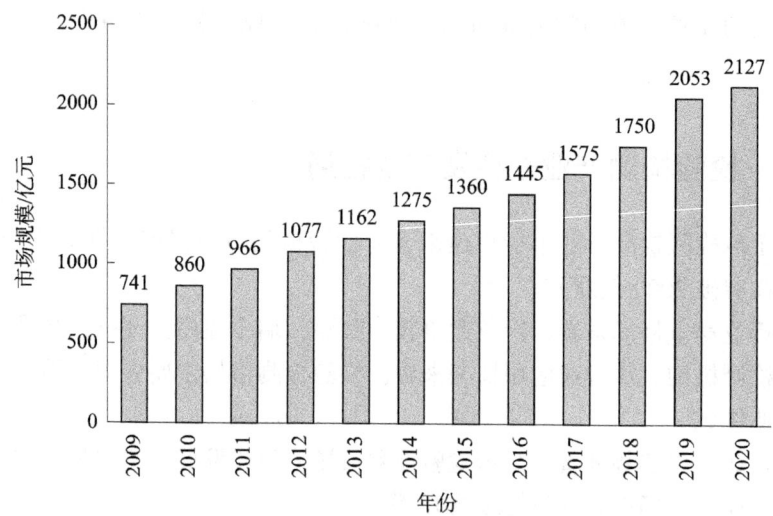

图2-1 全球检验检测行业市场规模统计及预测情况

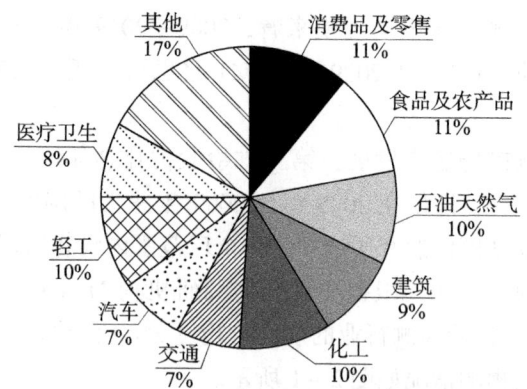

图2-2 全球检验检测行业应用领域分布情况❶

3. 重点企业

经过多年发展,全球一些领先的检测机构已在国际市场上占有一定的优势,从全球检验检测机构的市场占有率情况来看,瑞士通用公证行、必维和天祥在全球市场份额占比不足20%,全球市场排名前10企业的市场份额占比不足40%。对于其他企业来说,仍有40%的市场可以填补。有关全球检验检测行业领先企业市场占有率统计如图2-3所示。

---

❶ 前瞻产业研究院. 中国质量检验检测产业发展前景与投资预测分析报告[EB/OL]. [2020-06-30]. https://www.sohu.com/a/428975420_120868906.

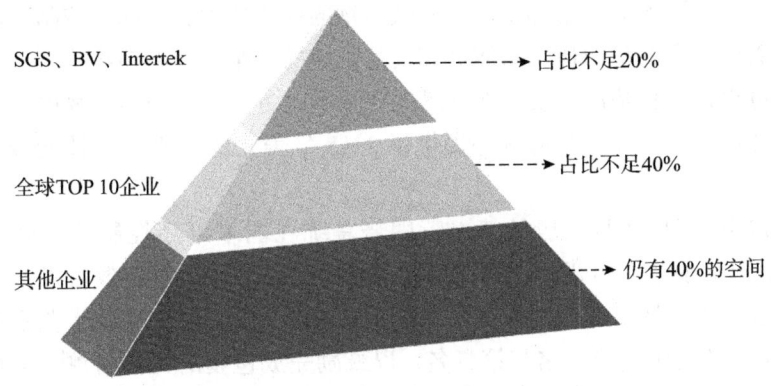

图 2-3　全球检验检测行业领先企业市场占有率统计❶

2.1.3　国外行业政策

1. 美国政策

美国历任总统大都发布过汽车、医疗、环境等方面检验检测的法规和讲话，这里笔者将比较具有代表性的讲话进行提炼，总结如下。

1967 年 7 月 21 日，林登·约翰逊总统在对马里兰州贝塞斯达国家卫生研究院视察的讲话中指出❷：当今的医疗检测已经帮 1/2 的高血压病人延长了 10 年的寿命，至少 1/5 的低于 65 岁的心脏病人延长了生命。在医院里给新生婴儿的检测，也让婴儿的存活率出现了近十年内最大的提升。1966 年，100 万美国妇女中的 90 万人参加了美国国立卫生研究院的宫颈癌检测项目，至少发现了 3000 个可以治愈的病例。为此，我们应当推动医疗检测和检验项目。

2003 年 7 月 14 日，乔治·布什总统在《2004 财年农业、农村发展、食品和药品管理局及相关机构拨款法案的行政政策声明》（H. R. 2673）中指出❸：

---

❶ 前瞻产业研究院. 中国质量检验检测产业发展前景与投资预测分析报告 [EB/OL]. [2020-06-30]. https://www.sohu.com/a/428975420_120868906.

❷ 林登·约翰逊. 贝塞斯达国家卫生研究院视察讲话 [EB/OL]. https://www.presidency.ucsb.edu/documents/remarks-following-tour-inspection-the-national-institutes-health-bethesda-maryland.

❸ 乔治·布什. 2004 财年农业、农村发展、食品和药品管理局及相关机构拨款法案的行政政策声明 [EB/OL]. https://www.presidency.ucsb.edu/documents/hr-2673-agriculture-rural-development-food-and-drug-and-related-agencies-appropriations.

在食品安全检测方面，增加了对病原微生物的检验检测，目的是控制或消除肉类和家禽产品中的病原体，从而提高食品供应的安全性。在药物检测方面，提出加大进出口药物检测力度，尤其是老年人和处方药病人所需药物的检测。此外，在环境检测方面，政府额外提供了 2.15 亿美元的废水处理补助金，用于废水监测。

2019 年 6 月 12 日，唐纳德·特朗普总统在国家毒品控制政策处举办的"海关检测"全球大奖赛的新闻讲话中指出❶：国内国际包裹数目近些年显著增多，包裹中裹挟的非法阿片类药物的检测应当提上日程，本次大奖赛共下拨 150 万美元的奖励给第一名与第二名，以鼓励完成包裹的无损检测，期待着下一步的挑战，并找到更好的方法来识别和阻止阿片类物质进入社区和家庭。目前已经公布的检测手段包括原子级药物检测、增强 X 射线衍射、含氮物质的 NQR 检测、无操作员 X 射线衍射、自动阿片类药物检测扫描仪和算法等。

此外，美国政府不断更新和出台相关的法律法规，完善检验检测标准和制度。例如，2011 年出台了《FDA 食品安全现代化法案》，明确了对与食品接触的材料进行食品级检测的具体流程，为维护消费者健康安全提供了保障。2015 年，围绕《食品安全现代化法》出台了《食品预防控制措施》《农产品安全》等一系列实施条例，涉及产品安全检验检测等多方面内容，对食品检测行业提出新的规定和约束。

2. 日本政策

日本政府十分重视发挥法律对社会经济发展的促进作用，陆续颁布一系列法律，如《出口检查法》《食品卫生法》《工业标准化法》《出口设计法》《产品责任法》等，通过立法形式建立商品检验管理的依据。这些法律明确规定进出口生产、加工、经营、销售单位以及商品检验、海关等执法部门的法律义务和责任，对违法者进行法律制裁。日本政府对有关民间检验机构的检验技术水平、检验设备手段、检验范围和能力以及组织结构进行考核认证。对具备条件的机构授权代表政府执行有关检验检测。政府部门对所指定的民间检验机构的检验业务和检验结果进行监督管理，不定期进行抽查，如发现问题可撤销授权。对于日本来说，关于医疗检验检测的政策和补助，自 1987 年即开始，每年的补助金额变化不大，表明在医疗检验检测领域，日本的开展时间较早。表

---

❶ 唐纳德·特朗普. "海关检测"全球大奖赛新闻讲话 [EB/OL]. https：//www.presidency.ucsb.edu/documents/press – release – 8 – finalists – announced – 155m – challenge – for – new – solutions – detect – opioids.

2-1 给出了日本部分地区的医疗检验检测的补助。

表2-1 日本各地区出台的医疗检验检测项目

地区	检查项目	经费/千日元	开始时间
福岛县	儿童代谢行为诊断	49 992	2004
鸟取县	儿童体检	289	—
福冈县	血液检查	49 206	2001
鹿儿岛县	老人体检	317 152	—
广岛市	血液检查	22 521	2001

2005年,日本经济产业部给出了再生医疗的发展路线,见表2-2。

表2-2 日本医疗诊断发展路线

Ⅰ期-2007	Ⅱ期-2010	Ⅲ期-2015	Ⅳ期-2020
致病基因筛选	癌症检查	基因评估癌症	免疫提升
免疫测定	可视化动态解析	全基因诊断装置	量子力学快诊断

环境检验检测方面,在近20年的发展中,日本已经形成了十分成熟和完善的环境监测市场化发展机制。相关的法律法规与技术规范体系早在20世纪90年代末已经初步成型,1993年日本颁布了《环境基本法》,另外,还制定了针对类型化环境污染问题的防治与控制标准法律。其中包括《工业用水法》(1956年)、《大气污染防治法》(1968年)、《噪声控制法》(1968年)等,这些法律法规为后续检验检测产业的发展提供了依据。标准制定上,日本环境监测的技术标准是在《工业标准化法》的基础上建立的工业标准(JIS),这一标准由政府进行控制,环境厅负责编制,地方政府负责统一标准宣传,这为环境监测市场化运行提供了基本的标准统一保障。

3. 欧洲政策

欧洲各国的政策各不相同,故笔者查找了欧盟的共同标准和相关政策。

2018年5月20日,欧盟更新了车辆检查标准❶,通过制定设备的共同最低标准、培训检查员和评估缺陷,提高车辆试验的质量。明确了3.5t以上货车路侧检查期间货物固定控制的统一要求。对电子安全部件(如ABS、ESC和安全气囊)进行强制性测试。欧盟范围内对重型摩托车进行强制性测试,指

---

❶ 欧盟. 车辆检查标准[EB/OL]. https://ec.europa.eu/transport/road_safety/topics/vehicles/vehicle-inspection_en.

令规定了欧盟范围内车辆检查的共同最低标准，成员国可在适当情况下进一步检查。新实施的规则将加强道路安全，并有助于实现减少欧洲道路上死亡和重伤的目标。他们还将加强对弱势道路使用者特别是摩托车手的保护，根据控制、设备、检查员资格和缺陷评估方面的协调标准以及成员国之间的合作，规定一个单一的欧洲技术性道路适性控制区，减轻符合道路安全技术要求的道路运输企业的行政负担。

食品检验检测方面，欧盟发布的标准、法规多针对大类产品的安全指标和检测标准提出要求，如欧盟修改《食品微生物标准》（EC）No. 2073/2005 规定了微生物限量与检验要求，（EC）No. 396/2005 及系列法规对食品和饲料产品中农药残留限量做出规定，明确了相关产品的检验检测标准。

2.1.4　全球检验检测领域投资并购活跃❶

根据 IT 桔子的监测数据显示，全球 2019 年度检验检测领域发生了 9 起投资并购事件，涉及金额 14.2 亿美元。2020 年年初至 9 月末，全球发生了 26 起并购事件，涉及金额 59.9 亿美金，投资数量和投资规模均为近年峰值。全球检验检测领域投资并购情况如图 2-4 所示。

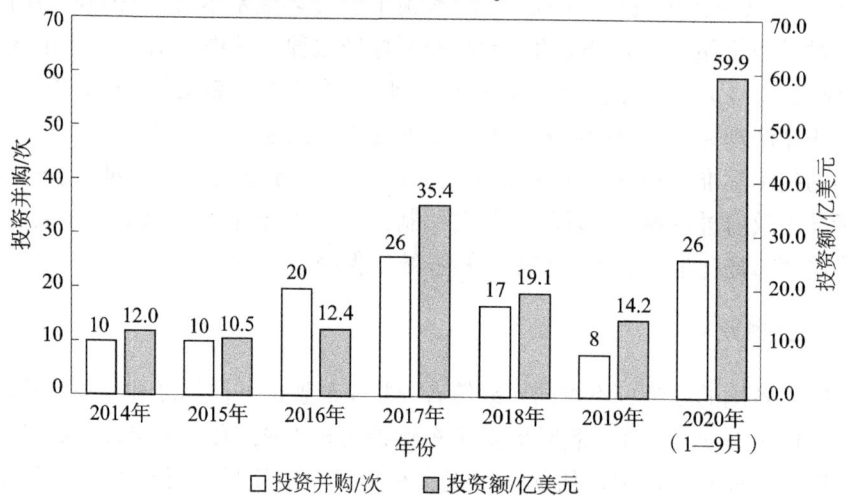

图 2-4　全球检验检测领域投资并购情况

---

❶ 全国检验检测认证职业教育集团. 2020 年全国检验检测认证就业市场白皮书 [EB/OL]. http://www.chinatic.org.cn/web/vip_1x.html?id=119&article_category_id=119.

可以看出，2020 年以来，部分检验检测机构业务受限，行业估值和企业主对未来的预期均处于低位区间，正是投资机构抄底买入的大好时机。拥有充沛现金流的国内外检验检测机构利用资本手段，积极并购相关产业链的机构，实现了业务能力和领域的拓展。

2.2 中国检验检测产业现状

根据国家市场监督管理总局（SAMR）与国家认监委联合发布的《2019年度全国检验检测服务业统计报告》及国家市场监督管理总局认可与检测司、国家统计局、中国认证认可协会（CCAA）等权威机构发布的数据，笔者总结和编写了本部分内容。由于官方发布的部分统计数据日期截至 2019 年 12 月，故本部分内容的部分数据也截至 2019 年年末。

本节共分为三个部分，分别介绍了中国检验检测产业的市场规模、产业链发展现状及存在的问题、政策及分析。

2.2.1 中国检验检测产业的市场规模

1. 产业结构

质量检验检测行业是随着社会对使用产品的质量、生活健康水平、生产生活的安全性、社会环境保护等方面的需求不断加大，检测技术的不断进步而逐渐发展起来的行业。随着贸易非关税壁垒的应用越来越广泛和国际贸易的持续扩张，检测行业获得快速发展。

截至 2019 年年底，我国共有检测机构 44 007 家，2019 全年实现营业收入 3225.09 亿元。

从机构数量区域分布来看，华东地区占比 27.49%，华北地区占比 17.43%，中南地区占比 24.29%，三大区域占比合计 69.21%。从省（自治区、直辖市）分布来看，山东、广东和江苏的检测机构数量排名前三。

从检测机构营业收入的区域比重来看，华东地区占比 35.58%、华北地区占比 17.85%、中南地区占比 26.71%，三大区域占比合计 80.14%。从省（自治区、直辖市）分布来看，广东、上海和江苏的检测机构营业收入排名前三。

2015—2019 年，我国检测行业持续扩容，根据国家市场监管总局统计，截至 2019 年年底，我国境内（不含港澳台）检验检测服务业共有检验检测机构 44 007 家，较 2018 年增长 11.49%。2019 全年实现营业收入 3225.09 亿元，较 2018 年增长 14.75%。检测从业人员 128.47 万人，较上年增长 9.40%。共拥有各类仪器设备 710.82 万台套，较上年增长 12.16%。仪器设备资产原值 3681.17 亿元，较上年增长 15.20%。2019 年共出具检验检测报告 5.27 亿份，较上年增长 23.13%，平均每天对社会出具各类检测报告约 144 万份。检验检测机构数量及检验检测市场规模保持同步增长。

（1）中国检验检测行业参与者规模平稳增长。

据国家认监委统计数据显示，2015 年以来，我国检验检测机构数量持续增长，截至 2019 年年底，全国检验检测机构数量突破 4 万家，达到 44 007 家。中国检验检测机构数量统计及增长情况如图 2-5 所示。

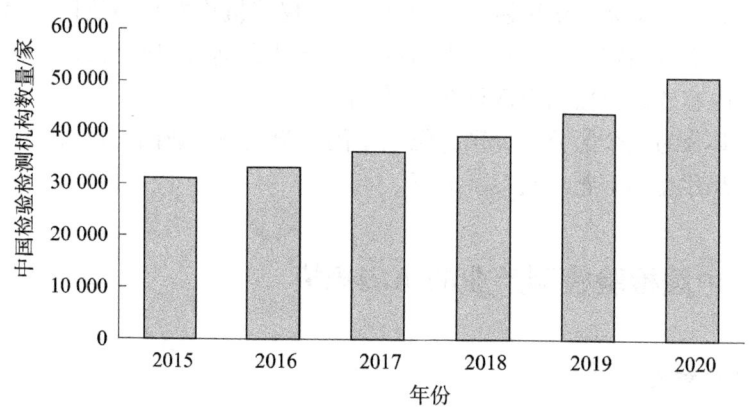

图 2-5　中国检验检测机构数量统计及增长情况

图 2-6 为中国检验检测机构从业人员数量统计及增长情况。近年来，随着我国检验检测机构数量持续提升，机构从业人员的规模也在随之持续提升。2016 年，我国检验检测机构从业人员数量首次突破 100 万人，随后三年仍保持平稳增长态势，截至 2019 年年底，全国检验检测机构从业人员数量为 128.47 万人。

（2）中国检验检测机构仪器设备及产出迅速提升。

作为技术密集型行业，检验检测设备的种类、数量及质量直接决定了机构检验检测能力。据国家认监委统计数据显示，2015 年以来，我国检验检测机构拥有各类仪器设备数量规模（见图 2-7）增长迅速，截至 2019 年年底，我国检验检测机构共拥有各类仪器设备 710.82 万台/套。

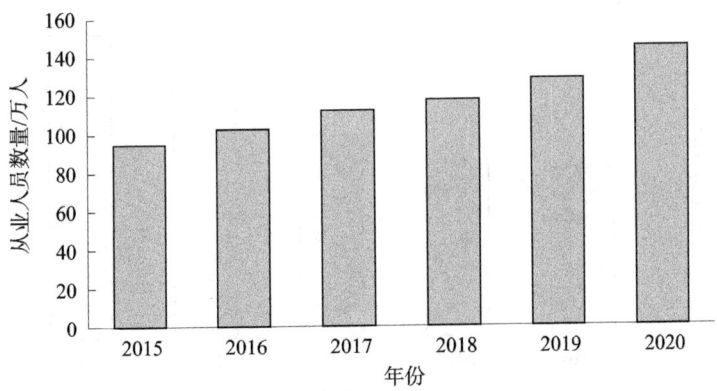

图 2-6　中国检验检测机构从业人员数量统计及增长情况

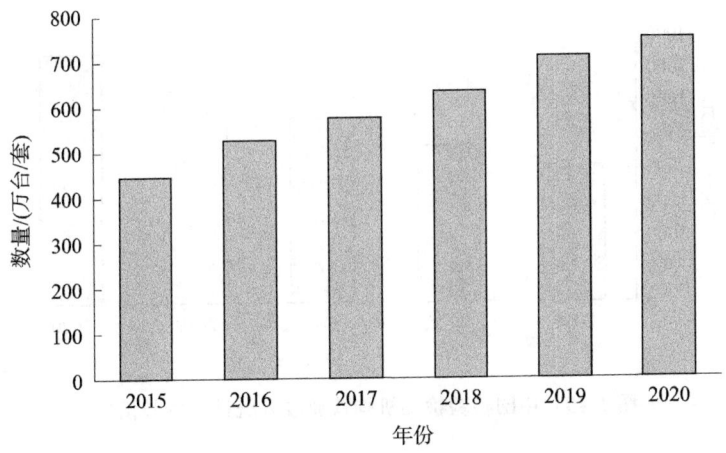

图 2-7　中国检验检测机构仪器设备数量

据国家认监委统计数据显示，我国各类检验检测机构出具检验报告数量（见图 2-8）保持平稳增长态势，2019 年，我国检验检测机构累计出具检验报告数量为 5.27 亿份。

（3）中国检验检测行业市场规模高速扩张。

随着我国检验检测行业市场化发展的持续深入，近年来，民营检验检测机构的快速扩张推动行业高速发展，另外，下游电子电器等新兴领域［包括电子电器、机械（含汽车）、材料测试、医学、电力、能源和软件及信息化］检验检测需求的增长也带动行业发展。2015 年以来，我国检验检测机构营业收入增速（见图 2-9）均维持在 10% 以上水平，2019 年，全国检验检测机构营业收入为 3225.09 亿元。

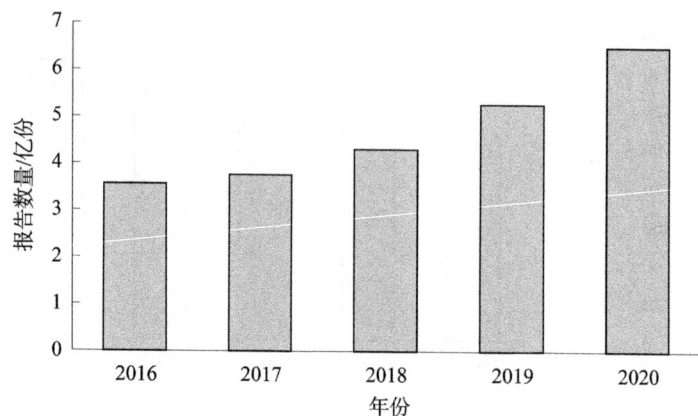

图 2-8　中国检验检测机构出具检验报告数量统计情况

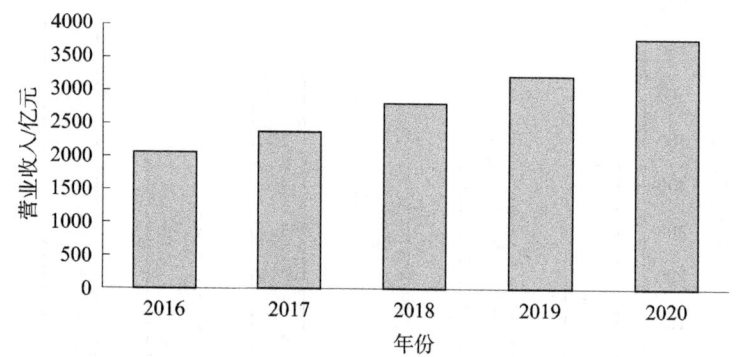

图 2-9　中国检验检测机构营业收入统计及增长情况

随着国家和社会经济的不断发展,在"放、管、服"背景下,国家对检验检测行业越来越重视,一系列政策和规范将引导我国检验检测行业朝着健康的方向发展,检验检测行业将迎来新的发展契机。同时,受体制机制、品牌效应、竞争结构、地域发展、科研能力、一体化水平等的影响,我国检验检测行业也面临各种挑战。我国检验检测机构要进一步发挥优势,聚焦发展机遇,减少重复投资,实现差别化发展,打造检验检测机构品牌,实现国际化发展。❶

2. 检验检测区域竞争情况介绍

从区域来看,2019 年国内六大地区检验检测机构规模比重(见图 2-10)

---

❶ 朱小云,王爱兵. 我国检验检测行业的发展机遇与挑战 [J]. 纺织检测与标准,2020,6(01):9-12.

分别为：华东地区 27.49%，华北地区 17.43%，中南地区 24.29%，西南地区 12.60%，东北地区 9.21%，西北地区 8.98%。其中：华东、华北、中南三大地区检验检测机构数量占全国检验检测机构总量的 69.21%，同比上年上升 0.32%。

华东地区比重同比上年下降 2.03%，华北地区比重同比上年上升 2.47%，中南地区比重同比上年下降 0.12%，东北地区比重同比上年下降 0.47%，西北地区比重同比上年上升 0.34%，西南地区比重同比上年下降 0.18%。❶ 图 2-10 展示了中国六大地区检验检测机构规模比重。

从实现营业收入的地区比重（见图 2-11）来看，2019 年各地区营业收入的比重分别为：华东地区 35.58%、华北地区 17.85%、中南地区 26.71%、西南地区 9.72%、东北地区 4.47%、西北地区 5.67%。其中：华东、华北、中南三大地区收入所占市场份额超过了八成，为 80.14%，同比上年下降 0.23%。

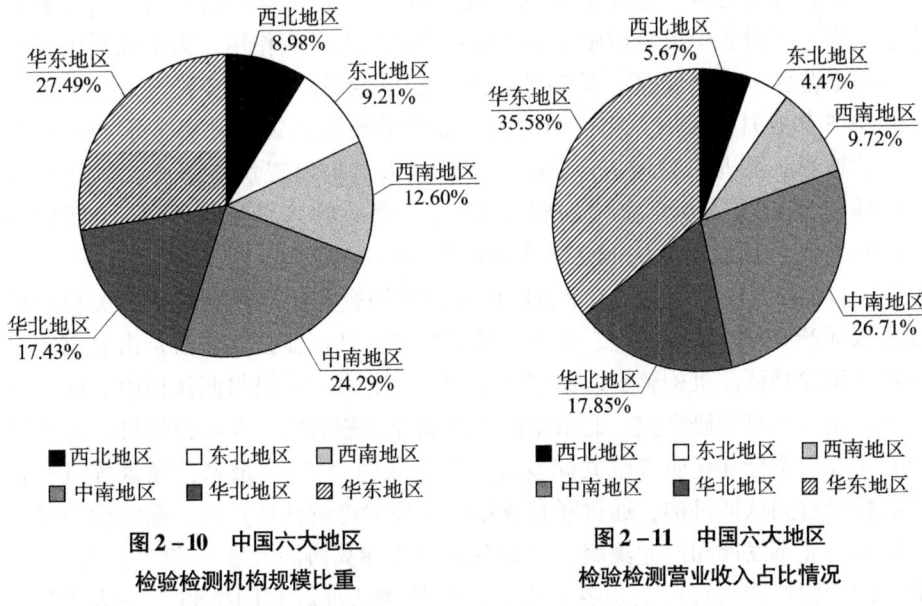

图 2-10　中国六大地区
检验检测机构规模比重

图 2-11　中国六大地区
检验检测营业收入占比情况

3. 检验检测产业园区介绍

（1）中关村国家自主创新示范区。

中关村国家自主创新示范区于 2015 年 6 月获国家认监委《关于同意中关

---

❶ 全国能源信息平台. 三大区域检测机构数量占比近 70%，山东和广东排名领先［EB/OL］.［2020-09-15］. https://baijiahao.baidu.com/s?id=1677882443700439372.

村国家自主创新示范区创建"国家公共检验检测服务平台示范区"的批复》批准成立中关村国家检验检测认证公共服务平台以来，紧扣国家加强供给侧结构性改革、开展质量提升行动的政策导向，紧跟国家加强科技创新和高端制造、大力发展检验检测认证产业步伐，积极开展示范区建设和服务创新工作。

中关村国家自主创新示范区坐落于北京，园区内拥有众多的高校院所，检验检测认证资源丰富，具有得天独厚的技术和人才资源优势。始终致力于创新，先行先试的政策层出不穷，针对检验检测认证领域出台了推动产业发展、人才培养和科技成果转移转化方面的优惠政策，不仅通过房租补贴、人才特区相关政策支持检验检测等科技服务机构发展，还划拨专项资金支持搭建检验检测公共服务平台、支持企业委托开放实验室开展检验检测认证服务，同时利用"中关村开放实验室"工程以及首都科技条件平台建设等促进检测仪器开放共享，为企业技术创新提供帮助。

未来中关村国家自主创新示范区将继续探索检验检测认证新兴业态发展和产业集聚，打造对接"京津冀协同发展"和"一带一路"倡议的一站式服务体系，进一步树立中关村检验检测认证产业的试点带头作用，为中关村国家自主创新示范区、大众创业、万众创新提供优质公共技术服务支持。

2015年6月获批后，北京中关村国家检验检测认证公共服务平台示范区内检验检测认证机构数量、营业收入、从业人员均出现快速增长。截至2017年检验检测机构从940家增加到1134家，营业收入从147.88亿元增加到188.08亿元，从业人员从44 734人增加到50 354人。

2017年12月，为了推动示范区内检验检测企业的共同发展，中关村检验检测认证产业技术联盟成立。中关村检验检测认证产业技术联盟是由北京质量监督系统检测认证机构整合改革试点单位——北京中关村检测认证中心联合北京市计量检测科学研究院、北京市产品质量监督检验院、北京市特种设备检测中心、北京市标准化研究院共同发起。首批联盟会员30余家，涵盖各行业权威的检验检测认证机构，通过联合首都优势检验检测认证资源，探索检验检测认证新兴业态发展和产业集聚，打造对接"京津冀协同发展"和"一带一路"倡议的检验检测认证公共服务平台、检验检测认证教育网络和"一站式"服务体系。

（2）上海浦东新区国家检验检测认证公共服务平台示范区。

2015年10月26日，国家认监委同意上海市浦东新区创建"国家公共检验检测认证服务平台示范区"。该示范区自创建以来，浦东新区结合上海自贸试验区、上海具有全球影响力的科创中心建设及"一带一路"倡议，着力提高市场开放度和国际化水平，营造与国际接轨的营商环境，引导检验检测认证产业向规模化、品牌化、专业化发展。服务范围辐射整个长三角地区乃至全国，可以提供涵盖质量、健康、安全、环境及社会责任评估等多个领域的检测认证服务。

检验检测认证公共服务平台向机构主体、社会公众开放。信息平台覆盖浦东新区各检验检测认证机构，逐步实现信息发布、信用查询、在线监管、资源共享、数据统计等服务功能，并在后期建设中逐步拓展"一带一路"网上认证服务，远程培训教育等功能，为机构主体、社会公众、行政监管部门等提供综合服务。

2016年9月，浦东新区成立了上海首个区级检验检测认证行业协会——浦东新区检验检测认证行业协会。以此为契机，充分发挥社会组织自律作用，进一步加强检验检测行业资源的共享和整合，加强对检验检测行业的服务与管理。

平台示范区的建立极大地推动了浦东新区检验检测行业的发展，据统计，截至2017年示范区内检验检测企业增加了41家，服务收入达到48.6亿元，从业人员达到14 428人。"跨尺度微纳米测量仪的开发和应用"、核电仪表、商用飞机、国家产业计量测试中心等重点项目纷纷落户示范区。

（3）江苏苏州吴中区检验检测认证公共服务平台示范区。

吴中位于苏州南部，东近上海市，西接太湖，与无锡、浙江省湖州隔湖相望，区位优势显著，产业基础雄厚。

2014年吴中区获批创建江苏省首家国家级检验检测认证公共服务平台示范区，形成了以国家级吴中经济技术开发区为主体，以东太湖科技金融城（吴中科技园）、吴中城区、出口加工区、木渎镇等板块为核心的检验检测集聚发展格局。

从2014年示范区开始创建到2017年年底，吴中区检验检测认证机构数量由43家增加到59家，检测检测产业从业人员规模由近3630人发展到4921人，检验检测收入由7亿元增加至20.75亿元，发展成效显著。

从2015年起陆续出台了《吴中区检验检测产业集聚区发展规划》《关于促进吴中区现代服务业发展的政策意见》等政策文件，助力吴中区检验检测行业持续快速发展。

（4）浙江宁波国家检验检测认证公共服务平台示范区。

浙江宁波国建检验检测认证公共服务平台示范区是全国首家国家检验检测认证公共服务平台示范区，在国内享有很高的知名度。目前，落户园区的各类检验检测认证企业有90余家，其中，获得CMA认证的检验检测企业（机构）有64家，获得CNAS认可的检验检测企业（机构）32家，从业人员15 000余人，固定资产约13亿元。2017年，检验检测认证产业业务收入近20亿元，服务带动国内外贸易超1000亿美元。园区检测业务涵盖新材料、新能源、智能装备、节能环保等新兴产业，以及绿色石化、纺织服装、电子电气、汽车及零配件等传统优势产业。"示范区"的集聚效应和示范效应初步显现。

宁波国家高新区不断提升园区检验检测产业品牌的影响力和知名度，集中区位优势，建立"检验检测＋港口经济""检验检测＋新能源、新材料""检验检测＋工业智造"三大特色产业品牌，打造"检验检测在宁波"区域公用品牌，创建"检验检测认证小镇"，力争建成全国领先的多元化"一站式"检验检测服务基地，发挥检验检测产业推动经济转型升级的引擎作用。

（5）广州国家检验检测高技术服务业集聚区。

2013年，国家发展和改革委员会、国家质量监督检验检疫总局联合批文，同意广州建设全国首个国家检验检测高技术服务业集聚区。

该集聚区以"一区三园"模式规划占地约2平方公里，即传统优势产业检验检测与认证服务番禺园区、粤港澳检验检测与认证全面合作示范南沙园区以及先进制造业与新兴产业检验检测服务和标准化引领示范开发区园区，预计投资规模160亿元。

到2020年，集聚区"一区三园"将全面建成，检验检测产业规模将超过190亿元。2018年斥资10亿元的番禺园区已经建成，广州市市场监督管理局下属的3个检测研究院、5个国家质检中心迁入运营后，该园区成为华南地区功能最齐全、设备最先进、建筑规模最大的公共检验检测与认证技术服务平台。

（6）济南国家检验检测认证公共服务平台示范区。

济南国家检验检测认证公共服务平台示范区位于济南市高新区内，示范区内有超过100家的检验检测机构，这些检验检测机构覆盖重型汽车、建筑工程、环保、卫生、农业、质检、食品、药品、机械、电子、信息安全等国民经济各个领域；既有服务于传统经济的检验检测认证机构，也集聚了一批服务于电子信息、生物医药、集成电路设计、节能环保等战略性新兴产业的检验检测认证机构。

平台示范区还为高新区集聚产业技术优势和人才优势，积极推动先进标准制定，掌握标准领域的"话语权"；同时为企业更好服务，开展"质量义诊"，查找分析产品质量问题，有针对性地提出改进质量管理及提升产品质量的措施，帮助企业整改提高；为产业集聚和产业转移提供方便快捷的原材料把关、产品测试、出厂检验等服务，既能有效降低企业创业成本，又为企业落户解决后顾之忧，促进产业转移和升级。

此外，平台示范区还提供检测服务，促进企业进行技术创新，有效减轻企业人力、财力方面的负担，及时为企业生产和产品质量监管提供科学的检测方法和安全评估数据，保障生产安全和产品质量安全。

为促进检验检测认证服务业集聚发展，济南高新区拟在济南综合保税区配套建设检验检测认证产业园，作为公共检验检测认证服务平台示范区基地。

(7) 贵州贵阳高新区国家检验检测认证公共服务平台示范区。

贵州贵阳高新区国家检验检测认证公共服务平台示范区是西部地区第二家国家检验检测认证公共服务平台示范区。截至目前，该示范区共集聚54家检验检测认证机构，2019年产业营业收入达15.1亿元。该示范区创新"大数据+检验检测"模式，搭建"公共服务平台"，旨在促进检验检测服务业实现高效化、专业化、规模化、品牌化、融合化发展的新思路。

该示范区为促进检验检测认证服务业可持续发展，专门出台了《贵阳国家高新技术产业开发区加快检验检测认证服务业发展十条政策措施》专项政策，对项目引进、场地补贴、设备补助、融资奖励、标准奖励、品牌奖励、人才引进等10方面内容给予最高600万元、最低5万元不等的奖励，并配套了产业扶持、科技创新、创业孵化、品牌建设、国际合作、人才特区等16个扶持政策。

4. 检验检测重点企业介绍

我国检验检测行业排名前20的企业见表2-3。

表2-3 全国第三方检验检测重点机构

序号	企业名称	检测业务	所在城市
1	华测	综合	深圳
2	浙江迪安诊断技术股份有限公司	医学	杭州
3	广州金域医学检验集团股份有限公司	医学及病理	广州
4	广州广电计量检测股份有限公司	计量检测	广州
5	苏州华兴源创科技股份有限公司	工业自动测试设备及整线系统	苏州
6	中国建材检验认证集团股份有限公司	工程建材	北京
7	苏交科集团股份有限公司	公路、铁路、航空等工程领域	南京
8	华大基因研究院	基因检测	深圳
9	艾迪康医学检验中心	医学检验	杭州
10	谱尼测试	综合	北京
11	广州达安基因股份有限公司	医学临床检验	广州
12	中国电力科学研究院	电力	北京

续表

序号	企业名称	检测业务	所在城市
13	常州市建筑科学研究院集团股份有限公司	工程质量检测	常州
14	深圳市安车检测股份有限公司	车况检测	深圳
15	厦门艾德生物医药科技股份有限公司	肿瘤精准医疗诊断	厦门
16	中国检验认证（集团）有限公司	综合	深圳
17	中国力鸿检验控股有限公司	煤炭行业检测	北京
18	河南鑫安利安全科技股份有限公司	公共卫生、职业卫生、环境监测	郑州
19	深圳天溯计量检测股份有限公司	计量及校准	深圳
20	中广测（广州）技术有限公司	综合	广州

（1）华测。

华测作为中国第三方检测与认证服务的开拓者和领先者，是一家集检测、校准、检验、认证及技术服务为一体的综合性第三方机构，在全球范围内为企业提供一站式解决方案。CTI成立于2003年，总部位于深圳，现有员工10 000余人，其中本科以上学历占51%，硕士及博士研究生学历占8%。目前已在深圳、上海、北京、苏州、顺德、中山、天津、广州、江门、厦门、惠州、南京、宁波、青岛、杭州、无锡、合肥、成都、重庆、大连、武汉、南昌、哈尔滨、南宁、福州、珠海、昆山、长沙、郑州、贵阳、昆明、兰州等地设立了60多个分支机构，拥有化学、生物、物理、机械、电磁等领域的130多个实验室，并在美国、英国、新加坡等地设立了海外办事机构。2009年10月30日，CTI成功在深交所挂牌上市，股票代码300012，是国内检测行业的上市公司。

（2）浙江迪安诊断技术股份有限公司。

浙江迪安诊断技术股份有限公司（以下简称"迪安诊断"）成立于2001年，总部设在杭州，于2011年7月19日在深圳证交所A股创业板正式挂牌上市，成为中国医学诊断外包服务行业第一股（股票代码300244）。迪安诊断立足独立医学实验室、司法鉴定、诊断产品销售、诊断技术研发和产业化等领域，打造具有自身特色的"服务+产品"业务模式，引领国内诊断外包服务行业。荣获国家高新技术企业、中国检验医学优秀医学独立实验室、2010上海世博会国家认可医学独立实验室、浙江省服务业重点企业、中国十佳创新商业模式等荣誉，拥有由硕士、博士及国内外医学诊断领域顶尖学者组成的专家团队，现有员工1200余名。2020年3月18日，迪安诊断以160亿元人民币市值位列《2020胡润中国百强大健康民营企业》第91位。

(3) 广州金域医学检验集团股份有限公司。

该公司拥有全球领先的肾脏病超微病理诊断中心、对接国家级平台的呼吸道病毒诊断研究中心，先后被认定为国家高新技术企业、国家基因检测技术应用示范中心、国家知识产权优势企业、国家中小企业公共技术服务示范平台等，获批建立了医学检测技术与服务国家地方联合工程实验室、国家级的博士后科研工作站、广东省院士工作站、广东省企业重点实验室等国家、省部级的研发机构和研发平台。目前，该公司正以第三方医检为主航道，通过大技术平台、大服务网络和大样本、大数据库，努力构建"医检+"生态圈：加快大样本、大数据在医检技术创新、人工智能方面的应用；同时不断完善临床药物试验、卫生检验、健康体检、司法鉴定等关联产业的发展。

2.2.2 中国检验检测产业产业链发展现状及问题

截至2020年年底，我国共有各类检验检测机构48 918家，共实现营业收入3550.1亿元，共向社会出具检验检测报告5.67亿份，共有从业人员141.19万人，共拥有各类仪器设备808.01万台（套），全部仪器设备资产原值4118.91亿元，检验检测机构面积9000万平方米。

截至2019年年底，我国境内认证机构总数为599家，比上年增加24.53%；认证机构颁发各类有效认证证书240.3万张，较上年增长22.98%，涉及获证组织72.76万家，认证机构业务收入约276.05亿元。认证行业从业人员11.59万人，同比增长25.33%，四年平均增幅10.73%。认证机构、获证组织、认证证书和从业人员数量均呈现稳步增长的态势，行业发展规范有序，市场化改革成效显著。从数据上来看，我国认证市场颁发的证书数量、获证组织数量均为全球第一。

整体来说，目前存在的问题是：

(1) 我国检测机构规模偏小，行业集中度低。

目前，我国检测机构规模普遍偏小、布局分散且市场集中度低。检测行业中，企业在经营方式、技术水平和管理经验等方面与国际领先的检测巨头存在很大差距。部分中小检测机构仍在区域范围内采用低价竞争策略，这种竞争策略将降低检测机构服务质量，检测行业的区域整体认可度下滑，不利于行业健康有序发展。

检验检测服务行业就业人数在100人以下的小微型检测机构总数为42 464家，占全行业的96.49%，小微机构的营业收入占全行业的55.90%；大中型检验检测机构总数为1543家，占全行业机构总数量的3.51%，营业收入占全行业总收入的 44.10%。有 74.44% 的检验检测机构仅能在本地区域内提供检验检测服务，市场的区域分割特征明显，"本地化"服务仍旧是主流（见表 2-4）。

表 2-4 2019 年我国不同规模检验检测机构数量及营业收入情况

机构类型	数量/家	数量占比/%	营业额/亿元	营业额占比/%
微型	7930	18.02	49.19	1.53
小型	34 534	78.47	1753.6	54.37
中型	1336	3.04	775.39	24.04
大型	207	0.47	646.91	20.06

在认证服务领域内，530 家中小微型认证机构发放了 202.5 万张有效证书，平均每家机构发放有效认证证书仅为 1585 张（69 家大型机构平均每家发放有效认证证书 22 642 张）；其营业收入占全行业的 27.62%，平均每家机构营业收入 1438 万元（69 家大型机构平均每家营业收入 2.9 亿元）。

（2）高端技术检测人才缺乏。

检测行业属于技术、人才密集型产业，高端复合型检测人才需求缺口较大。检测业务的开展，需要技术人员具备较强的技术理论水平、技术综合运用能力和实际操作经验。尤其是检测需求方研究开发新产品时，委托检测机构进行产品研发阶段的检测，相应检测人员需要具备该产品所在细分领域扎实的检测技术知识和多年的检测经验积累。随着客户产品升级及新产品的扩张，对检测机构的检测服务提出了更严格和更加多样化的需求，高端检测技术人才的缺乏成为制约检测行业发展的不利因素。图 2-12 所示为 2019 年全国检验检测机构不同学历的从业人员分布。

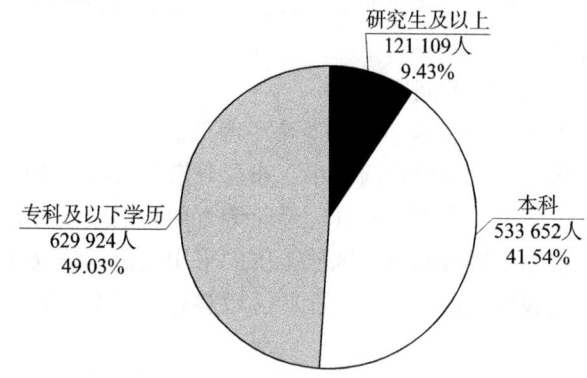

图 2-12 2019 年全国检验检测机构不同学历的从业人员分布

2019 年，全国检验检测服务业拥有研究生及以上学历、大学本科学历、专科及以下学历人员分别占从业人员总数的 9.43%、41.54% 和 49.03%。专科及以下学历从业人员占比近一半，与检验检测高技术服务业的发展需求不相匹配。在我国产业提质换挡的关键时期，产业及行业均迈入了高质量发展的时期。检验检测认证机构随着我国"一带一路"及走出去战略的实施，必将需要更多的国际化、高质量的从业人员，而这一板块的人才供给严重滞后。

（3）创新研发严重不足。

2019 年，全国检验检测机构获得科研经费 191.06 亿元，同比增长仅 0.32%。2019 年，全国各类检测机构参与科研项目总计 29 059 项，其中国家级科研项目 5652 项，省部级科研项目 9449 项，总量比上年减少 2568 项，一定程度上受到仪器设备的影响。科研项目的发展与我国检验检测设备的发展息息相关，未来我国应进一步加强检验检测设备的研发制造，提高科研力度，从而推动科研项目发展。

2019 年，全国获得高新技术企业认定的检验检测机构为 2220 家，仅占全国检验检测机构总数的 5.04%。行业共有有效发明专利 30 108 件，同比增长 29.44%。技术含量高的发明专利比重不高，仍然是制约行业技术创新能力提升的重要因素之一。

2.2.3 中国检验检测产业政策及分析

2018 年 10 月，国家统计局发布《战略性新兴产业分类（2018）》明确指出，国家战略性新兴产业由此前的 7 个增加到 9 个，检验检测认证服务和标准化服务成为新的战略性新兴产业。

2020 年，中国检验检测高质量发展暨"十四五"规划会议在上海召开❶。会议强调，要努力推动到 2025 年基本建立适应高质量发展需要的检验检测体系，实现支撑国民经济与社会发展的检测能力显著增强、行业规范运行水平和社会公信力明显提升，涌现一批规模大、水平高、信誉好、服务广的检验检测集团，形成一批检验检测高技术服务业集中连片发展的特色区域，培育一批有国际影响力的检验检测知名品牌。到 2035 年建立形成适应现代化市场经济发展需要的检验检测高质量发展新格局，为推进经济社会高质量发展、更好地满足人民群众美好生活需要作出新的更大贡献。

---

❶ 中央人民政府网. 中国检验检测高质量发展暨"十四五"规划会议在上海召开 [EB/OL]. [2020-11-08]. http://www.gov.cn/xinwen/2020-11/08/content_5558742.htm.

对于进行检验检测行业整改方面,国务院分别于 2012 年 2 月和 2013 年 3 月发布《质量发展纲要(2011—2020 年)》❶ 和《关于国务院机构改革和职能转变方案的说明》❷。两份文件指出,重点提高检验、认证认可等专业服务质量;进一步培育和规范认证、检测市场,加强对认证机构、实验室和检查机构的监督管理。该纲要的目标中指出,要培养形成一批品牌影响力大、质量竞争力强的大型服务企业(集团)。整合业务相同或相近的检验、检测、认证企业,解决这些机构过于分散、活力不强的问题。

对于加快检验检测行业发展方面,国务院于 2014 年 8 月提出《关于加快发展生产性服务业促进产业结构调整升级的指导意见》❸(以下简称《意见》),《意见》指出,要加快检验检测行业发展,应当优化资源配置,引导检验检测认证机构集聚发展,推进整合业务相同或相近的检验检测认证机构。积极参与制定国际检验检测标准,开展检验检测认证结果和技术能力国际互认。培育一批技术能力强、服务水平高、规模效益好、具有一定国际影响力的检验检测认证集团。

表 2-5 为 2019—2020 年我国检验检测认证行业重要政策情况。

表 2-5 2019—2020 年我国检验检测认证行业重要政策梳理

序号	政策名称	发布时间	发布部门	文号	关键点
1	服务外包产业重点发展领域指导目录(2018 年版)	2019.1.10	商务部、财政部、海关总署	公告 2018 年第 105 号	检验检测服务纳入该新版目录,检验检测服务属于知识流程外包(KPO)
2	关于印发河北省推动科技服务业高质量发展实施方案(2019—2022 年)的通知	2019.1.30	河北省人民政府	冀政办字〔2019〕11 号	建立国家质量基础设施研究基地,吸引国家级技术检验检测机构和国际权威检验检测认证机构入驻雄安新区。引进北京检验认证优质服务资源,打造雄安新区高端高新产业检测认证服务平台

---

❶ 中央人民政府网. 国务院关于印发质量发展纲要(2011—2020 年)的通知 [EB/OL]. [2012-02-09]. http://www.gov.cn/zhengce/content/2012-02/09/content_8351.htm.

❷ 中央人民政府网. 关于国务院机构改革和职能转变方案的说明 [EB/OL]. [2013-03-10]. http://www.gov.cn/2013lh/content_2350848.htm.

❸ 中央人民政府网. 国务院关于加快发展生产性服务业促进产业结构调整升级的指导意见 [EB/OL]. [2014-08-06]. http://www.gov.cn/zhengce/content/2014-08/06/content_8955.htm.

续表

序号	政策名	发布时间	发布部门	文号	关键点
3	粤港澳大湾区发展规划纲要	2019.2.18	国务院	—	支持港澳企业与境外经贸合作区对接，共同开拓国际市场，带动大湾区产品、设备、技术、标准、检验检测认证和管理服务等走出去
4	国家发展改革委关于进一步清理规范政府定价经营服务性收费的通知	2019.5.5	国家发展和改革委员会	发改价格〔2019〕798号	严格按照"凡是市场能自主调节的就让市场来调节"的原则，放开机动车检测类、气象服务类、地震安全评价类等收费项目
5	国务院关于印发6个新设自由贸易试验区总体方案的通知	2019.8.2	国务院	国发〔2019〕16号	对海关特殊监管区域外有条件企业开展高附加值、高技术含量、符合环保要求的"两头在外"检测、维修业态实行保税监管
6	国务院关于调整工业产品生产许可证管理目录加强事中事后监管的决定	2019.09.18	国务院	国发〔2019〕19号	企业要切实承担质量安全管理责任，建立健全产品质量验收、检验检测和售后服务等制度；对取消生产许可证管理的产品，建立健全检验检测机构、科研院所、行业协会等广泛参与的质量安全监测预警机制等
7	市场监管总局关于进一步推进检验检测机构资质认定改革工作的意见	2019.10.25	国家市场监督管理总局	国市监检测〔2019〕206号	试点推行告知承诺制度、优化准入服务，便利机构取证、整合检验检测机构资质认定证书，实现检验检测机构"一家一证"等
8	产业结构调整指导目录（2019年本）	2019.10.30	国家发展和改革委员会	国家发展和改革委员会令第29号	质量认证和检验检测服务、标准化服务、计量测试作为鼓励类产业，被列入第三十一大类科技服务业

续表

序号	政策名	发布时间	发布部门	文号	关键点
9	市场监管总局关于落实"证照分离"改革全覆盖试点的通知	2019.11.29	国家市场监督管理总局	国市监注〔2019〕225号	自2019年12月1日起在全国自贸试验区开展"证照分离"改革全覆盖试点，推动照后减证和简化审批
10	市场监管总局国家药监局国家知识产权局支持复工复产十条	2020.02.15	国家市场监督管理总局、国家药监局、国家知识产权局	国市监综〔2020〕30号	疫情期间，市场监管总局所属的计量检定、产品质量检验检测、特种设备检验检测机构，对复工复产企业计量器具的检定校准收费、产品质量检验检测项目收费、特种设备检验项目收费减少50%
11	注册认证人员资格处置规则（第5版）	2020.7.25	中国认证认可协会	中认协行〔2020〕67号	加强注册认证人员资格处置管理，加强从业行业自律和行业诚信规范建设
12	关于政府采购支持绿色建材促进建筑品质提升试点工作的通知	2020.10.13	财政部	财库〔2020〕31号	绿色建材供应商在供货时应当提供包含相关指标的第三方检测或认证机构出具的检测报告、认证证书等证明性文件
13	中华人民共和国生物安全法	2020.10.17	第十三届全国人民代表大会常务委员会第二十二次会议通过	—	扩大调整范围，夯实防控责任，构建全过程全链条风险防控体系；建立动植物疫情、进出境检疫、生物技术环境安全监测网络
14	国务院办公厅关于印发新能源汽车产业发展规划（2021—2035年）的通知	2020.10.20	国务院	国办发〔2020〕39号	应用虚拟现实、大数据、人工智能等技术，提升整车、关键零部件的计量测试、性能评价与检测认证能力

续表

序号	政策名	发布时间	发布部门	文号	关键点
15	国务院办公厅关于推进对外贸易创新发展的实施意见	2020.11.09	国务院办公厅	国办发〔2020〕40号	建设一批重点出口产品质量检测公共服务平台。加快推进与重点出口市场认证证书和检测结果互认。鼓励企业使用国际标准和国外先进标准,充分利用国际认可的产品检测和认证体系,按照国际标准开展生产和质量检验
16	中共中央关于制定国民经济和社会发展第十四个五年规划和二〇三五年远景目标的建议	2020.11.3	中国共产党第十九届中央委员会第五次全体会议通过	—	完善国家质量基础设施,加强标准、计量、专利等体系和能力建设,深入开展质量提升行动;面向新材料、新产业、高端制造、高端服务提供质量服务
17	关于大力开展质量基础设施"一站式"服务的意见	2020.11.16	国家市场监督管理总局	国市监质〔2020〕177号	大力开展质量基础设施"一站式"服务,进一步加强质量基础建设,发挥质量基础设施效能

总体来说,通过梳理2019—2020年政府及相关行业机构发布的重大政策发现,16余项重点政策凸显了三个方向的政策导向。

(1) 高质量发展。

建设雄安新区、粤港澳大湾区、自贸区等国家重大战略规划,无一不把"高质量发展"列为重要的方向。检验检测认证服务作为国家高技术服务业、重点鼓励发展服务外包业、战略新兴产业都在相关规划和文件中重点提及。

(2) 创新服务。

国家市场监督管理总局2020年11月发布的《关于大力开展质量基础设施"一站式"服务的意见》中明确对检验检测认证等质量基础设施服务机构提出了"一站式"服务要求,形成真正有能力服务"质量强国"战略的质量服务机构和效能。文件重点指出相关机构应该"创新服务模式",使得计量、标准、认证认可、检验检测、质量管理等要素良性协同。

(3) 简政放权,科学监管,激发市场活力。

国家发展改革委、国家市场监督管理总局的多份文件均明确指出,要严格规范管理市场,降低市场准入门槛,强化事中事后的管理能力,政府要继续强化"放、管、服"的改革力度,充分发挥质量基础的市场服务效能,激发市场活力。

2.3 天津市检验检测产业现状

本节共分为两个部分,分别介绍了天津市检验检测产业的发展基本情况和产业政策。

2.3.1 天津市检验检测产业发展基本情况

目前天津市市场监督管理委员会备案的天津市检验检测机构有598家,东丽区备案的检测机构所属区域分布情况如图2-13所示。其中滨海新区以143家位列第一,西青区、东丽区分别为76家、46家。

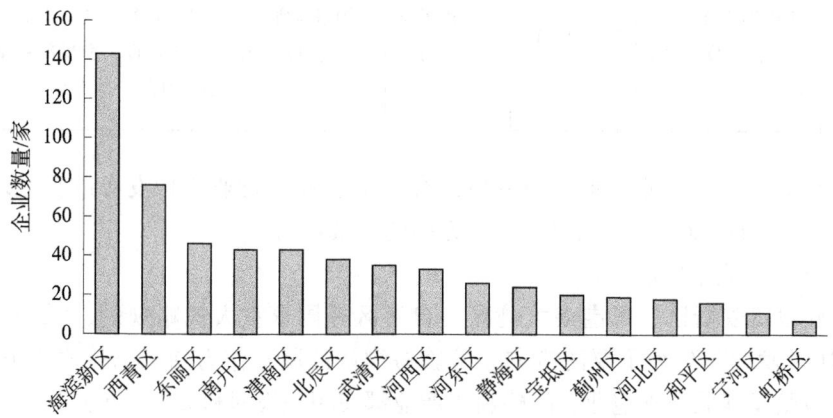

图2-13 东丽区备案的检测机构所属区域分布

从东丽区备案的检测机构提供检测服务的应用领域分布(见图2-14)来看,食品、环境监测企业174家,占比25%;建筑材料及工程领域146家,占比24%;机动车安检领域83家,占比14%。

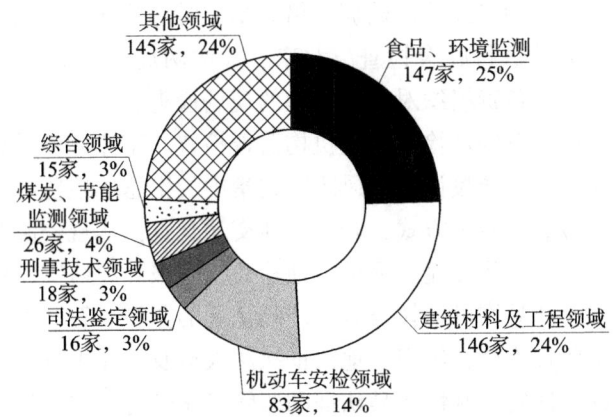

图 2-14　东丽区备案的检测机构检测领域分布

2.3.2　天津市检验检测产业政策

京津冀三地市场监管部门联合印发《2020 年京津冀检验检测认证监管区域合作行动计划》❶。

为深入贯彻落实京津冀协同发展战略，合力推动京津冀区域检验检测认证监管工作协同发展，本着深化合作、优势互补、共谋发展的原则，根据《京津冀检验检测认证区域合作备忘录》和 2020 年京津冀检验检测认证行动计划视频会议确定事项，2020 年，天津市市场监督管理委员会、北京市市场监督管理局、河北省市场监督管理局联合制定《2020 年京津冀检验检测认证监管区域合作行动计划》。

一是联合开展 2020 年度检验检测机构能力验证活动。天津市市场监督管理委员会轮值牵头，组织开展 2020 年度京津冀三地食品、环境领域检验检测机构能力验证活动。三部门选定小麦粉中的灰分、饮料中的甜蜜素的含量、水中总磷的测定、水中 pH 值的测定四个项目为本年度京津冀能力验证项目。能力验证活动整体工作于 2020 年 11 月底之前完成，活动所需经费由三地资质认定管理部门按照参加能力验证活动检测机构所属行政区域对口承担，并由三地资质认定管理部门分别拨付于能力验证活动承担单位。

二是推动京津冀检验检测认证协同监管体系建设。推进三地认证协同监管

---

❶ 天津市人民政府网. 2020 年京津冀检验检测认证监管区域合作行动计划 [EB/OL]. [2020-05-12]. http://www.tj.gov.cn/sy/zwdt/bmdt/202005/t20200520_2446840.html.

工作的深度融合,推动三地认证数据网络共享,对部分北京、天津认证机构在河北开展的认证活动进行联合检查。北京、天津两局(委)负责组织对认证机构的检查,河北局负责组织对获证企业的现场检查。

三是联合开展重点领域检验检测机构监督检查。京津冀资质认定管理部门针对社会关注度高、信访投诉多、风险问题集中的生态环境监测领域开展监督检查。通过互派检查组专家方式,开展三地交叉互查,实现资源互补,推动检验检测机构资质认定工作交流,促进三地检验检测服务业协同发展。

四是强化工业产品许可证转强制性产品认证的监管。召开工业产品许可证转强制性产品认证宣贯会,组织三地认证执法人员及天津市重点企业,邀请专家就工业产品许可证转强制性产品认证的监管工作进行宣贯培训。

五是加强三地交流学习。根据京津冀检验检测认证监管区域合作备忘录中"增进工作信息交流"的工作任务,加强工作机制、工作思路、工作方法、工作经验的日常交流和专题研讨,保证信息畅通。

2021年8月,天津市人民政府办公厅印发《天津市科技创新"十四五"规划》,明确要开展智能化、无损化、快速化检测技术和产品的研发,增强检验检测服务供给能力,提升发展质量。为推动科技创新平台建设,明确要优化技术研究、检验检测、质量标准、大型仪器等公共科技服务平台体系,提高基础支撑和共享服务能力。

2.4 天津市东丽区检验检测产业现状

2.4.1 东丽区产业基本情况

在检验检测方面,东丽开发区已经聚集国字号机构两家,拥有两个国家质检中心,5个市级实验室,两个市级工程技术中心,其中中汽研是中国唯一的汽车行业技术归口单位和国家政府主管部门的技术支撑机构,必维是全球知名的国际检验、认证集团,天津津滨华测产品检测中心属于国内民营检测机构的龙头企业。

调研东丽经济开发区管委会:园区累计共有检验检测企业事业单位50余家,东丽经济开发区利用中汽研、必维、华测等龙头企业的集聚优势,进一步推动了检验检测产业的集聚,2020年东丽检验检测聚集区营业收入41亿元,税收2亿元,拥有14个实验室。其中,由于依托中汽研,在汽车领域的营业收入比重较大,在医学、食品等领域也均有业务涉及。

东丽经开区正在着力培育科技创新型企业，园区周边的医疗器械园、科创园及其他园区都需要检验检测服务，检验检测企业的集聚将为这些企业科技创新、转型升级提供巨大的帮助。目前，东丽开发区正在加快检验检测产业园 11.5 万平方米载体的建设，加速推动石墨烯检测中心、天津航瀛精诚检测科技有限公司等一批项目签约落地。目标为：到 2025 年，检验检测相关企业达 100 家，营业收入达 80 亿元。未来将重点发展汽车检测和医学检测领域。

截至 2020 年，天津市市场监督管理委员会备案的东丽区检验检测机构有 46 家，专利申请情况见表 2-6。有专利申请的企业仅有 17 家，专利申请在 10 件以上的企业仅有 7 家，并且其专利申请以实用新型为主；申请了发明专利的企业仅 4 家，技术先进性和专利权稳定性都相对薄弱。

表 2-6 东丽区备案检验检测机构专利申请情况 （单位：件）

序号	企业名称	专利申请量	有效专利申请量	发明专利申请量
1	摩天众创（天津）检测服务有限公司	32	31	1
2	中检科健（天津）检验检测有限责任公司	27	22	5
3	天津索克汽车试验有限公司	23	18	5
4	天津康普森检验检测有限公司	16	14	2
5	天津金晟天凯环境检测服务有限公司	15	15	0
6	天津市东丽区建筑工程试验室	15	15	0
7	天津正气检验检测有限公司	10	10	0
8	博易（天津）环境检测有限公司	9	3	0
9	天津滨世海通环境检测评价服务有限公司	9	6	0
10	天津市圣东机动车检测服务有限公司	8	8	0
11	天津摩尔工程材料实验室	7	0	0
12	天津华测检测认证有限公司	6	6	0
13	天津斯坦德优检测技术有限公司	6	6	0
14	天津天管检测技术有限公司	1	0	0
15	天津市东丽区疾病预防控制中心	1	0	0
16	天津津滨华测产品检测中心有限公司	1	1	0
17	天津市东丽区产品质量监督检验所	1	0	0
18	天津市华明机动车检测有限公司	0	0	0
19	天津市巴士机动车检测有限公司	0	0	0
20	天津市质量监督检验站第十六站	0	0	0

续表

序号	企业名称	专利申请量	有效专利申请量	发明专利申请量
21	天津市质量监督检验站第三站	0	0	0
22	天津市清源环境监测中心	0	0	0
23	天津市东丽区环境监测中心	0	0	0
24	天津市医药空气洁净检测中心有限公司	0	0	0
25	天津天羽羽绒羽毛检测服务有限公司	0	0	0
26	天津宇通能源技术检测有限公司	0	0	0
27	天津天城腾达检测技术开发有限公司	0	0	0
28	天津市市政工程质量检测中心	0	0	0
29	天津平屹恒业工程检测有限公司	0	0	0
30	天津阔维工程管理咨询有限公司	0	0	0
31	津滨环科（天津）检测技术服务有限责任公司	0	0	0
32	鉴升（天津）检测有限公司	0	0	0
33	天津市寰东地基基础检测有限公司	0	0	0
34	天津华博检测技术有限公司	0	0	0
35	天津海盛环境检测服务有限公司	0	0	0
36	海纳众为（天津）科技服务有限公司	0	0	0
37	天津市国腾新立公路工程试验检测有限公司	0	0	0
38	天津滨信建设工程检测有限公司	0	0	0
39	必维诚硕科技（上海）有限公司天津分公司	0	0	0
40	天津安联机械设备检测有限公司	0	0	0
41	天津市天衡司法医学鉴定所	0	0	0
42	天津市公安局东丽分局物证鉴定所	0	0	0
43	天津市益昌汽车服务有限公司	0	0	0
44	天津瑞诚机动车检测有限公司	0	0	0
45	天津市津丽机动车检测服务有限公司	0	0	0
46	天津市金东机动车检测中心	0	0	0

2.4.2　东丽区产业面临问题

（1）产业链不完整。东丽区虽已形成初步的检验检测产业聚集地，入驻企业以提供第三方检测服务为主，其中必维、华测、中汽研等为检验检测行业国内外优势企业，但缺乏检测仪器、测量仪器制造商，检测试剂厂商，存在明显空白的产业链环节。

（2）知识产权储备不足，缺乏高价值专利。除中汽研外其他相关企业专利布局较少，在天津市市场监督管理委员会备案的46家检验检测机构中，申请专利的机构数量占比仅为37%，申请发明专利的备案机构仅4家，可见大多数企业专利布局意识不足。

（3）缺乏针对性的检验检测产业政策。天津市及东丽区均未发布针对检验检测产业的专项政策。

2.4.3　东丽区工作重点

东丽经济开发区管委会提出的目前的工作重点为：①东丽区检验检测产业以第三方检测服务机构为主，欲拓宽认证服务、检测设备制造等产业链环节，编制引进图谱，为精准招商、招才引智工作提供更加精准的指导和依据，打造一流的检验检测产业发展新高地。②中汽研在车辆检测方面的优势，带动东丽区车辆检测进一步聚集，完善产业链。③为已引入的检验检测龙头企业华测、斯坦德优做好企业服务，协助其做好知识产权保护。

第3章 检验检测产业与专利关联性分析

本章从检验检测技术发展、产品供需、企业地位和产业转移等不同角度论证了检验检测产业链与专利布局的关联度；以检验检测产业链与专利布局的关联度为基础，进一步从技术控制、产品控制及市场控制等角度论证全球检验检测产业竞争中专利控制力强弱程度，揭示专利控制力与产业竞争格局的关系。

3.1 产业创新发展与专利布局关系分析

3.1.1 专利布局与技术发展如影随形

图3-1展示了车辆检测技术发展与专利布局之间的关系。

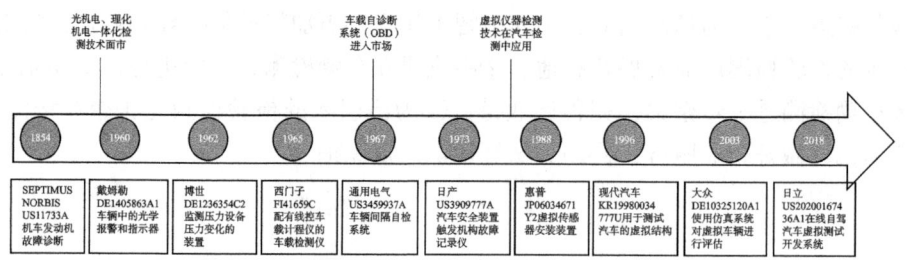

图3-1 车辆检测技术发展与专利布局之间的关系

早在19世纪50年代汽车工业早期就出现了汽车检测的专利。到20世纪中叶，以故障诊断和性能调试为主的单项检测技术及检测设备得到应用，如美国的发动机分析仪、英国的发动机点火系统故障诊断仪和汽车道路试验速度分析仪等，这些都是国外早期发展的汽车检测设备，表明车辆检测技术进入了一个新的发展领域。20世纪60年代出现了电子、光学、理化与机械相结合的光机电、理化机电一体化检测技术，这个时期汽车检测设备开始向专业化、多功能方向转变，如非接触式车速仪、前照灯检测仪、车轮定位仪、排气分析仪等都是光机电、理化机电一体化的检测设备。20世纪60年代末，随着计算机技术和信息技术的发展，汽车检测设备进入智能化、全自动化、车载自诊断系统（OBD）及汽车故障诊断专家系统阶段。在此基础上，为了加强汽车管理，各工业发达国家相继建立汽车检测站和检测线，使汽车检测制度化。目前车辆检测前沿技术包括虚拟仪器检测技术和汽车专用装置检测技术。1985年中国专利局受理专利申请之时，株式会社日立制作所等国外公司就开始在中国进行专利布局，交通部公路科学研究所、湖北省公路运输管理局等单位也在此期间提交了相关专利申请。可见，在产业发展过程中，专利布局始终伴随着检验检测技术和设备创新，是检验检测技术发展的重要承载体。

3.1.2 专利先行为产品保驾护航

从检验检测的产业链来看，检验检测产业分为车辆检测、生态环境检测、食品检测、芯片检测、医学检测、船舶检测、纺织检测、轨道交通检测、计量校准检测、建筑工程检测和油品检测。检验检测行业各产业链技术生命周期曲线如图3-2所示。

整体而言，检验检测产业各技术分支均处于产品开发和市场需求引导阶段。其中车辆检测领域的专利申请最多，占总数的33%。汽车行业是全球经济的第一制造产业，自1970年以来，全球汽车数量几乎每隔15年翻一番，2010年至2020年，全球汽车保有量也增长了50%左右，达到14.91亿辆。随着中国经济过去20年的高速发展，中国汽车的保有量也快速增长，有望在2025年前超过美国，成为全球汽车保有量最大的市场。随着中国汽车制造业逐渐走向成熟，耐用性和汽车质量的改善也不断延长了车辆平均生命周期，"车龄+保有量"双效驱动中国汽车后市场高速发展，成为汽车产业的新增长点。而汽车行业快速增长的体量必然推动车辆检测需求的增长，同时市场对车辆安全和环保要求的提高，也对检测质量提出了更高的要求。另外，近几年随着车联网、高端智能汽车及新能源汽车等方面技术的发展，车辆检测的技术热点不断增多，专利申请量和专利申请人数量均呈持续增长趋势，车辆检测领域处于技术成长期。

生态环境检测、医疗检测和食品检测领域的专利申请量分别占总数的15%、13%和13%。从技术生命周期来看，生态环境检测和食品检测领域的专利申请人数量和专利申请量均呈现持续增长趋势，技术发展处于成长期；医疗检测领域的专利申请人和专利申请数量出现增速放缓，技术发展渐入成熟期。

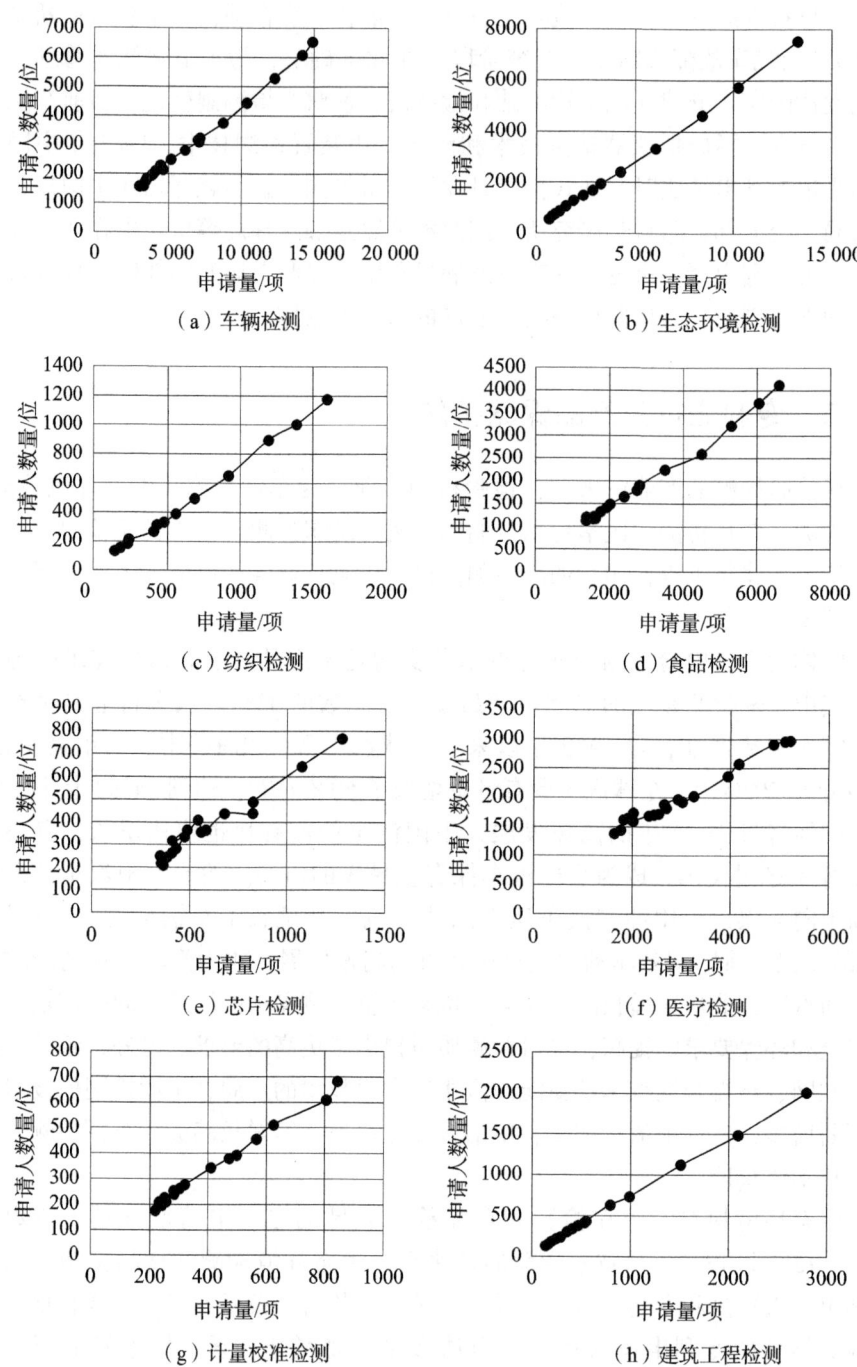

图 3-2 检验检测行业技术生命周期曲线

芯片检测、船舶检测、纺织检测、轨道交通检测、计量校准检测、建筑工程检测和油品检测这些领域的专利申请量占总数的比例均不到5%，随着国际贸易日益活跃、产品质量标准的持续提升和新产品新技术的不断涌现，这些领域的专利申请人数量和专利申请量总体呈现持续增长趋势，技术发展处于成长期。

3.1.3 专利布局转移揭示全球产业转移趋势

纵观全球检验检测产业发展历程，世界检验检测产业发展重心发生了三次明显转移。全球产业专利布局转移情况见表3-1。

表3-1 全球产业专利布局转移　　　　　　　　　　　　　（单位：件）

时间	技术分支	日本	德国	美国	韩国	法国	中国
1990年之前	车辆检测	9002	4488	2773	516	2015	334
	生态环境检测	3040	1233	1439	22	363	90
	医疗检测	747	345	2019	11	189	14
	食品检测	2111	1421	1854	69	611	63
	芯片检测	1643	31	226	38	9	2
	纺织检测	666	476	579	4	173	43
	建筑工程检测	296	177	141	6	69	42
	轨道交通检测	204	137	237	4	59	11
	计量校准检测	438	210	368	6	89	4
	油品检测	102	75	351	1	71	3
	船舶检测	148	63	57	2	52	2
1991—2009年	车辆检测	16 426	13 278	5311	10 343	2992	6312
	生态环境检测	3838	1526	1590	596	344	2464
	医疗检测	3785	2117	10 146	874	872	4165
	食品检测	3632	2725	5007	821	919	2729
	芯片检测	3080	267	923	1407	44	781
	纺织检测	696	645	410	116	79	632
	建筑工程检测	904	440	350	171	117	556
	轨道交通检测	375	467	215	110	65	455
	计量校准检测	1191	778	970	91	134	269
	油品检测	116	224	357	11	97	88
	船舶检测	114	66	52	41	31	105
2010—2020年	车辆检测	6614	9790	7454	5143	2141	69 321
	生态环境检测	1241	542	1432	1615	242	60 940
	医疗检测	2543	731	6029	2370	449	26 677
	食品检测	1558	963	3202	1481	345	33 454

续表

时间	技术分支	日本	德国	美国	韩国	法国	中国
2010—2020年	芯片检测	683	108	427	630	34	6614
	纺织检测	224	224	199	168	43	8111
	建筑工程检测	542	218	387	330	64	12 080
	轨道交通检测	198	301	189	220	62	9171
	计量校准检测	467	439	662	168	83	3802
	油品检测	64	99	387	46	68	991
	船舶检测	41	29	28	206	20	2362

自从汽车在德国诞生开始，车辆检测技术就随之出现，但美国是最早开始对车辆检测技术进行专利布局的国家。在世界汽车工业经历两次巨大变革后，美国和欧洲成为汽车工业发展中心，同时也是车辆检测技术专利布局的主要国家和地区。直到20世纪60年代，日本通过完善生产管理体系形成精益的生产方式，全力发展物美价廉的经济型轿车，成为继美国、欧洲之后世界第三个汽车工业发展中心，使世界汽车工业的发展重心从欧洲转到日本。随之，车辆检测技术在日本发生了第一次转移。随着日本汽车工业的发展扩展到整个制造业，从而将日本推向经济强国之列，建筑、食品、环保、芯片等领域也快速发展，进而促进日本各行业检验检测技术的发展。

20世纪70年代后，韩国政府实行"汽车国产化"政策，各汽车公司开始大规模引进国外生产技术，并着力自主创新，逐步摆脱对国外的技术依赖。随后韩国政府又实施出口导向战略，逐步使韩国的汽车工业发展壮大，在1997年亚洲金融危机爆发时，又进行全球化战略调整，在短期内实现了复苏。韩国汽车工业的快速发展使之成为继美国、欧洲和日本之后的汽车强国。而相应的车辆检测技术在韩国发生了第二次转移。

车辆检测技术第三次转移发生在中国。近年来我国机动车行业发展迅速，我国汽车工业整体规模扩大，机动车保有量不断提升，对检验检测的需求较大。建筑、食品、农林牧渔等检验检测的传统领域规模同步扩大，但是得益于我国电子电器、能源、机械、软件等行业的快速发展，对产品质量要求的快速提高，检验检测行业在这些新兴领域的发展得到了明显增长。2010年，《国务院关于加快培育和发展战略性新兴产业的决定》发布，检验检测认证服务行业已列入《战略性新兴产业分类（2018）》。在国家政策的要求下，未来我国检验检测行业将向更加规范的方向稳步发展。

由此可见，专利布局清晰地揭示了全球产业转移的基本趋势。

3.1.4 国内专利实力反应产业区域特点

国内的专利申请量情况如图3-3所示。

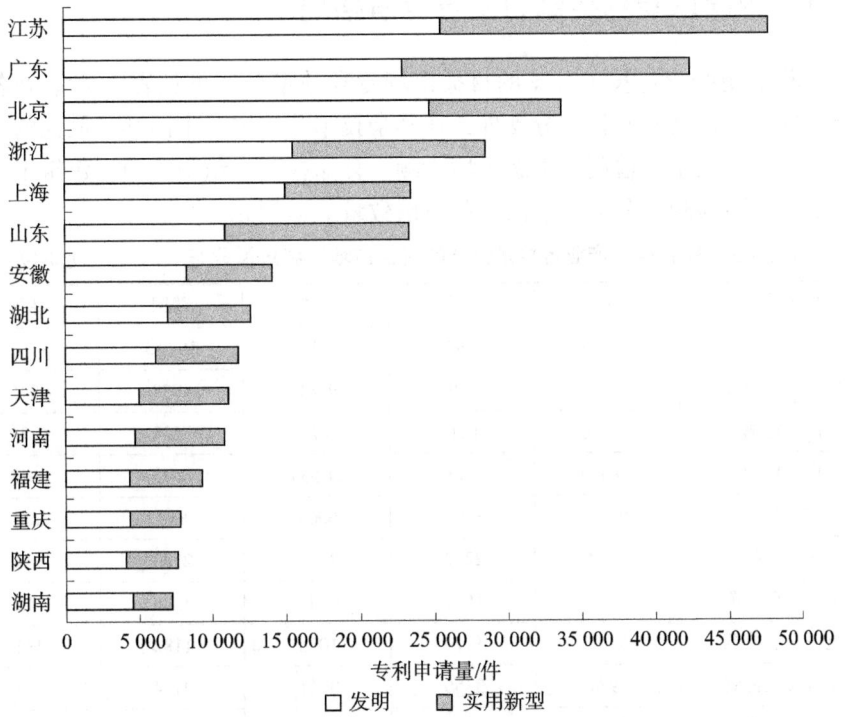

图3-3 国内的专利申请量

华东地区由于汽车、生态环境检测设备制造能力突出，市场规模位居全国第一，占比30%，华东地区的江苏、浙江专利相关专利申请量分别为4.7万件和2.8万件，位于第一梯队，与其产业相对地位一致，上海排在全国第五名；华南和华北地区则分别由于工业、3C等电子产品制造能力突出，相应的检测市场规模位居全国二、三位，分别占比13.5%、10.7%。可见，专利实力基本上反映了产业地位。

3.2 专利在产业竞争中发挥的控制力和影响力

3.2.1 中国以专利控制力主导竞争格局

检验检测产业各技术分支的目标市场专利数量分布可见表 3-2。在各技术分支中，除油品检测技术分支外，在其余技术分支中，中国都是最大的专利申报市场，且在车辆检测、生态环境检测、食品检测、纺织检测、建筑工程检测、轨道交通检测等分支领域的专利申请数量遥遥领先。

表 3-2 检验检测产业各技术分支的目标市场专利数量分布　　（单位：件）

技术分支	中国	美国	日本	德国	韩国
车辆检测	84 857	30 972	37 186	36 655	19 162
生态环境检测	64 646	6936	9881	4838	2945
医疗检测	37 110	21 261	16 774	7239	6831
食品检测	39 359	13 732	11 534	8073	4165
芯片检测	8022	3803	6069	859	2882
纺织检测	9480	2242	2536	2180	577
建筑工程检测	13 128	1591	2145	1168	755
轨道交通检测	9966	1119	1098	1182	482
计量校准检测	4974	3356	3011	2114	719
油品检测	1414	1709	624	724	239
船舶检测	2513	296	380	225	292

从检验检测产业各技术分类的专利来源国家/地区数量分布（见表 3-3）来看，中国在专利数量上占据领先地位，但中国申请人主要在国内进行专利布局，中国申请人在海外市场布局的专利数量仅占中国申请人专利总数的 1.7%。美国、日本和德国的专利数量虽然不及中国，但为了确保其对于核心技术的强大控制力，将大量的技术在其他国家进行专利布局。以中国市场为例，美国创新主体在中国共申请 4000 余件专利，占中国专利总量的 1.3%，日本创新主体在中国也有 2700 余件专利申请，占中国专利总量的 1.0%。

表3-3 检验检测产业各技术分支的专利来源国家/地区专利数量分布　　（单位：件）

技术分支	中国	美国	日本	德国	韩国
车辆检测	75 967	15 538	32 042	27 556	16 002
生态环境检测	63 494	4461	8119	3301	2233
医疗检测	30 856	18 194	7075	3193	3255
食品检测	36 246	10 063	7301	5109	2371
芯片检测	7397	1576	5406	406	2075
纺织检测	8786	1188	1586	1345	288
建筑工程检测	12 678	878	1742	835	507
轨道交通检测	9637	641	777	905	334
计量校准检测	4075	2000	2096	1427	265
油品检测	1082	1095	282	398	58
船舶检测	2469	137	303	158	249

3.2.2　市场领先企业未构成专利垄断

从全球范围各细分行业涉及检验检测技术的专利申请人排名（见表3-4、3-5）来看，车辆检测领域的技术主要集中在全球的整车制造企业及汽车零部件制造企业中，在申请量排名前20位的申请人中，没有出现提供车辆检测服务的第三方检验检测机构，这说明这些整车和汽车零部件的制造企业几乎垄断了相关的车辆检测技术。这主要是由于汽车制造是一项复杂的系统工程，车辆检测技术在车辆制造以及使用、维护和修理的过程中不断发展，这些大部分都是由整车和汽车零部件制造厂商来完成。另外，从申请人国别看，车辆检测技术主要集中在欧美、日本、韩国的跨国企业中，中国申请人中仅吉林大学、北京汽车股份有限公司、奇瑞汽车股份有限公司和中汽研具有一定的专利优势，说明中国在车辆检测领域与发达国家相比差距较大。中汽研作为能提供检测服务的非整车和汽车零部件制造企业，在车辆检测技术领域的实力能够抗衡部分整车制造企业。

在生态环境检测领域，排名前20位的申请人中除了日本日立公司和岛津公司外，其余均为中国申请人，说明中国通过专利布局优先抢占了市场。在芯片检测领域、建筑工程领域、计量校准领域和油品检测领域，专利申请量排名前几位的申请人均为国外公司，说明在这些领域中国与国外发达国家相比还存在一定的差距。而在医学检测、食品检测、纺织检测、轨道交通检测和船舶检测领域，专利申请量排名前20位的申请人中，中国申请人数量占比较大，说明中国申请人的技术具有一定实力。

表 3-4 各细分行业涉及检验检测技术的专利申请人排名

(单位：项)

车辆检测		生态环境检测		医疗检测		食品检测		芯片检测	
全球专利申请人	申请量	全球专利申请人	申请量	全球专利申请人	申请量	全球专利申请人	申请量	全球专利申请人	申请量
博世	4822	中国科学院	1501	苏州艾杰生物科技	1242	中国农业科学院	596	日本电气	682
现代	4130	河海大学	636	中国农业大学	683	浙江大学	420	三星	500
戴姆勒	3146	日立	513	浙江大学	304	中国科学院	392	日立	441
丰田	2876	浙江大学	456	雅培	256	中国农业大学	335	三菱	429
三菱	2242	长安大学	330	罗氏制药	252	西门子	388	富士通	414
电装	2165	同济大学	279	宝灵曼	242	千禧制药	262	松下	337
日产	2013	山东大学	225	中国农业大学	227	博世	286	东芝	242
本田	1918	天津大学	222	The Regents of the University of California	219	日立	220	IBM	227
大众	1836	三峡大学	218	中国检验检疫科学研究院	217	华中农业大学	215	中国科学院	221
西门子	1584	中国水利水电科学研究院	202	华南农业大学	194	江南大学	210	东京电子股份有限公司	215
大宇	1474	岛津	198	芮屈生物技术（上海）有限公司	153	孟山都	192	华虹集团	193
宝马	1472	东南大学	186	广西壮族自治区兽医研究所	147	三菱	188	精工爱普生	146

续表

车辆检测		生态环境检测		医疗检测		食品检测		芯片检测	
全球专利申请人	申请量	全球专利申请人	申请量	全球专利申请人	申请量	全球专利申请人	申请量	全球专利申请人	申请量
福特汽车	1342	哈尔滨工业大学	180	扬州大学	135	蒙牛	180	海力士半导体	144
日立	1188	安徽理工大学	176	基因泰克	130	西北农林科技大学	177	ABB	129
吉林大学	1081	中国农业大学	168	四川农业大学	127	中国检验检疫科学研究院	168	现代	93
北京汽车	1052	中国地质大学（武汉）	163	中山大学达安基因股份	124	无锡艾科瑞思	157	江苏凯尔生物识别科技有限公司	77
标致雪铁龙	1019	大连理工大学	159	南京农业大学	121	南京农业大学	157	索尼	77
奥迪	909	中国环境科学研究院	158	西北农林科技大学	120	百奥森（江苏）食品安全科技	154	夏普	70
奇瑞汽车	767	浙江工业大学	154	加利福尼亚大学	117	浙江工商大学	153	爱德万测试	69
中汽研	622	南京林业大学	145	华中农业大学	115	江苏大学	154	英飞凌	43
松下	555	温州际高检测仪器有限公司	35	山东出入境检验检疫局检验检疫技术中心	82	山东省食品药品检验研究院	68	广东利扬芯片测试	37

表 3-5 各细分行业涉及检验检测技术的专利申请人排名

(单位：项)

纺织检测 全球专利申请人	申请量	建筑工程检测 全球专利申请人	申请量	轨道交通检测 全球专利申请人	申请量	计量校准检测 全球专利申请人	申请量	油品检测 全球专利申请人	申请量	船舶检测 全球专利申请人	申请量
乌斯特	309	三菱	102	西南交通大学	265	西门子	182	埃克森	118	武汉理工大学	79
东华大学	172	日立	89	西门子	166	博世	142	斯伦贝谢	87	现代	60
浙江理工大学	103	西门子	81	中南大学	126	国家电网公司	134	壳牌	73	大连海事大学	59
丰田	89	松下	66	吉林大学	121	日立	131	哈里伯顿	49	PREDPRIYATIE EPIDBIOMED LTD.	59
钟纺	63	北京工业大学	46	上海工程技术大学	113	爱德万测试	92	国家电网	48	哈尔滨工程大学	58
江南大学	54	同济大学	46	日立	107	中国科学院	89	德士古	47	沪东中华造船（集团）有限公司	55
国家电网公司	73	浙江大学	45	北京交通大学	98	三菱	88	三菱	38	三菱	53
温州际高检测仪器有限公司	44	福建省永正工程质量检测有限公司	44	中车长春轨道客车股份有限公司	96	富士通	61	博世	37	浙江海洋学院	32
东阳纺	43	博世	41	中车青岛四方机车车辆有限公司	96	东芝	57	西门子	35	三星	31
西门子	42	天津大学	39	中铁第四勘察设计院集团有限公司	90	岛津	54	法国石油研究院	34	DAEWOO SHIPBUILDING MARINE ENGINEERING	28
温州市大荣纺织仪器有限公司	42	重庆大学	37	南京理工大学	82	丰田	47	通用电气公司	28	浙江海洋大学	27
三菱	40	国家电网公司	64	华东交通大学	77	戴姆勒	40	中国石油化工股份有限公司	28	江苏科技大学	25

续表

纺织检测		建筑工程检测		轨道交通检测		计量校准检测		油品检测		船舶检测	
全球专利申请人	申请量	全球专利申请人	申请量	全球专利申请人	申请量	全球专利申请人	申请量	全球专利申请人	申请量	全球专利申请人	申请量
天津工业大学	36	中国科学院	37	三菱	72	河南省计量科学研究院	37	中国石油天然气	25	中国舰船研究设计中心	24
特日茨勒	33	东芝	35	中国铁道科学研究院集团	67	尼康	37	奥迪	22	中国科学院	24
中国科学院	32	广东稳固检测鉴定	31	中国铁路总公司	64	松下	34	丰田	22	中国人民解放军海军工程大学	23
武汉纺织大学	32	哈尔滨工业大学	30	南京铁道职业技术学院	63	浙江大学	31	BP OIL	22	江苏海事职业技术学院	21
西安工程大学	32	河海大学	29	南车青岛四方机车车辆股份有限公司	62	三星	30	日立	21	上海海事大学	20
广东溢达纺织有限公司	32	山东大学	28	北京铁科英迈技术	61	电装	25	卡特彼勒	17	大连理工大学	20
松下	31	中国建材检验认证集团	27	中国科学院	59	大众	25	联合技术公司	16	上海交通大学	18
IVANOVSKIJ TEKSTILNYJ INSTITUT IM M V FRUNZE	31	四川建筑职业技术学院	26	四川曜诚无损检测技术	23	本田	24	贵州电网公司	13	中船黄埔文冲船舶有限公司	18
中纺协检验（泉州）技术服务	16	江苏省建筑工程质量检测中心	18	四川兴天源材料检测技术	9	贵州航天计量测试技术研究所	23	广研检测（广州）有限公司	7	天津瀚海检验检测有限公司	4

从中国检验检测机构的专利申请量排名（见图3-4）来看，排名前10位的大部分是中国检验检测的研究机构，只有少数几个是提供检验检测服务的第三方企业，说明中国检验检测行业的研究机构是检验检测技术研发的主力军。排名第一位的中国检验检疫科学研究院的专利申请量相比其他申请人的专利申请量大幅领先，说明其在检验检测技术方面的研发实力非常深厚，另外排名第二位的中汽研作为车辆检验领域的企业，也具有较强的技术实力。

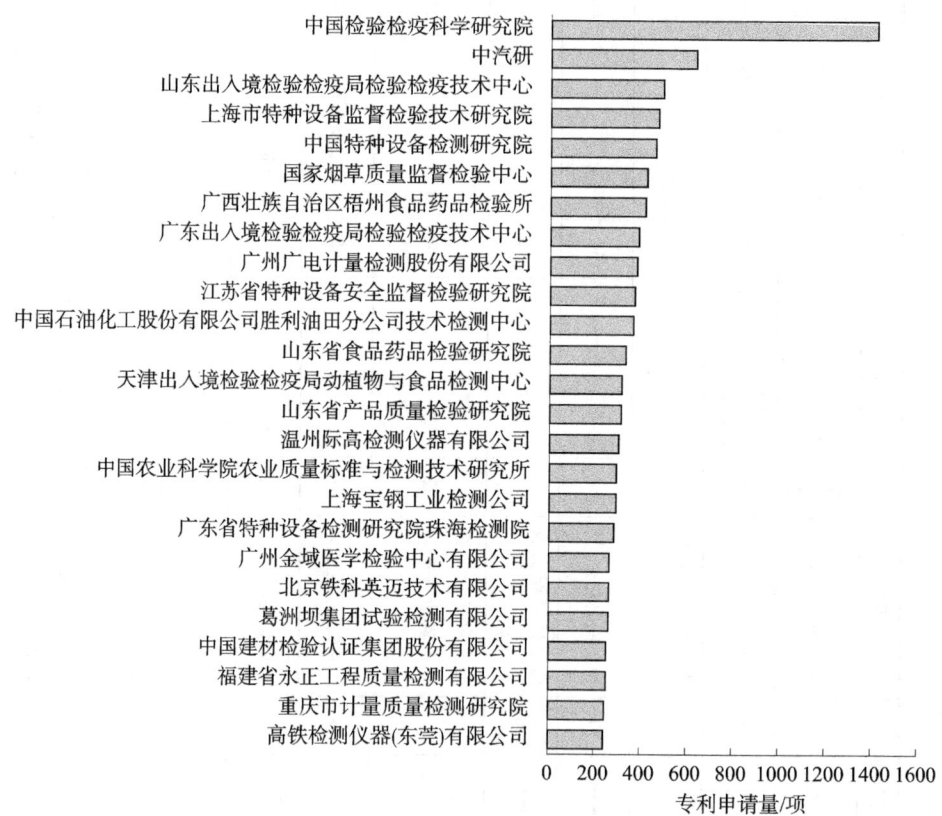

图3-4 中国检验检测机构的专利申请量排名

从中国检验检测机构在各细分行业的专利申请量排名（见表3-6、表3-7）看，车辆检测领域的技术主要集中在提供车辆检测服务和车辆检测设备生产的企业中，其中以中汽研和襄阳达安汽车检测中心为代表；生态环境检测、芯片检测、纺织检测、建筑工程检测、油品检测及船舶检测领域的技术也主要集中在提供检测服务和检测设备生产的企业中；而生态环境检测、食品检测、医学检测、纺织检测、轨道交通检测及计量校准检测领域的技术则集中在检验检测的研究机构中。

表3-6 中国检验检测机构在各细分行业的专利申请量排名（1）

（单位：项）

车辆检测 申请人	申请量	生态环境检测 申请人	申请量	医疗检测 申请人	申请量	食品检测 申请人	申请量	芯片检测 申请人	申请量	纺织检测 申请人	申请量
中国专利申请人	226	中国专利申请人	52	中国专利申请人	211	中国专利申请人	157	中国专利申请人	37	中国专利申请人	44
中汽研	111	葛洲坝集团试验检测有限公司	35	中国检验检疫科学研究院	87	中国检验检疫科学研究院	69	广东利扬芯片测试股份有限公司	32	温州际高检测仪器有限公司	22
襄阳达安汽车检测中心	39	温州际高检测仪器有限公司	33	山东出入境检验检疫技术中心	66	山东省食品药品检验研究院	68	安拓锐高新测试技术（苏州）有限公司	12	浙江必维申越检测技术有限公司	19
财团法人车辆研究测试中心	37	苏州国环环境检测有限公司	31	天津出入境检验检疫动植物与食品检测中心	62	广西壮族自治区梧州食品药品检验所	67	镇江矽佳测试技术有限公司	12	广州纤维产品检测研究院	17
广州广电计量检测股份有限公司	37	大连大公环境检测有限公司	29	广东出入境检验检疫动植物检疫技术中心	59	山东出入境检验检疫局检验检疫技术中心	53	天津渤海易安泰电子半导体测试有限公司	12	中纺协检验（泉州）技术服务有限公司	17
洛阳西苑车辆与动力检验所有限公司	36	中交天津港湾工程研究院有限公司	29	深圳出入境检验检疫动植物检验检疫技术中心	58	山东省农业科学院农业质量标准与检测技术研究所	43	爱德万测试	11	上海市质量监督检验技术研究院	14
北京博科试验系统股份有限公司	33	常州市环境监测中心	29	北京出入境检验检疫局	54	广东出入境检验检疫局检验检疫技术中心	42	上海利扬芯片测试有限公司	8	中纺协检验技术服务有限公司	13
重庆车辆检测研究院有限公司		江苏恩测检测技术有限公司		上海出入境检验检疫局				深圳市芯片测试技术有限公司		常州纺检验技术服务有限公司	

续表

车辆检测		生态环境检测		医疗检测		食品检测		芯片检测		纺织检测	
中国专利申请人	申请量	中国专利申请人	申请量	中国专利申请人	申请量	中国专利申请人	申请量	中国专利申请人	申请量	中国专利申请人	申请量
广州市番鸿汽车检测有限公司	31	天津港湾工程质量检测中心有限公司	29	重庆出入境检验检疫技术中心	42	华测	38	第一检测有限公司	6	浙江中鼎检测技术有限公司	13
天津台信检测技术有限公司	31	江苏新锐环境监测有限公司	28	杭州艾迪康医学检验中心有限公司	41	安徽中青检验检测有限公司	37	深圳市华测检测技术股份有限公司	6	中纺联检（上海）检验技术服务有限公司	12
深圳市安车检测股份有限公司	31	中交第一航务工程局有限公司	27	宁波检验检疫科学技术研究院	39	深圳出入境检验检疫局动植物检验检疫技术中心	36	航天科工防御技术研究试验中心	6	浙江染化宝检测服务有限公司	11
昆山市创新科技检测仪器有限公司	30	华测	27	广州金域医学检验中心有限公司	38	新疆维吾尔自治区产品质量监督检研院	29	北京自动测试技术研究所	6	绍兴出入境检验检疫局综合技术服务中心	11
上海机动车检测认证技术研究中心有限公司	30	天津市生态环境监测中心	26	北京出入境检验检疫技术中心	36	苏州市苏测检测技术有限公司	27	华测	6	上海出入境检验检疫局工业品与原材料检测技术中心	11
浙江兴汽车检测设备有限公司	30	农业部环境保护科研监测所	25	福建出入境检验检疫技术中心	35	上海出入境检验检疫局动植物与食品检验检疫技术中心	25	宜特（上海）检测技术有限公司	4	深圳出入境检验检疫局工业品检测技术中心	11

第3章 检验检测产业与专利关联性分析

续表

车辆检测		生态环境检测		医疗检测		食品检测		芯片检测		纺织检测	
中国专利申请人	申请量	中国专利申请人	申请量	中国专利申请人	申请量	中国专利申请人	申请量	中国专利申请人	申请量	中国专利申请人	申请量
桐城市祥瑞机动车辆检测有限公司	26	广州港湾工程质量检测有限公司	22	珠海出入境检验检疫局检验检疫技术中心	33	烟台市食品药品检验检测中心	25	吉林出入境检验检疫局检验检疫技术中心	4	北京出入境检验检疫局	10
成都新成汽车检测设备有限公司	26	河南宏达检测技术有限公司	22	杭州迪安医学检验中心有限公司	32	浙江华才检测技术有限公司	24	中国检验检疫科学研究院	4	浙江中天纺检验有限公司	10
上海一阳汽车检测设备科技有限公司	26	廊坊市阳光建设工程质量检测有限公司	21	广东省实验动物监测所	31	四川省农业科学院分析测试中心	23	贵州航天计量测试技术研究所	3	浙江出入境检验检疫局检验检疫技术中心	10
山东安车检测技术有限公司	24	山东省城市供排水水质监测中心	21	上海出入境检验检疫局食品检验检疫技术中心	29	厦门泓益检测有限公司	22	上海菲莱测试技术有限公司	3	中纺标检验认证中心（北京）有限公司	10
广州市番通汽车检测有限公司	22	广东贝源检测技术股份有限公司	22	中山出入境检验检疫局检验检疫技术中心	29	河南省产品质量监督检验院	22	深圳市大族半导体测试技术有限公司	3	苏州中纺联检验技术服务有限公司	9
卡达克机动车质量检验中心（宁波）有限公司	22	广州华清环境监测有限公司	20	北京鑫诺美迪基因检测技术有限公司	25	海南出入境检验检疫局检验检疫技术中心	22	江苏七维测试技术有限公司	3	宁波升一检测有限公司	9
无锡科睿检测服务有限公司	21	中国检验检疫科学研究院	20	深圳市检验检疫科学研究院	24	中证检测科技（天津）有限公司	21	深圳宜特检测技术有限公司	3	福建省纤维检验局	9

表 3-7 中国检验检测机构在各细分行业的专利申请量排名（2）

（单位：项）

建筑工程检测 申请人	申请量	轨道交通检测 申请人	申请量	计量校准检测 申请人	申请量	油品检测 申请人	申请量	船舶检测 申请人	申请量	其他 申请人	申请量
中国专利申请人		中国专利申请人		中国专利申请人		中国专利申请人		中国专利申请人		中国专利申请人	
福建省水正工程质量检测有限公司	44	中国铁道科学研究院	74	贵州航天计量测试技术研究所	23	广研检测（广州）有限公司	7	天津瀚海检验检测有限公司	4	中国检验检疫科学研究院	1020
广东稳固检测鉴定有限公司	31	北京铁科英迈技术有限公司	61	上海市计量测试技术研究院	17	上海润凯油液监测有限公司	5	舟山市质量技术监督检测研究院	3	上海市特种设备监督检验技术研究院	454
中国建材检验认证集团无锡有限公司	27	四川曜诚无损检测技术有限公司	25	爱德万测试	14	大榭出入境检验检疫局	5	九江精密测试技术研究所	2	中国特种设备检测研究院	444
江苏省建筑工程质量检测中心有限公司	22	中国铁路总公司	14	广州广电计量检测股份有限公司	13	唐山爱特爱油液检测有限公司	3	宁波正信检测科技有限公司	2	国家烟草质量监督检验中心	413
广州建设工程质量安全检测中心有限公司	19	四川兴天源材料检测技术有限公司	9	广州计量检测技术研究院	12	江苏万标检测有限公司	3	上海优立检测技术股份有限公司	2	中汽研	399
山东普泰工程检测鉴定有限公司	17	北京双河理声自动化检测技术有限公司	9	上海精密计量测试研究所	10	陕西省石油产品质量监督检验二站有限公司	2	上海润凯油液监测有限公司	2	江苏省特种设备安全监督检验研究院	358
南京裕扬工程检测有限责任公司	16	福建省特种设备检验研究院	9	深圳天溯计量检测股份有限公司	8	宁波理工监测科技股份有限公司	2	龙口检验认证有限公司	2	中国石油化工股份有限公司胜利油田分公司技术检测中心	344

续表

建筑工程检测		轨道交通检测		计量校准检测		油品检测		船舶检测		其他	
中国专利申请人	申请量	中国专利申请人	申请量	中国专利申请人	申请量	中国专利申请人	申请量	中国专利申请人	申请量	中国专利申请人	申请量
河南豫美建设工程检测有限公司	15	北京鼎双检测技术有限公司	8	北京振兴计量测试研究所	7	四川优倈博检测技术有限公司	2	江阴市产品质量监督检验所	2	广西壮族自治区梧州食品药品检验所	344
湖州华科建设工程质量检测有限公司	15	苏州高新城市轨道交通检验认证有限公司	8	北京无线电计量测试研究所	7	上海出入境检验检疫局工业品与原材料检测技术中心	2	中交元洋（大连）桥梁水下检测有限公司	2	山东出入境检验检疫局检验检疫技术中心	327
浙江新世纪工程检测有限公司	15	中铁检验认证中心	7	量质源检测有限公司	6	南京检验认证有限公司	2	广东中能检测技术有限公司	1	广州广电计量检测股份有限公司	314
安徽省建筑工程质量监督检测站	14	青岛苏试海测检测技术有限公司	7	内蒙航天动力机械测试所	6	宁夏赛宝石油化产品检验检测中心有限公司	2	上海沪汽柴油机排放检测科技有限公司	1	山东省产品质量检验研究院	279
苏州市吴江滨湖检测技术有限公司	14	南京蜂动检测科技有限公司	7	中汽研汽车检验中心（天津）有限公司	5	江苏佰信检验有限公司	2	南宁奥博检测科技有限责任公司	1	上海宝钢工业检测公司	279
贵州省建材产品质量监督检验院	14	常州达姆斯检测有限公司	6	泰州市计量测试院	5	上海阳光科学仪器制造有限公司	2	江苏省产品质量监督检验研究院	1	广东省特种设备检测研究院珠海检测院	275
镇江市建科工程质量检测中心有限公司	14	苏州集成校准认证检测有限公司	6	东莞市世通仪器检测服务有限公司	5	瑞丽出入境检验检疫局综合技术中心	2	钢铁研究总院青岛海洋腐蚀研究所	1	广东出入境检验检疫技术中心	265

续表

建筑工程检测		轨道交通检测		计量校准检测		油品检测		船舶检测		其他	
中国专利申请人	申请量	中国专利申请人	申请量	中国专利申请人	申请量	中国专利申请人	申请量	中国专利申请人	申请量	中国专利申请人	申请量
江苏方建质量鉴定检测有限公司	14	广州建设工程质量安全检测中心有限公司	6	上海航天信息研究所	5	清研检测（天津）有限公司	2	佛山市禅城区环境监测站	1	山东省食品药品检验研究院	257
广州市建筑科学研究院有限公司	13	四川升拓检测技术股份有限公司	6	新疆维吾尔自治区计量测试研究院	4	中国特种设备检测研究院	2	江苏新锐环境监测有限公司	1	中国农业科学院农业质量标准与检测技术研究所	256
天津市津秦建设工程检测有限公司	13	广州市建筑科学研究院有限公司	6	中国运载火箭技术研究院	4	广西电网公司电力科学研究院	2	舟山市质量技术监督检测院	1	中汽研	249
中震（北京）工程检测股份有限公司	13	中国特种设备检测研究院	6	常州市计量测试技术研究所	4	中国南方电网有限责任公司超高压输电公司检修试验中心	2	广州特种机电设备检测研究院	1	重庆市计量质量检测研究院	230
河南省建筑工程质量检验测试中心站有限公司	12	上海市特种设备监督检验技术研究院	5	苏州市计量测试院	4	中国检验认证集团云南有限公司瑞丽分公司	2	青岛发现检验技术咨询有限公司	1	高铁检测仪器（东莞）有限公司	223
青岛高新区工程质量检测有限公司	12	邢台市超声检测设备有限公司	5	广电计量检测（成都）有限公司	4	广州机械科学研究院有限公司	1	广西博测检测技术服务有限公司	1	广州金域医学检验中心有限公司	220

3.2.3 专利运用与高额利润密切相关

从检验检测行业专利诉讼案例（见表3-8）可以看出，检验检测领域专利诉讼主要集中在检测设备领域，且车辆检测和医学检测是专利诉讼高发的细分领域，主要是由于这两个领域的诉讼大战背后有着巨大的检测市场。由此可见，在检验检测领域，申请人既能够通过专利布局来争夺市场，又能够在产品失去市场独占优势后，通过专利诉讼来夺回市场优势。专利在市场竞争中发挥着较强的控制力。

表3-8 检验检测行业专利诉讼案例

涉案专利申请号	标题	技术分支	诉讼年	申请赔偿金额/万	判赔总额/万
CN201420774222.4	一种基于汽车总线的轮胎气压监测装置	车辆检测	2017	—	—
CN201020685425.8	车辆底盘视频检测系统	车辆检测	2014	—	—
CN201020216707.3	一种防卡死汽车车轮侧滑检测台	车辆检测	2014	50	3
CN200710080392.7	数字化汽车超速、疲劳驾驶智能实时监控网络管理系统	车辆检测	2014	—	—
CN97216274.7	用于移动式机动车检测站的具自举放复位功能的引桥机构	车辆检测	2005	32.08	—
CN93109900.5	具有组合反光镜显示装置的机动车辆距离测量系统	车辆检测	2006	10	—
CN02293539.8	铁路车辆自动测量双头轮对压装机	轨道交通检测	2009	6	—
CN201510332228.5	升降装置及采用升降装置的全自动混凝土抗渗仪	建筑工程检测	2020	50	—
CN201010301435.1	检测混凝土抗压强度的直拔装置及直拔方法	建筑工程检测	2014	—	—

续表

涉案专利申请号	标题	技术分支	诉讼年	申请赔偿金额/万	判赔总额/万
CN201110206488.X	带多探头溶解性总固体监测装置的净水机及滤胆监控方法	生态环境检测	2017	100	—
CN200910244267.4	一种检测阴道分泌物中需氧菌群的试剂盒及其制备方法	医疗检测	2015	—	15
CN200830104691.5	酒精测试仪（PFT-68）	医疗检测	2013	54	6
CN200530053417.6	带时钟数字显示的酒精测试器（6389）	医疗检测	2008	—	—
CN02332507.0	酒精测试器（SK-AT520）	医疗检测	2004	—	3
CN02805507.1	探测胞嘧啶甲基化模式的高灵敏度方法	医疗检测	2017	50	—
CN93118343.X	用于实现早期检测败血症并对治疗进行跟踪的方法的药盒	医疗检测	2012	—	—
CN00253283.2	一种高精度原油含水率测定仪	油品检测	2009	—	—

注:"—"表示非公开。

第4章 检验检测产业专利全景分析

通过对检验检测产业全球、中国专利分析,能够了解检验检测产业的技术发展趋势、全球专利分布情况、重点机构的研发能力,发现我国检验检测产业领域的技术水平与国际其他国家或地区的差异,为我国企业在检验检测技术发展方面提供一定帮助。

4.1 专利发展态势分析

4.1.1 全球及主要国家专利申请趋势分析

全球及主要国家专利申请趋势如图4-1所示。

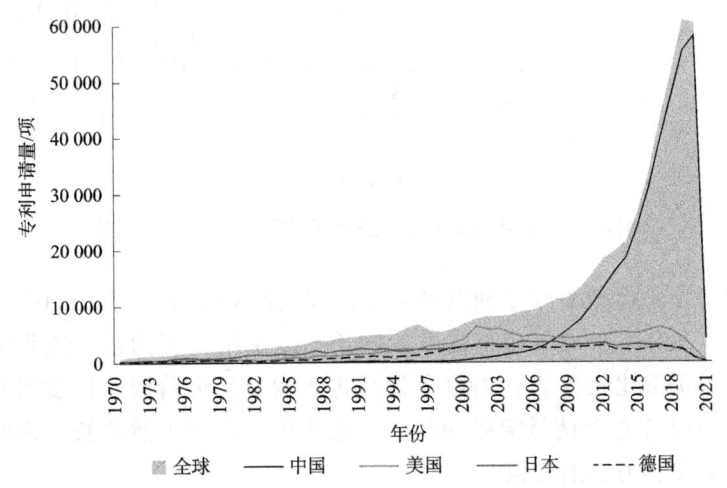

图4-1 检验检测产业全球及主要国家专利申请趋势

全球检验检测行业在1970年前处于技术萌芽期,全球申请量处于很低的水平;1970—1985年进入缓慢增长阶段,申请量突破千件,日本从该时期开始布局该领域的专利,检验检测行业的专利申请量总体上仍然惨淡。1985—

2009年，全球检验检测行业的专利申请量仍然以较缓慢的速度增长，但相对前几年增长速度有所加快。2009—2021年，中国的专利申请量飞速增长，呈现直线式的增长趋势，中国对于全球申请量的增长有很大的贡献。相对于中国专利申请数量的激增，其他国家在检验检测行业的专利申请量呈现下降的趋势，说明全球检验检测领域专利申请的重心在向我国转移。

4.1.2 天津市及东丽区专利申请趋势分析

天津市及东丽区检验检测产业专利申请趋势如图4-2所示。

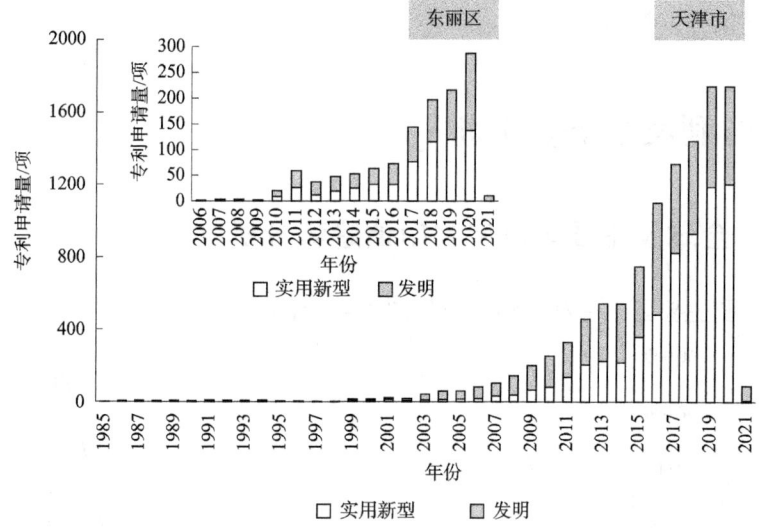

图4-2 检验检测产业天津市及东丽区专利申请趋势

天津市检验检测领域专利发展与国内发展趋势基本一致，2000年以前申请量较少。2001—2009年申请量开始增长，以实用新型为主，说明天津市在该行业技术仍然比较薄弱。2009年以后进入快速发展阶段，且发明专利申请量增多，2012年总申请量突破400件。近几年申请量仍然增长，说明天津市在该领域研发实力逐渐增强。

东丽区检验检测专利技术发展相对较晚，2006年才开始有相关专利申请，且申请总量只占天津市申请总量的少部分。东丽区专利申请量最多的是中汽研。在东丽区的申请人中，研究院及大学的申请量占多数，企业的申请量占少数，说明东丽区企业在该行业产业技术基础较薄弱。因此需要引进优质企业和人才来带动本地区检验检测产业的发展。

4.2 专利区域布局分析

4.2.1 全球及主要国家（地区、组织）专利申请量分布

截至 2021 年 7 月，全球检验检测专利申请总量为 60 万余件。全球主要国家（地区、组织）的专利申请量见表 4-1。

表 4-1 检验检测产业全球专利申请量分布 （单位：项）

来源国家（地区、组织）	申请量	目标国家（地区、组织）	公开量
中国	304 052	中国	330 022
日本	65 587	日本	88 862
美国	53 953	美国	84 657
德国	42 644	德国	62 382
韩国	27 092	世界知识产权组织	51 162
法国	12 463	欧洲专利局	48 912
英国	8007	韩国	38 052
俄罗斯	7910	加拿大	22 431

从专利来源国家（地区、组织）来看，中国、日本、美国是专利申请的主要来源国，中国申请量最多，超 30 万件；日本其次，超 6.5 万件；美国位列第三，超 5.3 万件。这三国的申请量总和占全球申请量的 70% 以上，说明美国、日本、中国在检测检验行业占据主要地位。

从专利目标国家（地区、组织）来看，中国、美国、日本、德国是主要的受理国家，这 4 国的专利受理总量占全球申请量的 75.4%，其中中国位列第一，超 33 万件；日本位列第二，超 8.8 万件；美国第三，超 8.4 万件；德国第四，超 6.2 万件。由此看出，中国是各国家（地区、组织）进行专利布局的重点国家，也是全球检验检测行业的重要市场。

4.2.2 中国专利来源国及国内专利申请量分布

1. 来源国分布

从图 4-3 中国专利来源国分布可以看出，中国申请人占据中国专利申请

的绝大部分，申请量超30万件，占比约96%。此外，日本、美国和德国是中国专利中除本国申请人外的主要来源国，占比约3%。上述数据表明，我国在检验检测技术的研发与投入方面非常重视，研发热情较高，其他国家和地区的申请人也比较重视我国的市场。因此，要做好海外专利申请人的中国专利侵权风险评估。

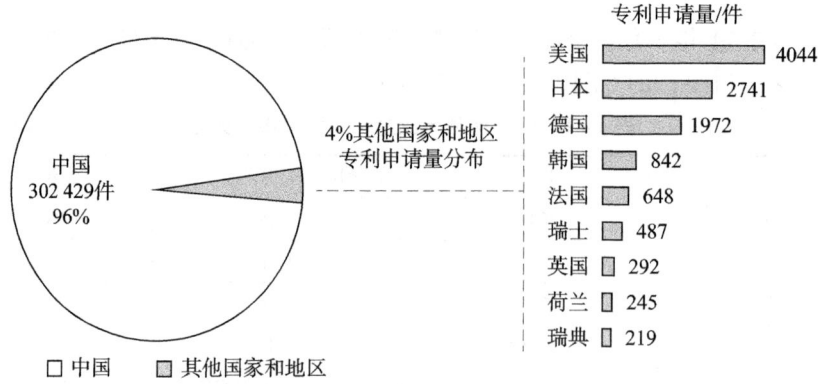

图4-3　检验检测产业中国专利来源国专利申请量分布

2. 国内分布

从国内检验检测产业专利申请量分布（见图4-4）来看，我国检验检测

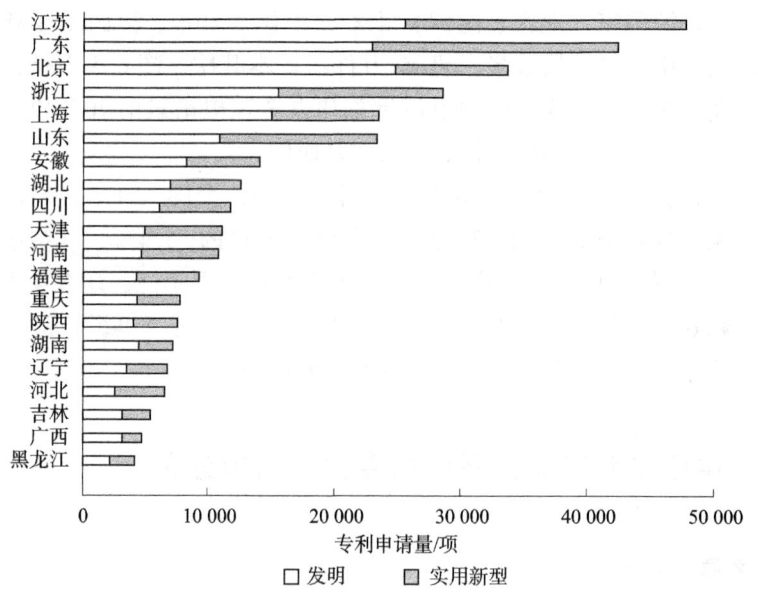

图4-4　检验检测产业国内专利申请量分布

专利技术主要集中分布在江浙沪地区、北京及珠江三角洲地区。其中江苏、广东和北京的专利申请总量排名前三位，分别为 47 720 项、42 405 项和 33 694 项。在北京地区的相关专利申请中，发明专利占比较大。天津市的申请量排名仅排在第 10 位，为 11 145 项，说明天津在该行业技术基础相对薄弱。

4.2.3　天津市各区专利分布

检验检测产业天津市各区专利申请量分布如图 4-5 所示，滨海新区、南开区和西青区是天津市主要申请区域，三个区域申请量占天津市申请总量的 53%。其中，滨海新区位列第一，天津出入境检验检疫局直属单位天津出入境检验检疫局动植物与食品检测中心、天津出入境检验检疫局化矿金属材料检测中心、天津出入境检验检疫局工业产品安全技术中心均位于滨海新区，但该区实用新型专利申请量居多。南开区位列第二，主要创新主体为天津大学、南开大学及天津市计量监督检测科学研究院、天津市农业质量标准与检测技术研究所，其发明专利数量的占比较大。西青区大学城聚集了天津市多所高校，天津

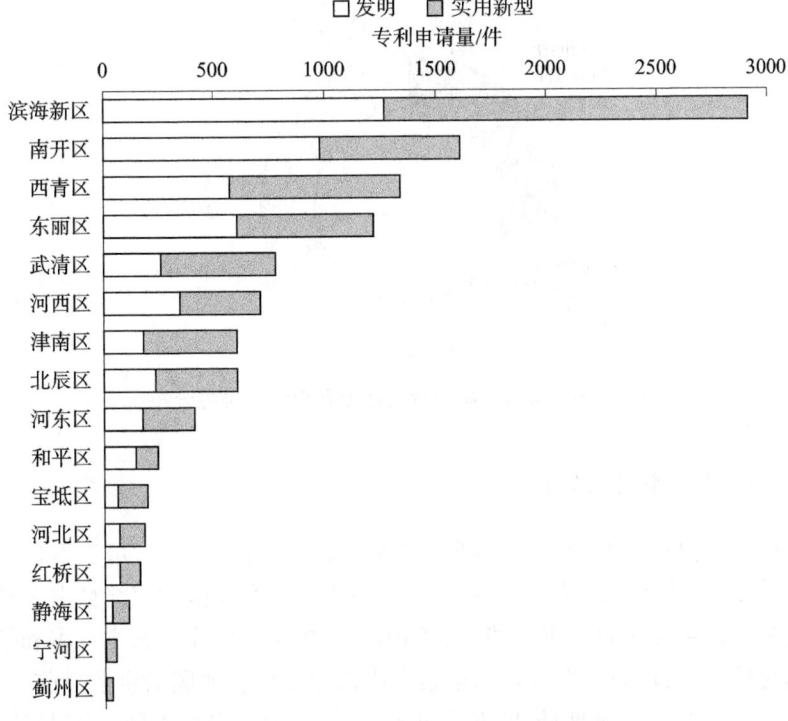

图 4-5　检验检测产业天津市各区专利申请量分布

城建大学、天津农学院、天津师范大学、天津工业大学为西青区检验检测的主要创新主体。东丽区虽然专利数量位列第四,但主要创新主体以企业为主,产业化程度高。

4.3 专利权人竞争格局分析

4.3.1 全球专利申请人分析

1. 全球专利申请人类型分布

从检验检测产业全球专利申请人类型分布(见图4-6)可以看出,全球专利申请人以企业申请人为主,占比53%,说明该行业技术产业化程度比较高,技术应用比较广泛。政府机构申请人的专利申请量占比为22%,可见检验检测机构重视专利保护。科研院所的申请人占比达到17%,说明科研院所聚集着一批优质人才。个人申请量占比为5%。

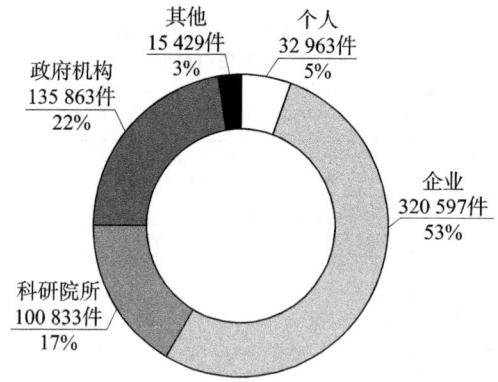

图4-6 检验检测产业全球专利申请人类型分布

2. 全球专利申请人排名

从检验检测产业全球主要专利申请人排名(见图4-7)可以看出,全球申请人前20位主要以整车厂商和汽车零部件供应商及国际综合性电子技术企业集团为主,主要来自日本、德国、韩国、中国4个国家,其中日本和德国的企业相对较多,日本在前20位的申请人中占据8位,德国的企业在前20位的申请人中占据5位。虽然前20位的申请人中,德国申请人数量不及日本多,但申请量排名第一位的申请人来自德国。在前20位的申请人中有4个来自中国，包括吉林大学、浙江大学两所大学，苏州艾杰生物科技［主要从事试剂（临床诊断、床边检验、亚健康检查、预防医学侦测、食品安全快速检验）的研发、生产］及国家电网；前20位的申请人中还包括韩国和法国的2个申请人，分别是三星和标致雪铁龙。以上数据说明我国在检测检验领域缺乏龙头企业，缺乏国际化品牌，市场影响力较小。

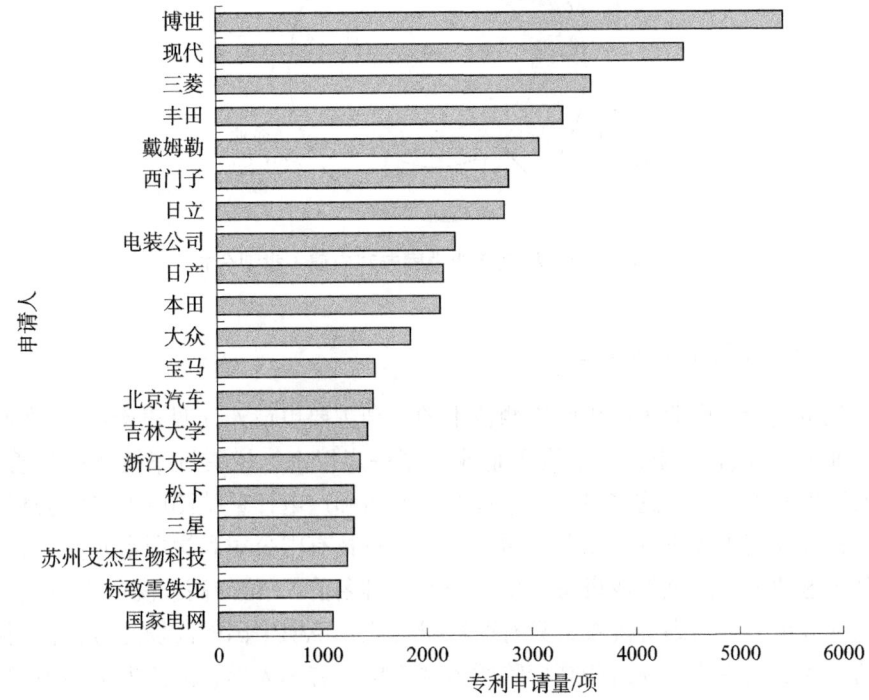

图4-7 检验检测产业全球主要专利申请人排名

4.3.2 中国专利申请人分析

1. 中国专利申请人类型分布

检验检测产业中国专利申请人类型分布如图4-8所示。中国专利申请人以企业为主，专利申请量占比62%；个人申请占据小部分，专利申请量只有9%；院校和科研单位专利申请量占比也相对较低，共计24%；机关团队专利申请量占比5%，明显低于企业创新主体的申请量。这与2014年体制优化改革我国事业单位制检验检测机构占比持续下降有关，企业化发展已经成为我国检验检测体系主流模式的产业。

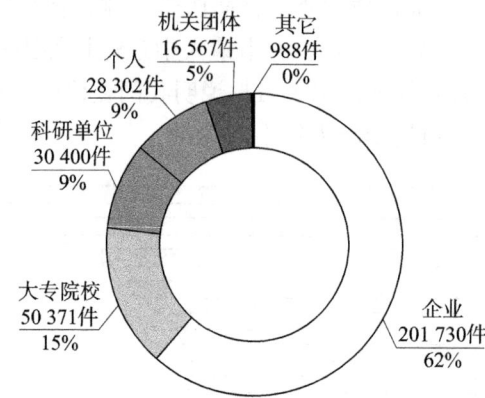

图4-8 检验检测产业中国专利申请人类型分布

2. 中国专利申请人排名

从检验检测产业中国检验检测技术的专利主要申请人（见表4-2）来看，排名前15位的企业申请人中汽车企业占据一半以上，说明汽车检测占据着较大的检验检测市场，这些申请人中仅有中汽研和广电计量检测股份有限公司这两家检验检测服务机构，以及苏州艾杰生物科技有限公司和深圳市元征科技有限公司这两家检测试剂或设备的生产企业。排名前15位的高校院所申请人中，绝大部分申请人为高等院校，只有两家研究所，说明中国的高校是检验检测技术的主要创新主体。在这些高校院所申请人中，吉林大学、浙江大学和中国检验检疫科学研究院的专利申请量排名前3，其研发实力非常突出。

表4-2 检验检测产业中国检验检测技术的专利主要申请人 （单位：项）

中国专利主要企业申请人		中国专利主要院校/研究所申请人	
申请人	申请量	申请人	申请量
北京汽车	1498	吉林大学	1442
苏州艾杰生物科技	1242	浙江大学	1368
国家电网	1101	中国检验检疫科学研究院	1023
吉利汽车	1072	长安大学	782
中汽研	905	河海大学	712
一汽	871	中国农业大学	706
奇瑞汽车	811	清华大学	663

续表

中国专利主要企业申请人		中国专利主要院校/研究所申请人	
申请人	申请量	申请人	申请量
宝钢	632	同济大学	621
中国石油化工	615	西南交通大学	613
上汽	558	华南理工大学	585
长安汽车	542	上海交通大学	523
江淮汽车	499	东南大学	506
深圳市元征科技有限公司	419	江苏大学	490
广电计量检测股份有限公司	401	天津大学	479
比亚迪	335	上海市特种设备监督检验技术研究院	459

从中国主要检验检测机构（包括研究机构和企业）的专利申请排名（见表4-3）来看，检验检测行业的研究机构的总体研发实力远高于从事检验检测服务和相关设备生产的企业，其中中国检验检疫科学研究院的专利申请量在所有研究机构中遥遥领先，达到1420项，京津冀地区的其他研究机构如中国特种设备检测研究院、天津出入境检验检疫局动植物与食品检测中心、中国农业科学院农业质量标准与检测技术研究所、北京出入境检验检疫局也在研究机构排名前15位以内。在中国从事检验检测服务和相关设备生产的企业中，中汽研的研发实力非常突出，京津冀地区的企业中，中国建材检验认证集团股份有限公司排名第9位，东丽区可考虑引进。

表4-3 中国主要检验检测机构的专利申请排名　　　（单位：项）

中国专利主要检验检测研究机构		中国专利主要检验检测企业	
申请人	申请量	申请人	申请量
中国检验检疫科学研究院	1420	中汽研	636
山东出入境检验检疫局检验检疫技术中心	492	广州广电计量检测股份有限公司	381
上海市特种设备监督检验技术研究院	472	中国石油化工股份有限公司胜利油田分公司技术检测中心	365
中国特种设备检测研究院	460	温州际高检测仪器有限公司	303
国家烟草质量监督检验中心	423	上海宝钢工业检测公司	293
广西壮族自治区梧州食品药品检验所	416	广州金域医学检验中心有限公司	264
广东出入境检验检疫局检验检疫技术中心	387	葛洲坝集团试验检测有限公司	262

续表

中国专利主要检验检测研究机构		中国专利主要检验检测企业	
申请人	申请量	申请人	申请量
江苏省特种设备安全监督检验研究院	371	福建省永正工程质量检测有限公司	252
山东省食品药品检验研究院	333	中国建材检验认证集团股份有限公司	252
天津出入境检验检疫局动植物与食品检测中心	316	高铁检测仪器（东莞）有限公司	242
山东省产品质量检验研究院	314	昆山市创新科技检测仪器有限公司	228
中国农业科学院农业质量标准与检测技术研究所	294	广州建设工程质量安全检测中心有限公司	207
广东省特种设备检测研究院珠海检测院	284	苏州国环环境检测有限公司	188
重庆市计量质量检测研究院	246	天津港湾工程质量检测中心有限公司	170
山东省分析测试中心	240	苏州莱测检测科技有限公司	167
深圳出入境检验检疫局动植物检验检疫技术中心	240	华测	154
上海市质量监督检验技术研究院	233	襄阳达安汽车检测中心	150
北京出入境检验检疫局	225	中广核检测技术有限公司	143
广东省微生物研究所（广东省微生物分析检测中心）	224	洛阳西苑车辆与动力检验所有限公司	134
深圳市检验检疫科学研究院	202	广州港湾工程质量检测有限公司	127

从各细分行业中国检验检测机构（包括研究机构和企业）的专利申请排名（见表4-4、表4-5）可以看出，在车辆检测领域，中汽研和襄阳达安汽车检测是国内企业中研发实力较强的企业，而吉林大学和长安大学是国内高校研发强实力的代表。在生态环境检测、医疗检测、食品检测领域，代表性企业分别是葛洲坝集团试验检测、艾迪康医学检测和华测；科研院所中，中国科学院和中国农业科学院的研发实力较强。东丽区在发展本区的检验检测产业时，可对表4-4和表4-5中各龙头企业和各科研院所中的高层次人才进行引进或合作。

第4章 检验检测产业专利全景分析

表4-4 各细分行业中国检验检测机构的专利申请排名

(单位：项)

车辆检测 中国检验检测机构	申请量	生态环境检测 中国检验检测机构	申请量	医疗检测 中国检验检测机构	申请量	食品检测 中国检验检测机构	申请量	芯片检测 中国检验检测机构	申请量	纺织检测 中国检验检测机构	申请量
中汽研	226	葛洲坝集团试验检测有限公司	52	艾迪康医学检验有限公司	176	华测	38	广东利扬芯片测试股份有限公司	37	温州际高检测仪器有限公司	44
襄阳达安汽车检测中心	111	温州际高检测仪器有限公司	35	金域医学检验有限公司	102	安徽中青检验检测有限公司	37	安拓锐高新测试技术（苏州）有限公司	32	浙江必维申越检测技术有限公司	22
财团法人车辆研究测试中心	39	苏州国环环境检测有限公司	33	迪安医学检验有限公司	59	苏州市苏测检验技术有限公司	27	镇江矽佳测试技术有限公司	12	中纺协检验（泉州）技术服务有限公司	17
广州广电计量检测股份有限公司	37	大连大公环境检测有限公司	31	北京鑫诺美迪基因检测技术有限公司	25	浙江华才检测技术有限公司	24	天津勤海易安泰电子半导体测试有限公司	12	中纺协（北京）检验技术服务有限公司	14
洛阳西苑车辆与动力检验所有限公司	37	中交天津港湾工程研究院有限公司	29	南京实践医学检验有限公司	21	厦门泓益检测有限公司	22	爱德万测试	12	常州纺织检验有限公司	13
北京博科测试系统股份有限公司	36	江苏恩测检测技术有限公司	29	嘉兴允英医学检验有限公司	19	中证检测科技（天津）有限公司	21	上海利扬创芯片测试有限公司	11	浙江中鼎检测科技有限公司	13
重庆车辆检测研究院有限公司	33	天津港湾工程质量检测中心有限公司	29	北京海思特临床检验所有限公司	19	浙江昊天检验技术服务有限公司	21	深圳市芯片测试技术有限公司	8	中纺联检（上海）检验技术服务有限公司	12

续表

车辆检测		生态环境检测		医疗检测		食品检测		芯片检测		纺织检测	
中国检验检测机构	申请量	中国检验检测机构	申请量	中国检验检测机构	申请量	中国检验检测机构	申请量	中国检验检测机构	申请量	中国检验检测机构	申请量
广州市番鸿汽车检测有限公司	31	江苏新锐环境监测有限公司	28	安徽安龙基因医学检验所有限公司	16	山东五洲检测有限公司	20	第一检测有限公司	6	浙江染化宝检测服务有限公司	11
天津合信检测技术有限公司	31	中交第一航务工程局有限公司	27	上海新培晶医学检验所有限公司	13	山东中正食品科技检测有限公司	20	深圳市华测检测技术股份有限公司	6	浙江中天纺检测有限公司	10
深圳市安车检测股份有限公司	31	华测	27	上海联吉医学检验所有限公司	12	河南恒晟检测技术有限公司	20	华测	6	中纺标(北京)检验认证中心有限公司	10
吉林大学	1080	中国科学院	1501	中国农业科学院	683	中国农业科学院	596	中国科学院	221	东华大学	172
长安大学	357	河海大学	636	中国科学院	604	浙江大学	420	华中科技大学	61	浙江理工大学	103
西南交通大学	218	浙江大学	456	浙江大学	304	中国科学院	392	宁波大学	38	江南大学	54
同济大学	191	长安大学	330	中国农业大学	227	中国农业大学	335	东南大学	37	天津工业大学	36
江苏大学	190	同济大学	279	中国检验检疫科学研究院	217	华中农业大学	215	浙江大学	35	中国科学院	32
清华大学	180	山东大学	225	上海交通大学	201	江南大学	210	国家电网	28	武汉纺织大学	32
中国科学院	178	天津大学	222	华南农业大学	194	西北农林科技大学	177	复旦大学	23	西安工程大学	32
浙江大学	155	三峡大学	218	广西壮族自治区兽医研究所	147	中国检验检疫科学研究院	168	重庆大学	21	浙江大学	25
华南理工大学	150	中国水利水电科学研究院	202	扬州大学	135	南京农业大学	157	北京工业大学	20	苏州大学	25
武汉理工大学	131	东南大学	186	四川农业大学	127	江苏大学	154	清华大学	20	中原工学院	24

第4章 检验检测产业专利全景分析

表4-5 各细分行业中国检验检测机构的专利申请排名

（单位：项）

建筑工程检测 中国检验检测机构	申请量	轨道交通检测 中国检验检测机构	申请量	计量校准检测 中国检验检测机构	申请量	油品检测 中国检验检测机构	申请量	船舶检测 中国检验检测机构	申请量
福建省永正工程质量检测有限公司	44	北京铁科英迈技术有限公司	61	爱德万测试（广州）有限公司	14	广研检测（广州）有限公司	7	天津瀚海检验检测有限公司	4
广东穗固检测鉴定有限公司	31	四川曜诚无损检测技术有限公司	25	广州广电计量检测股份有限公司	13	上海润凯油液监测有限公司	5	宁波正信检测科技有限公司	2
中国建材检验认证集团股份有限公司	27	四川兴天源材料检测技术有限公司	9	深圳天溯计量检测股份有限公司	8	唐山爱特爱油液检测有限公司	3	上海优立检测技术股份有限公司	2
江苏省建筑工程质量检测中心有限公司	22	北京双河理声自动化检测技术有限公司	9	量质源检测有限公司	6	江苏万标检测有限公司	3	上海润凯油液监测有限公司	2
广州建设工程质量安全检测中心有限公司	19	北京鼎汉检测技术有限公司	8	中汽研汽车检验中心（天津）有限公司	5	陕西省石油产品质量监督检验二站有限公司	2	龙口检验认证有限公司	2
苏州高新城市轨道交通检验认证有限公司	17	苏州高新城市轨道交通检验认证有限公司	8	东莞市世通仪器检测服务有限公司	5	宁波理工监测科技股份有限公司	2	中交元洋（大连）桥梁水下检测有限公司	2
山东普泰工程检测鉴定有限责任公司	16	中铁检验认证中心	7	广电计量检测（成都）有限公司	4	四川优徕博检测技术有限公司	2	广东中能检测技术有限公司	1
南京裕扬工程检测有限责任公司	15	青岛苏试海测检测技术有限公司	7	深圳市神视检验有限公司	4	南京检验认证有限公司	2	上海沪东柴油机排放检测科技有限公司	1
河南豫美建设工程检测有限公司	15	南京蜂动检测科技有限公司	7	苏州朗博校准检测有限公司	3	宁夏泰富石油石化产品检验检测中心有限公司	2	南宁奥博斯检测科技有限责任公司	1
湖州华科建工程质量检测有限公司	15								

续表

建筑工程检验检测机构	申请量	轨道交通检验检测机构	申请量	计量校准检验检测机构	申请量	油品检验检测机构	申请量	船舶检验检测机构	申请量
浙江新世纪工程检测有限公司	15	常州达姆斯检测技术有限公司	6	浙江蓝剑检测技术有限公司	3	江苏恒信检验有限公司	2	江苏新锐环境监测有限公司	1
北京工业大学	46	西南交通大学	265	中国科学院	89	西南石油大学	12	武汉理工大学	79
同济大学	46	中南大学	126	河南省计量科学研究院	37	中国石油大学（北京）	10	大连海事大学	59
浙江大学	45	吉林大学	121	浙江大学	31	中国石油大学（华东）	9	哈尔滨工程大学	58
天津大学	39	上海工程技术大学	113	贵州航天计量测试技术研究所	23	江苏海事职业技术学院	7	浙江海洋学院	32
重庆大学	37	北京交通大学	98	中国计量科学研究院	20	浙江大学	6	浙江海洋大学	27
中国科学院	37	南京理工大学	82	天津大学	17	天津大学	4	江苏科技大学	25
哈尔滨工业大学	30	华东交通大学	77	上海市计量测试技术研究院	16	武汉理工大学	4	中国舰船研究设计中心	24
河海大学	29	南京铁道职业技术学院	63	重庆大学	15	同济大学	3	中国科学院	24
山东大学	28	中国科学院	59	交通运输部公路科学研究所	15	淮阴工学院	3	中国人民解放军海军工程大学	23
四川建筑职业技术学院	26	浙江大学	47	北京理工大学	12	黄山学院	3	江苏海事职业技术学院	21

4.3.3 天津市及东丽区专利申请人分析

1. 天津市专利申请人类型分布

检验检测产业天津市专利申请人类型分布见图4-9，可以看出，天津市企业申请人专利申请量占比为69%，高于国内企业申请人专利申请量占比。天津市院校和科研单位申请人专利申请量占比共为21%。

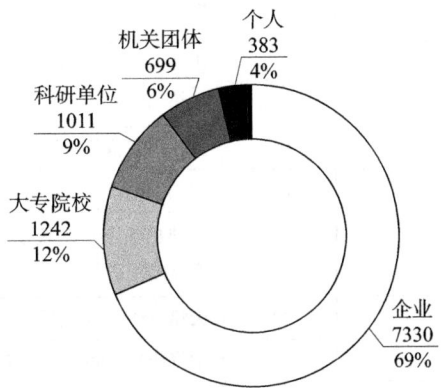

图4-9 检验检测产业天津市专利申请人类型（单位：件）

2. 天津市及东丽区专利申请人排名

天津市及东丽区检验检测技术的主要申请人见表4-6，可以看出，天津市前15位申请人中有11位是院校或科研院所的申请人，其中中汽研申请量为846件，位列第一，天津大学、天津出入境检验检疫局、南开大学、天津市计量监督检测科学研究院、河北工业大学、天津工业大学均位列前10位，企业申请人只有4位，分别为中交天津港湾工程研究院有限公司、中交第一航务工程局有限公司、天津港湾工程质量检测中心有限公司和天津台信检测技术有限公司，说明天津市企业研发实力薄弱。

表4-6 天津市及东丽区检验检测技术的主要申请人 （单位：件）

天津市		东丽区	
申请人	申请量	申请人	申请量
中汽研	846	中汽研汽车检验中心（天津）有限公司	444

续表

天津市		东丽区	
申请人	申请量	申请人	申请量
天津大学	469	天津天维移动通讯终端检测有限公司	53
天津出入境检验检疫局	385	摩天众创（天津）检测服务有限公司	26
中交天津港湾工程研究院有限公司	143	中国民航大学	21
中交第一航务工程局有限公司	143	天津清智科技有限公司	19
天津港湾工程质量检测中心有限公司	139	陈弘	19
南开大学	108	中检科健（天津）检验检测有限责任公司	15
天津市计量监督检测科学研究院	96	天津迪安执信医学检验所有限公司	13
河北工业大学	85	中国铁路设计集团有限公司	12
天津工业大学	79	天津出入境检验检疫局工业产品安全技术中心	12
天津城建大学	74	天津市浮云端科技服务有限责任公司	12
天津科技大学	68	中汽研软件测评（天津）有限公司	11
天津农学院	61	天津金晟天凯环境检测服务有限公司	11
天津台信检测技术有限公司	60	天津精诚卓达检测设备有限公司	10
天津师范大学	55	清研检测（天津）有限公司	10

东丽区检验检测技术的主要申请人中，东丽区申请人中中汽研汽车检验中心（天津）有限公司位列第一，申请量有 444 件，其余企业申请人的申请量均较少，说明东丽区缺少该领域的优质企业，需要引进外地优质企业来提升本地区的研发实力。东丽区排名靠前申请人中还包括个人申请人陈弘，其申请量为 19 项。

天津市及东丽区检验检测认证机构的专利申请量排名见表 4-7，天津市检验检测认证机构中，中汽研汽车检验中心（天津）有限公司和天津港湾工程质量检测中心有限公司的专利申请量分别为 444 件和 170 件，其余认证机构的申请量均不超过 100 件。在东丽区的检验检测认证机构中，也仅有中汽研汽车检验中心（天津）有限公司的专利申请量超过 100 件，说明东丽区检验检测认证机构的研发实力有待加强。

表 4-7　天津市及东丽区检验检测认证机构的专利申请量排名　（单位：件）

天津市检验检测认证机构		东丽区检验检测认证机构	
申请人	申请量	申请人	申请量
中汽研汽车检验中心（天津）有限公司	444	中汽研汽车检验中心（天津）有限公司	444
天津港湾工程质量检测中心有限公司	170	天津天维移动通讯终端检测有限公司	53
天津台信检测技术有限公司	95	摩天众创（天津）检测服务有限公司	28
天津市业洪检测技术发展有限公司	63	中检科健（天津）检验检测有限责任公司	15
天津欣维检测技术有限公司	46	博易（天津）环境检测有限公司	14
天津雍阳建设工程质量检测中心	33	中汽研软件测评（天津）有限公司	11
天津量传计量检测技术有限公司	32	天津金晟天凯环境检测服务有限公司	11
天津市津泰建设工程检测有限公司	30	天津滨世海通环境检测评价服务有限公司	9
广电计量检测（天津）有限公司	30	天津康普森检验检测有限公司	9
天津市生态环境监测中心	29	天津华测检测认证有限公司	6
天津深城建筑检测有限公司	29	天津圣东机动车检测服务有限公司	6
天津市建腾建筑工程检测有限公司	29	天津斯坦德优检测技术有限公司	2
天津市产品质量监督检测技术研究院	27	天津市东丽区产品质量监督检验所	2
天津市首通工程检测技术有限公司	27	天津市东丽区环境保护监测站	1

4.4　专利布局热点技术方向分析

4.4.1　全球专利布局热点

　　检验检测行业全球专利技术构成及申请趋势见图 4-10，可以看出，全球检验检测行业检测设备的申请量占比达 69%，要远高于检测方法的申请量，说明各国申请人都比较重视检测设备的专利布局。从近 50 年申请趋势看，检测设备和检测方法的专利申请一直处于增长的趋势，尤其是 2011—2020 年，检测设备的专利申请量呈现飞速增长态势。虽然在 2020 年有所下降，但是检测设备的方向仍然是该领域的研发热点方向。

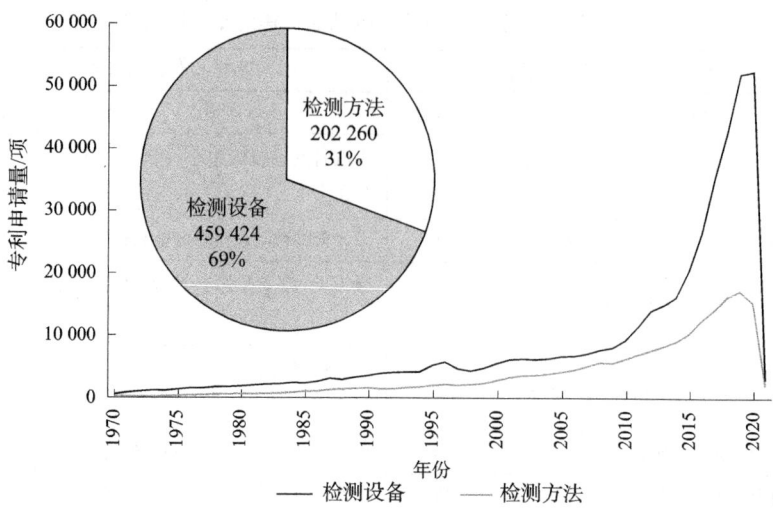

图 4-10　检验检测行业全球专利技术构成及申请趋势

从检验检测行业各技术分支全球专利申请量分布（见图 4-11）来看，检

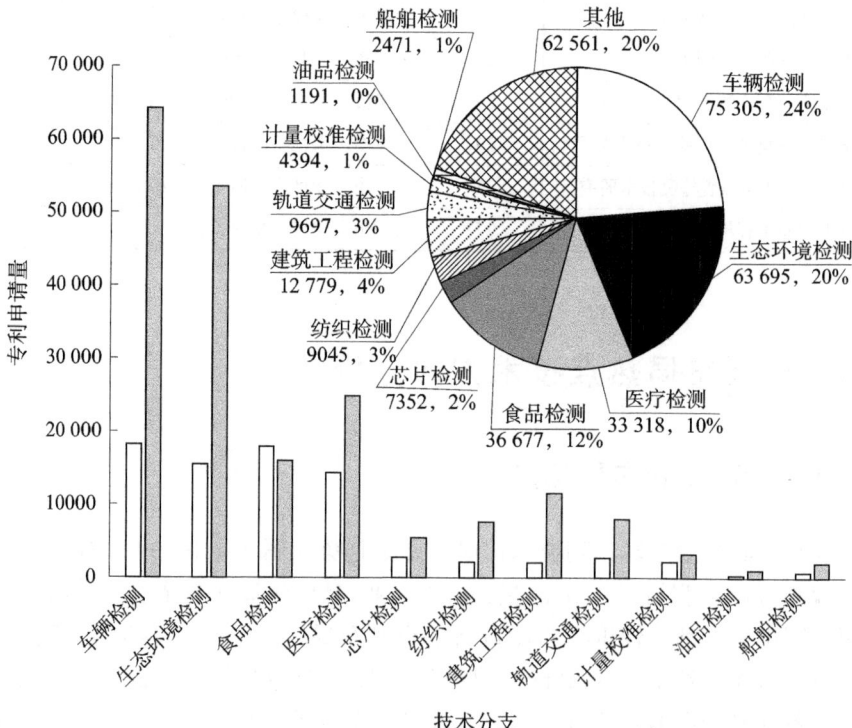

图 4-11　检验检测行业各技术分支全球专利申请量分布（单位：项）

验检测产业的专利申请主要集中在车辆检测领域,且车辆检测设备的专利申请量远高于车辆检测方法的专利申请量,生态环境检测、食品检测和医疗检测分别占据第二、第三和第四的位置,三者数量上的差距并不是很多,其余部分的检测占据较少的份额,排在前4位的技术分支中,医疗检测的检测设备专利数量大于检测方法的专利数量。

图4-12展示了检验检测领域的各个技术分支在1970—2020年的专利申请量趋势。1970—2000年,专利申请量增长较缓慢,其中车辆检测的增长速度最快,远超其他分支的增长速度。2001—2020年,各个分支的申请量都在以较快的速度增长,其中车辆检测和生态环境检测分支的专利数量增长最快,其次是食品检测和医疗检测分支。随着全球汽车保有量的继续增长以及全球对生态环境的重视,车辆检测及生态环境检测分支仍然是未来专利布局的重点和热点。

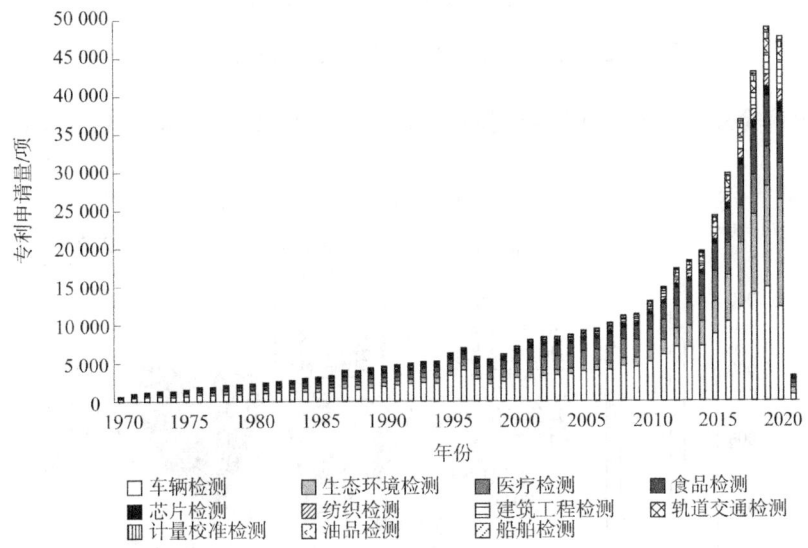

图4-12 检验检测行业各技术分支全球专利申请趋势

4.4.2 中国专利布局热点

由检验检测行业中国专利技术构成及申请趋势(见图4-13)可以看出,检测设备专利申请量占比高于检测方法占比,说明检测设备也是中国专利布局的热点。从1998—2020年的专利申请趋势看,各技术分支专利申请量均有所增长。2011—2020年涉及检测设备的专利申请增长迅猛,预计未来检测设备继续是中国专利布局的热点。

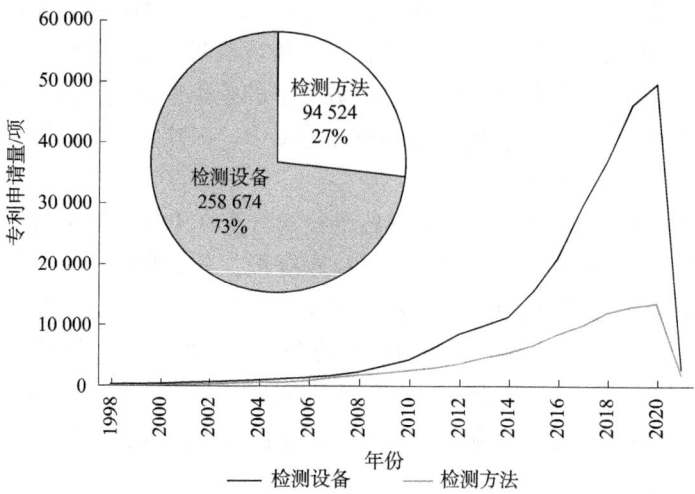

图 4-13 检验检测行业中国专利技术构成及申请趋势

由检验检测行业中国专利的技术分布（见图 4-14）可以看出，中国专利主

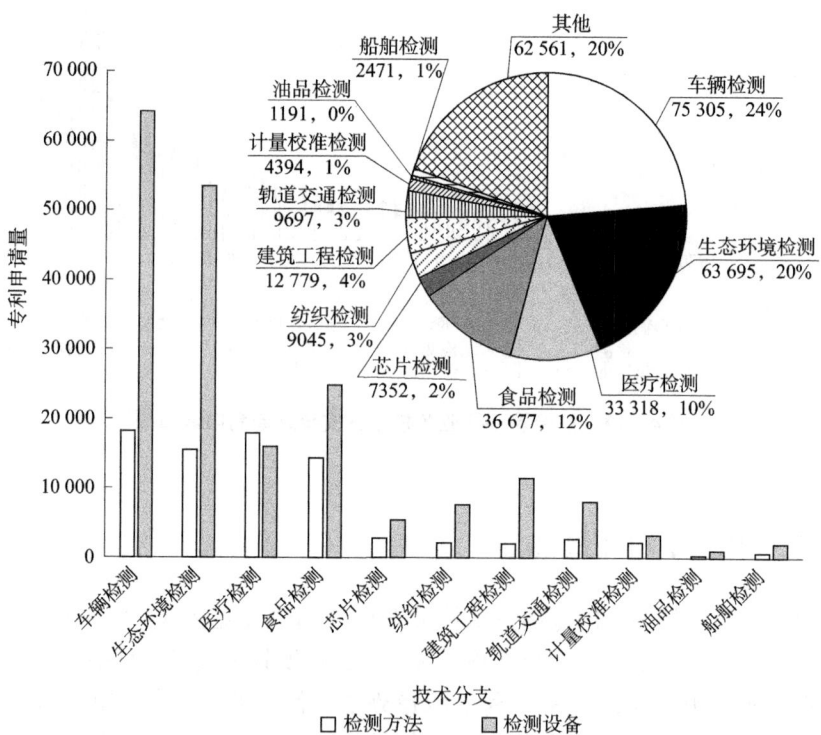

图 4-14 检验检测行业中国专利的申请量分布（单位：项）

要集中在车辆检测分支，生态环境检测、医疗检测和食品检测的专利申请量分别位列第二、第三和第四，在这主要的4个技术分支中，只有医疗检测的检测方法的专利数量大于检测设备的专利数量，这些数据和全球的申请数据基本吻合。

由检验检测行业各技术分支中国专利申请趋势（见图4-15）可以看出，中国在检验检测领域各技术分支的专利申请趋势和全球的专利申请趋势基本吻合。2003年之前中国的申请量较少，从2003年开始缓慢增长，直到2010年增长速度开始加快。中国在生态环境检测分支专利申请量的增长速度最快，其次是车辆检测分支和食品检测分支。可以预见，未来几年内中国的专利布局重点仍然在这些领域。

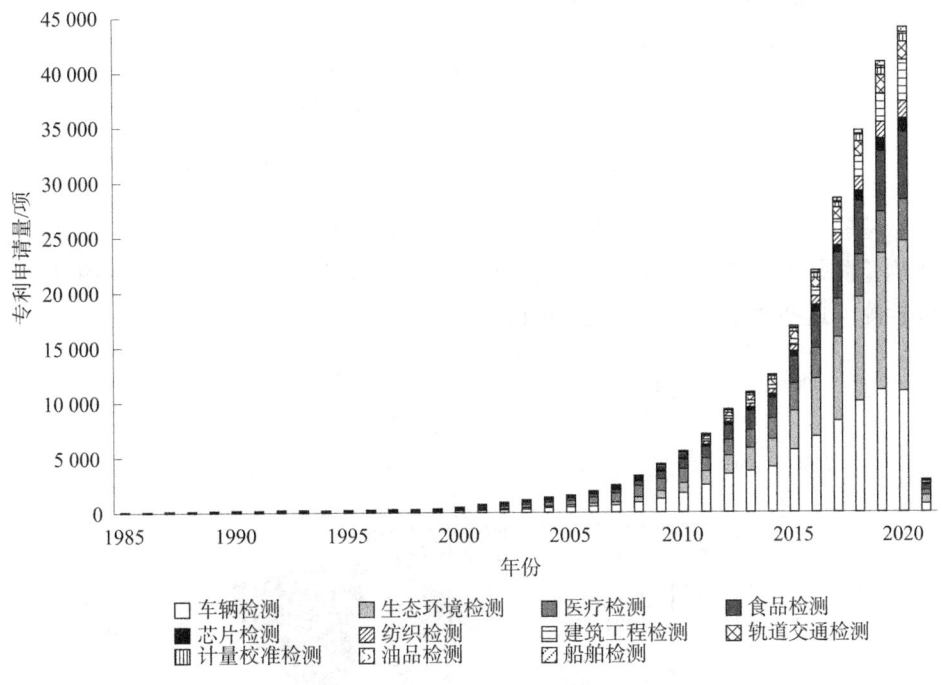

图4-15　检验检测行业各技术分支中国专利申请趋势

4.4.3　天津市及东丽区布局热点

由图4-16检验检测行业天津市专利技术构成及申请趋势可以看出，天津市的专利申请集中在检测设备分支，说明检测设备是天津市专利布局的热点。从近20年的申请趋势看，各技术分支的专利申请量均有增长，但检测设备较检测方法专利申请量的增长速度更快。天津市检测设备的专利占比高于全球的专利占比（69%）和中国的专利占比（73%）。

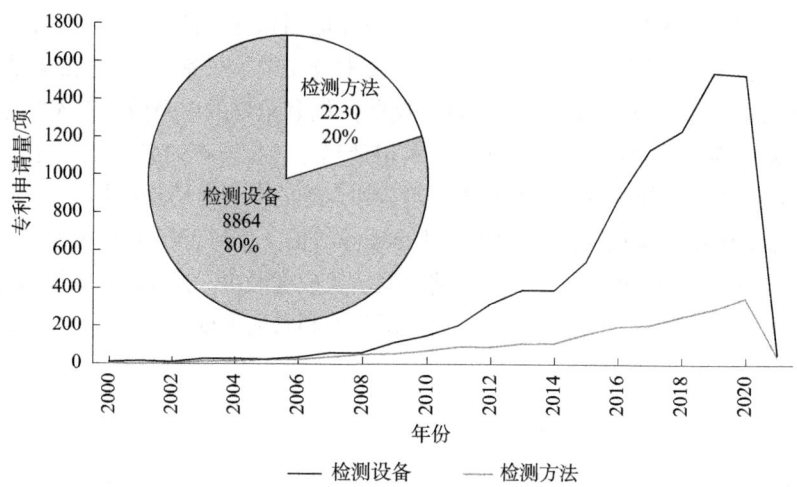

图 4-16 检验检测行业天津市专利技术构成及申请趋势

检验检测行业各技术分支天津市专利申请量如图 4-17 所示。可以看出，车辆检测是天津市专利申请的主要领域，其次是生态环境检测、食品检测和医疗检测，这些数据和中国专利的申请数据基本吻合。

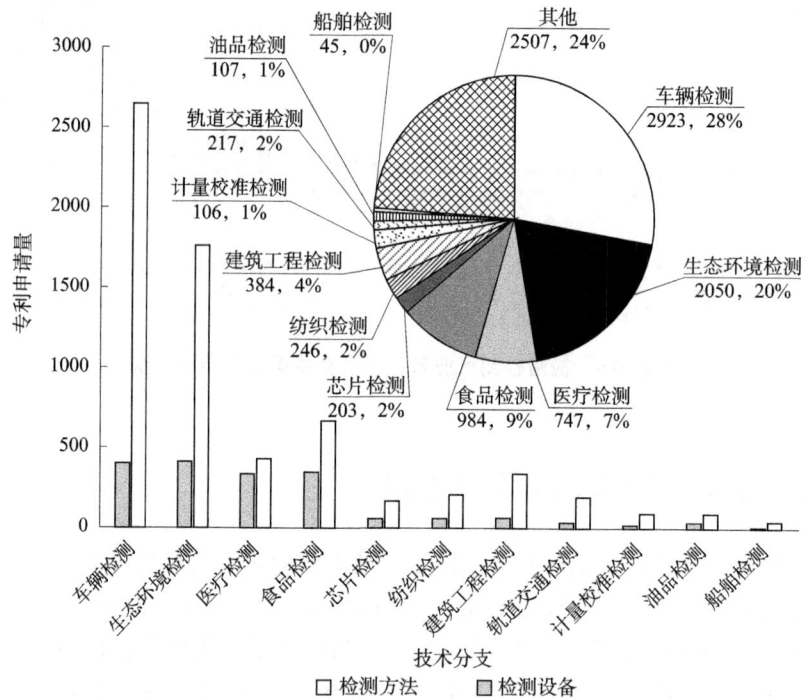

图 4-17 检验检测行业各技术分支天津市专利申请量分布（单位：项）

由检验检测行业各技术分支天津市专利申请趋势（见图4-18）可以看出，天津市在检验检测各细分行业的专利申请趋势和中国的专利申请趋势基本吻合。车辆检测和生态环境检测是天津市检验检测专利布局的主要细分领域。在这些主要的细分领域，天津市的专利申请量从2012年开始快速增长，尤其是2015—2021年保持稳定的增长速度。

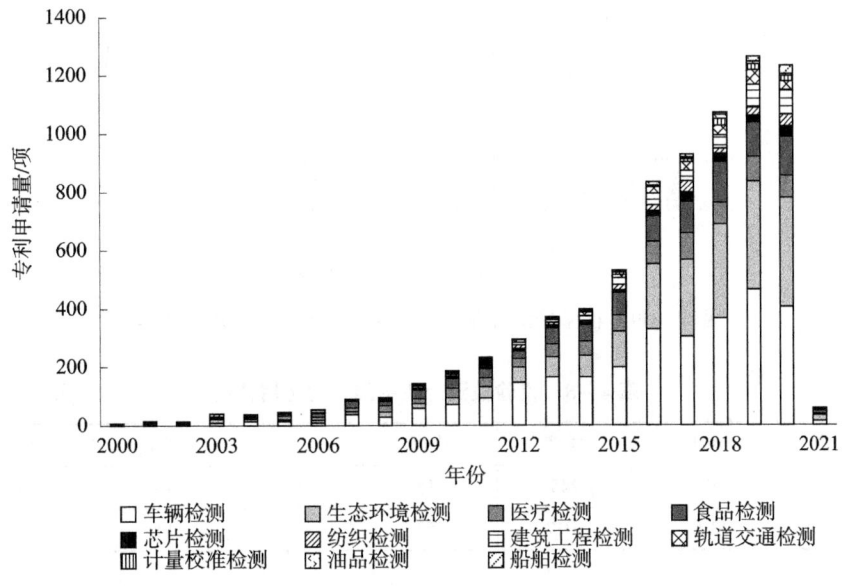

图4-18　检验检测行业各技术分支天津市专利申请趋势

由检验检测行业东丽区专利技术构成及申请趋势（见图4-19）可以看出，天津市东丽区检测设备领域专利申请的占比较高，说明检测设备是天津市东丽区专利布局热点。从2011—2021年申请趋势看，各技术分支专利申请量均有增长，其中检测设备专利申请量的增长速度更快。

从中国专利运用情况（见表4-8）可以看出，转让、质押和许可是中国检验检测技术专利的主要运用方式，其中检测设备的专利运用数量远超检测方法的专利运用数量，主要是由于检测设备的专利数量远大于检测方法的专利数量。一方面检测设备专利更容易通过实用新型专利得到授权，另一方面在专利实际运用过程中，检测设备专利的保护力度大于检测方法专利的保护力度，且更易维权和取证。

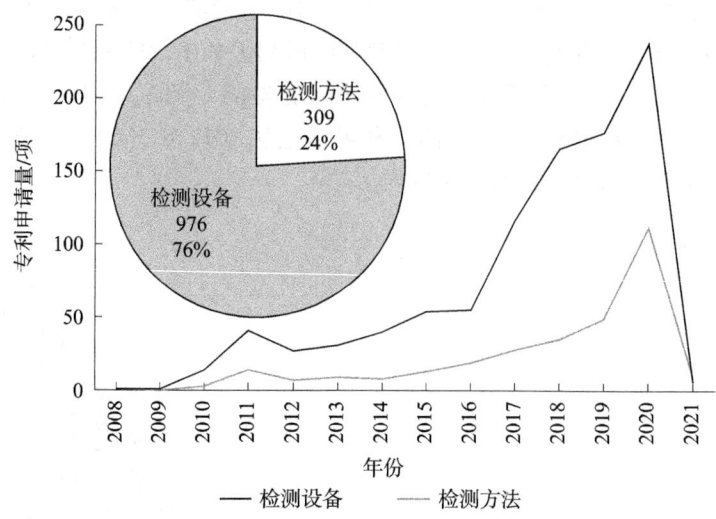

图 4-19　检验检测行业东丽区专利技术构成及申请趋势

表 4-8　检验检测产业中国专利运用情况　　　　　　　（单位：件）

分类	转让	质押	许可	诉讼	无效	合计
检测方法	4922	245	415	37	41	5660
检测设备	11 617	1017	855	60	149	13 698

从图 4-20 的全球专利和中国专利的运用情况对比数据可以看出，全球检测方法和检测设备的专利运用比例均高于中国，且全球检测方法的运用占比高于检测设备，而中国的检测方法专利和检测设备专利的运用占比相当，说明中国的专利运用水平与国际水平存在一定差距。

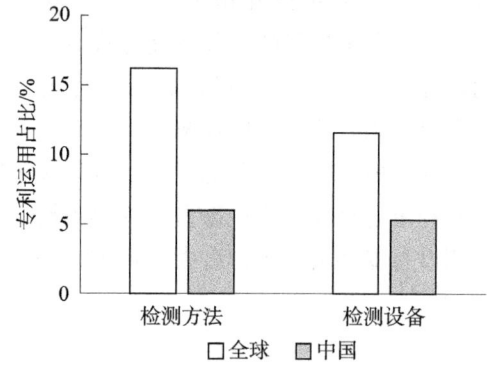

图 4-20　检验检测产业全球专利和中国专利的运用情况对比

从中国专利各技术分支的运用情况（见表4-9）可以看出，中国专利运用主要是权利转移，其中检测设备领域权利转移数量最多。在检测方法领域中，权力转移的占比较大。两个领域中质押、专利许可、诉讼、无效数量的数量占比都较少。

表4-9　检验检测产业中国专利各技术分支的运用情况　　（单位：件）

技术分支	转让	质押	许可	诉讼	无效	合计
车辆检测	3795	312	347	19	27	4331
生态环境检测	2599	201	163	20	17	2928
医疗检测	2099	149	202	9	23	2326
食品检测	1584	124	129	10	15	1809
建筑工程检测	622	33	31	2	4	681
芯片检测	495	35	40	4	4	563
船舶检测	93	1	9	0	0	102
纺织检测	441	26	21	1	3	486
轨道交通检测	463	39	34	1	6	531
计量校准检测	222	18	15	2	0	252
油品检测	53	1	5	0	0	57

全球及中国专利运用百分比如图4-21所示。与全球专利运用相比，中国专利运用百分比较低，说明专利运用活跃度较低，在检测装备和检测方法的运用方面都处于较低的水平，但是在检测设备方面的占比稍高。

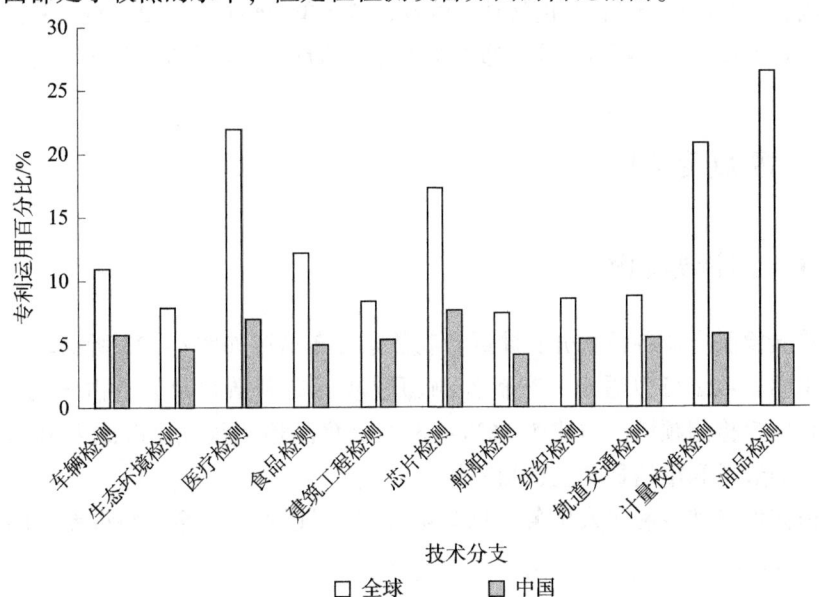

图4-21　检验检测产业全球及中国专利运用百分比

检验检测产业中国专利各类申请人专利许可率见表 4 – 10。

表 4 – 10　检验检测产业中国专利各类申请人专利许可率　　（单位:%）

分类	企业	大专院校	科研单位	个人	机关团体	其他	总计
发明	0.4	0.9	0.5	1.1	0.2	0.3	0.4
实用新型	0.2	0.4	0.4	0.7	0.2	0.4	0.3

专利许可是指专利技术所有人或其授权人许可他人在一定期限、一定地区、以一定方式实施其所拥有的专利，并向他人收取使用费用的行为。由表 4 – 12 可以看出，个人申请人专利许可率较高，特别是发明专利，为 1.1%，院校、科研单位申请人专利许可率不足 1%，企业申请人许可率最低。

检验检测产业中国专利各类申请人专利转移率见表 4 – 11。

表 4 – 11　检验检测产业中国专利各类申请人专利转移率　　（单位:%）

分类	企业	大专院校	科研单位	个人	机关团体	其他	总计
发明	8.7	4.2	4.9	16.0	4.4	6.9	5.6
实用新型	3.3	1.3	3.8	7.4	2.7	3.4	3.5

专利转移是指将专利申请权或专利所有权转让给他人的一种法律行为。由表 4 – 13 可以看出，个人和企业申请人专利转移率较高，特别是发明专利，企业的专利转移通常是企业内部的转让，院校、科研单位转移率较低，说明我国科技成果转化率较低，东丽区企业可通过购买专利的行为提升企业的技术储备质量。

4.5　重点专利

4.5.1　涉诉专利❶

检验检测产业各技术分支涉诉专利数量分布情况如图 4 – 22 所示。

由图 4 – 22 可以看出，车辆检测领域涉诉专利数量最多，占比为 38%；其次是医疗检测领域，占比为 26%；再次是食品检测领域，占比为 18%。涉诉专利的数量和申请量是呈正相关的。

由涉诉专利专利权人排名（见图 4 – 23）可以看出，全球涉诉专利的主要

---

❶ 涉诉专利是指，在智慧芽、incoPat 等数据库检索到的发生过专利侵权纠纷、专利权权属纠纷、专利申请权权属纠纷等情况的专利。

专利权人均为国外的跨国巨头企业，其中博世涉诉专利的数量位列第一，达到130项专利，其次是西门子，达到92项专利。

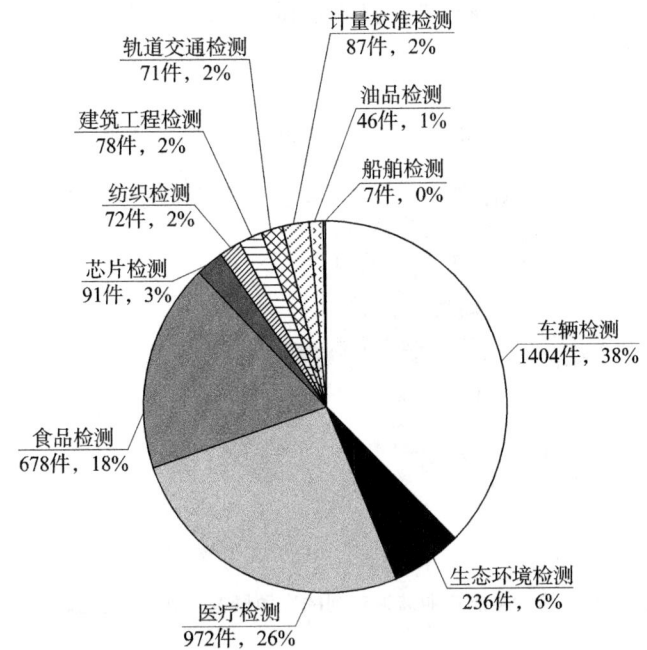

图4-22 检验检测产业各技术分支涉诉专利数量分布

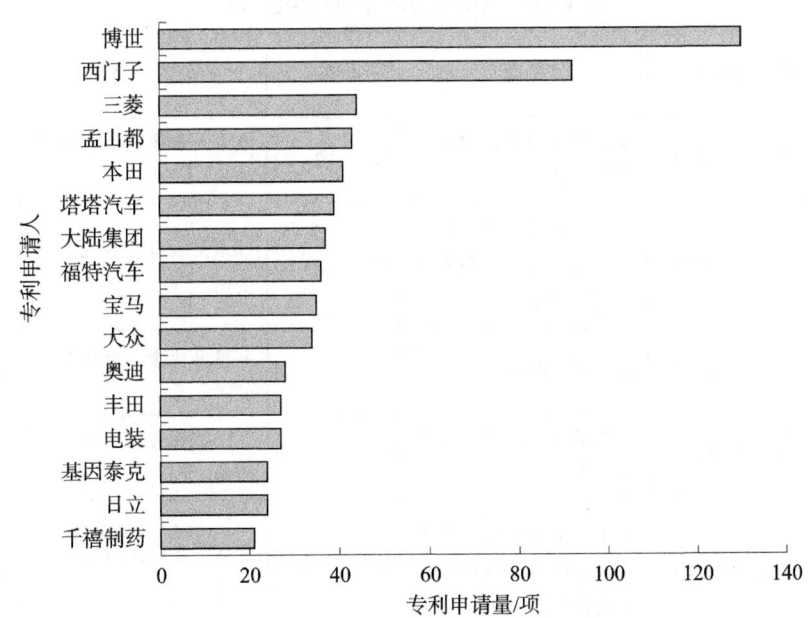

图4-23 检验检测产业涉诉专利专利权人排名

由涉诉专利的来源国家(地区、组织)分布(见图 4 - 24)可以看出,全球检验检测行业涉诉专利共有 6 千余件,其中欧洲专利有 1381 件,美国专利有 1232 件,日本专利 1090 件,巴西专利有 920 件,而涉诉中国专利数量较少,仅为 76 件。

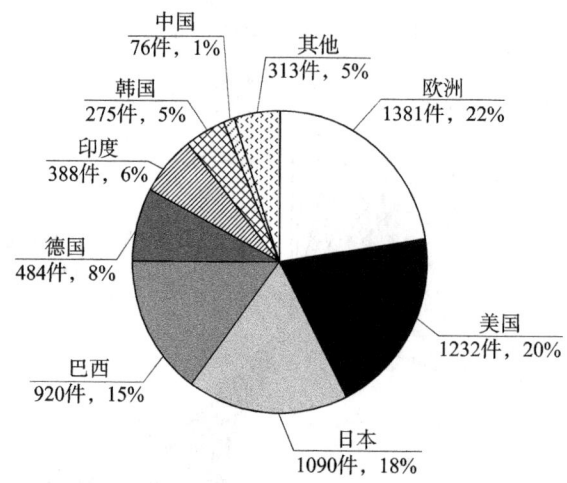

图 4 - 24 检验检测产业涉诉专利的来源国家(地区、组织)分布

其中,检验检测产业涉诉中国专利具体见表 4 - 12。

表 4 - 12 检验检测产业涉诉中国专利

序号	公开(公告)号	标题	申请日	当前申请(专利权)人	法律状态
1	CN109884253A	确定大气质量指数的方法及装置	2019 - 03 - 18	北京英视睿达科技有限公司	审中
2	CN109765338A	扩散性环境污染物监测设备的校正方法和系统及更换方法	2018 - 12 - 29	北京英视睿达科技有限公司	审中
3	CN209215369U	小型水质监测站	2018 - 12 - 18	北京英视睿达科技有限公司	有效
4	CN109596545A	全光谱水质监测设备质控方法	2018 - 12 - 03	北京英视睿达科技有限公司	审中
5	CN109490477A	基于卫星遥感数据确定大气污染热点网格的方法及装置	2018 - 11 - 19	北京英视睿达科技有限公司	审中

续表

序号	公开（公告）号	标题	申请日	当前申请（专利权）人	法律状态
6	CN109506809A	基于地表温度确定大气污染热点网格的方法及装置	2018-11-19	北京英视睿达科技有限公司	审中
7	CN109544427A	一种基于热点网格的水环境监测方法及装置	2018-11-19	北京英视睿达科技有限公司	审中
8	CN109598419A	一种基于水质数据确定水环境热点网格的方法及装置	2018-11-19	北京英视睿达科技有限公司	审中
9	CN109507367A	确定大气污染物精细化分布的方法及装置	2018-11-02	北京英视睿达科技有限公司	审中
10	CN109524130A	车辆对污染物浓度贡献率的确定方法及装置	2018-11-01	北京英视睿达科技有限公司	审中
11	CN208795466U	一种用于内窥镜检测仪的初始原点定位机构	2018-09-18	西安华强航天电子有限责任公司	有效
12	CN208795465U	一种球面模拟装置	2018-09-14	西安华强航天电子有限责任公司	有效
13	CN208672566U	一种曳引钢丝绳疲劳实验用在线无损探伤检测系统	2018-08-30	洛阳泰斯特探伤技术有限公司	有效
14	CN108896725A	水质监测方法、装置、系统、计算机设备及存储介质	2018-05-10	北京英视睿达科技有限公司	审中
15	CN105279760B	基于单双摄像头信息融合的汽车及障碍物检测方法	2015-10-26	宁波裕兰信息科技有限公司	有效
16	CN105355086B	汽车前撞报警系统中基于双摄像头的信息融合方法及装置	2015-10-26	宁波裕兰信息科技有限公司	有效
17	CN106515579B	车辆的盲点区域监控	2015-09-10	奥迪股份公司	有效
18	CN104897547A	升降装置及采用升降装置的全自动混凝土抗渗仪	2015-06-16	南京研华智能科技有限公司	有效

续表

序号	公开（公告）号	标题	申请日	当前申请（专利权）人	法律状态
19	CN204322945U	一种基于汽车总线的轮胎气压监测装置	2014-12-09	何喜新	有效
20	CN104374762B	快速分析豆皮中碱性嫩黄含量的激光拉曼光谱检测方法	2014-12-08	河北省食品检验研究院；欧普图斯（苏州）光学纳米科技有限公司	有效
21	CN204116178U	空气检测仪	2014-06-30	深圳市华盛昌科技实业股份有限公司	失效
22	CN104067119B	一种空气质量数值切换方法、装置及空气质量检测仪	2014-06-27	深圳市华盛昌科技实业股份有限公司	有效
23	CN103900855B	用于测定稳定土中石灰或水泥剂量的取样装置及其取样方法	2014-04-03	南京交通职业技术学院	失效
24	CN203772596U	用于测定稳定土中石灰或水泥剂量的取样装置	2014-04-03	南京交通职业技术学院	失效
25	CN103884288A	一种实时测量车辆长度、宽度或高度的系统以及方法	2014-04-02	广西我的科技有限公司	失效
26	CN103950390B	纯电动汽车实时续驶里程的预测方法及系统	2014-03-10	北京智行鸿远汽车技术有限公司	失效
27	CN203689144U	纯电动汽车电池管理系统主控单元的实验室测试系统	2014-01-03	北京智行鸿远汽车技术有限公司	有效
28	CN203832281U	用于汽车的动力电池监控装置及具有其的汽车	2013-10-30	北京宝沃汽车有限公司	有效
29	CN103488888A	体质类型和体质食品鉴别方法、鉴别系统及腕力测试方法	2013-09-17	佛山市真红生物技术有限公司；郑好裖	有效
30	CN103397090A	一种microRNA检测试剂盒和多生物素分子检测microRNA的方法	2013-07-30	武汉中帜生物科技有限公司	审中

续表

序号	公开（公告）号	标题	申请日	当前申请（专利权）人	法律状态
31	CN103322915B	测量芯片管脚数量和管脚间距的测试仪及其测量方法	2013-06-27	青岛歌尔声学科技有限公司	有效
32	CN104237771B	一种FPGA芯片的错误检测方法和电路	2013-06-20	京微雅格（北京）科技有限公司	有效
33	CN203688761U	一种FPGA芯片的错误检测电路	2013-06-20	京微雅格（北京）科技有限公司	有效
34	CN103060453A	淋球菌NG检测试剂盒	2013-01-10	湖南圣湘生物科技有限公司	失效
35	CN102504027B	一种多表位TK1抗体的制备及其在人群体筛查中早期肿瘤检测和风险预警中的应用	2011-10-28	华瑞同康生物技术（深圳）有限公司	有效
36	CN102826666B	带多探头溶解性总固体监测装置的净水机及滤胆监控方法	2011-07-13	杜也兵	有效
37	CN202130267U	一种汽车轮胎气压监测系统	2011-07-07	唐麟（厦门）科技有限公司	失效
38	CN202110234U	一种三相电系统的检测装置和芯片	2011-05-20	深圳市锐能微科技股份有限公司	失效
39	CN201903965U	车辆底盘视频检测系统	2010-12-29	成都西物信安智能系统有限公司	失效
40	CN102023099A	一种减振器耐久加侧载试验装置及其使用方法	2010-10-13	成都九鼎科技（集团）有限公司	失效
41	CN201688974U	一种防卡死汽车车轮侧滑检测台	2010-05-31	赵青虎	失效
42	CN101762421B	检测混凝土抗压强度的直拨装置及直拨方法	2010-02-09	廊坊市阳光建设工程质量检测有限公司	有效
43	CN101792792B	一种检测阴道分泌物中需氧菌群的试剂盒及其制备方法	2009-12-30	北京中生金域诊断技术股份有限公司	有效

续表

序号	公开（公告）号	标题	申请日	当前申请（专利权）人	法律状态
44	CN101718770B	汽车空气质量监控及净化系统	2009-11-24	深圳市赛纳威环境科技有限公司	失效
45	CN201534515U	一种汽车超载报警装置	2009-09-30	鞍钢股份有限公司	失效
46	CN101509895B	一种钢丝绳载荷性能无损测评方法	2009-03-31	洛阳威尔若普检测技术有限公司	有效
47	CN101520494B	一种电磁磁电效应式传感器	2009-03-31	洛阳威尔若普检测技术有限公司	有效
48	CN101593603B	细长铁磁性构件的弱磁规划方法	2009-03-31	洛阳威尔若普检测技术有限公司	有效
49	CN101627682B	玉米收获机果穗喂入量测试方法及测试装置	2008-07-15	河南科技大学	失效
50	CN301020019D	酒精测试仪（PFT-68）	2008-07-01	朱兆钰	失效
51	CN101271072B	一种四苯硼钠比浊法测定土壤中钾的方法及其掩蔽剂	2008-04-30	河南农大迅捷测试技术有限公司	有效
52	CN101319999B	一种奈氏试剂及土壤铵态氮快速测定方法	2008-04-30	河南农大迅捷测试技术有限公司	有效
53	CN101526548B	一种利用环形线圈测量车辆速度的方法	2008-03-07	上海宝康电子控制工程有限公司	有效
54	CN201194022Y	智能轨道电路参数测试盘	2008-02-27	成都铁路通信仪器仪表厂	失效
55	CN201215525Y	汽车或发动机实验台加速和减速的远程控制装置	2007-10-08	天津市优耐特汽车电控技术服务有限公司	失效
56	CN101324667B	一种车辆速度检测雷达的设计和信号处理方法	2007-06-13	嘉兴聚速电子技术有限公司	有效
57	CN101067833A	将临床医学上各种检测或化验结果的正常范围参考值及其实际测量值统一标化的方法	2007-05-09	冯连元	失效

续表

序号	公开（公告）号	标题	申请日	当前申请（专利权）人	法律状态
58	CN101034015A	带有校准、监测孔的钨铼热电偶	2007-04-04	沈阳东大传感技术有限公司	失效
59	CN101017606B	数字化汽车超速、疲劳驾驶智能实时监控网络管理系统	2007-03-09	李汝明；李汝文	失效
60	CN3493621D	带时钟数字显示酒精测试器（6389）	2005-03-15	郑波	失效
61	CN2724004Y	检测与打印一体化的酒精气体测试仪	2004-08-21	深圳市威尔电器有限公司	失效
62	CN102727875A	具有人类主要组织相容性复合物（MHC）表型的转基因小鼠、其实验性使用及用途	2004-07-05	董雨春	审中
63	CN1646703A	诊断和治疗与人转酮酶样-1基因过表达有关的增殖异常的组合物和方法	2003-04-12	约翰内斯；科伊	失效
64	CN100429341C	变形机	2003-02-14	欧瑞康纺织有限及两合公司	失效
65	CN2594102Y	铁路车辆自动测量双头轮对压装机	2002-12-23	齐齐哈尔泰格自动化有限公司	失效
66	CN1575342A	测定多重分析物的方法	2002-08-24	霍夫曼；拉罗奇有限公司	失效
67	CN3276235D	酒精测试器（SK-AT520）	2002-07-16	江永丰	失效
68	CN1237716C	家用豆浆、水豆腐、豆腐制造装置的泡检测切断装置	2002-05-15	金弘培	有效
69	CN1446922A	微生物易感性测试套合	2002-03-21	刘胜；刘实	失效
70	CN100347314C	探测胞嘧啶甲基化模式的高灵敏度方法	2002-03-08	埃皮吉诺米克斯股份公司	有效

续表

序号	公开（公告）号	标题	申请日	当前申请（专利权）人	法律状态
71	CN2452022Y	一种高精度原油含水率测定仪	2000-11-29	长春市宏宇电子节能设备开发有限责任公司	失效
72	CN2299773Y	用于移动式机动车检测站的具自举放复位功能的引桥机构	1997-06-02	北京燕赛流动检测设备有限公司	失效
73	CN1144043C	用于查明液体媒介物状态参量的测量仪	1997-03-14	埃尔古计量与控制技术有限公司	失效
74	CN1050668C	用于实现早期检测败血症并对治疗进行跟踪的方法的药盒	1993-08-19	布拉姆斯股份有限公司	失效
75	CN1086016A	具有组合反光镜显示装置的机动车辆距离测量系统	1993-07-02	川德技术公司	失效
76	CN1024717C	粮仓害虫检测装置	1992-03-21	姚渭；傅剑萍	失效

4.5.2 无效后仍维持有效的专利❶

表4-13列出了检验检测产业无效后仍维持有效的专利，这些专利稳定性较好，企业应加以重视，避免专利侵权。

表4-13 检验检测产业无效后仍维持有效的专利

序号	公开（公告）号	标题	申请日	当前权利人	技术分支
1	CN209821410U	车辆底盘检查装置及车辆扫描系统	2019-05-10	同方威视技术股份有限公司	车辆检测
2	CN206848500U	一种车辆探测扫描系统	2017-06-01	北京君和信达科技有限公司	车辆检测
3	CN105844959B	车辆入位的判定方法、装置及车辆出位的判定方法、装置	2016-06-13	北京精英路通科技有限公司	车辆检测
4	CN205334568U	带有酒精检测功能的行车记录仪	2015-12-25	珠海市杰理科技股份有限公司	车辆检测

❶ 无效后仍维持有效的专利是指，经无效宣告请求审查程序后仍维持部分或全部有效的专利。

续表

序号	公开（公告）号	标题	申请日	当前权利人	技术分支
5	CN204322945U	一种基于汽车总线的轮胎气压监测装置	2014-12-09	何喜新	车辆检测
6	CN203869667U	一种车辆外廓尺寸测量系统	2013-12-27	深圳市安车检测股份有限公司	车辆检测
7	CN202676632U	一种鲜活农产品运输车辆检查设备	2012-03-19	北京埃索特核电子机械有限公司；北京中盾安民分析技术有限公司	车辆检测
8	CN101532968B	一种绿色通道车辆检查系统	2009-04-22	北京华力兴科技发展有限责任公司	车辆检测
9	CN101678849B	用于轨道车辆的底盘部件的故障监控的装置	2008-05-16	克诺尔；布里姆斯轨道车辆系统有限公司	车辆检测
10	CN207617734U	一种用于检测列车轴承故障的复合传感器	2017-12-18	上海中利交通科技有限公司	轨道交通检测
11	CN207704264U	轨道车辆检修小车	2017-07-18	广州松兴电气股份有限公司	轨道交通检测
12	CN202793389U	一种高铁接触网在线巡检装置	2012-07-17	广州科易光电技术有限公司；成都国铁电气设备有限公司	轨道交通检测
13	CN206920292U	混凝土抗渗性能试验装置	2017-05-31	南京研华智能科技有限公司	建筑工程检测
14	CN107917829B	一种混凝土试件植入标签的防调换方法	2017-03-10	湖南建研信息技术股份有限公司	建筑工程检测
15	CN105937922B	一种建筑屋面的综合性能测试装置及方法	2016-06-30	珠海安维特工程检测有限公司	建筑工程检测
16	CN104897547B	升降装置及采用升降装置的全自动混凝土抗渗仪	2015-06-16	南京研华智能科技有限公司	建筑工程检测

续表

序号	公开（公告）号	标题	申请日	当前权利人	技术分支
17	CN103822826B	拉脱法检测混凝土抗压强度的方法与仪器	2013-07-22	建研科技股份有限公司；廊坊市阳光建设工程质量检测有限公司	建筑工程检测
18	CN207051153U	一种基于出租车顶灯的大气颗粒物在线监测设备	2017-08-18	山东诺方电子科技有限公司	生态环境检测
19	CN206848204U	一种空气离子检测仪传感器	2017-05-27	北京沃斯彤科技有限公司	生态环境检测
20	CN205333613U	一种空气质量检测仪	2016-01-28	河北先河环保科技股份有限公司	生态环境检测
21	CN104067119B	一种空气质量数值切换方法、装置及空气质量检测仪	2014-06-27	深圳市华盛昌科技实业股份有限公司	生态环境检测
22	CN203999060U	净水装置	2014-06-19	佛山市云米电器科技有限公司；小米科技有限责任公司；陈小平	生态环境检测
23	CN203798703U	检测空气中悬浮颗粒物质量浓度的传感器	2014-04-25	南昌攀藤科技有限公司	生态环境检测
24	CN102826666B	带多探头溶解性总固体监测装置的净水机及滤胆监控方法	2011-07-13	杜也兵	生态环境检测
25	CN101319999B	一种奈氏试剂及土壤铵态氮快速测定方法	2008-04-30	河南农大迅捷测试技术有限公司	生态环境检测
26	CN101142326B	二聚和三聚核酸染料以及相关的系统和方法	2006-03-17	百奥提姆股份有限公司	生态环境检测
27	CN204105737U	提高探测功能的自动烹饪机	2014-07-23	金弘培	食品检测

续表

序号	公开（公告）号	标题	申请日	当前权利人	技术分支
28	CN1237716C	家用豆浆、水豆腐、豆腐制造装置的泡检测切断装置	2002-05-15	金弘培	食品检测
29	CN102723695B	漏电保护器的漏电监控芯片	2012-07-06	田子欣	芯片检测
30	CN100347841C	具有过程控制组件的半导体晶片	2002-01-31	NXP股份有限公司	芯片检测
31	CN205352921U	用于道边呼吸道空气质量监测系统中的红外信号检测装置	2016-02-19	安徽庆宇光电科技有限公司	医疗检测
32	CN105683756B	乙型流感病毒的测定方法	2014-09-10	电化株式会社	医疗检测
33	CN104152349B	一种自动检测试剂卡盒	2014-07-29	山东艾克韦生物技术有限公司	医疗检测
34	CN203705445U	一种新型的无生物污染的血气测试卡及其血气分析仪	2014-01-22	深圳市理邦精密仪器股份有限公司	医疗检测
35	CN203732537U	一种具有三叉通道的测试卡及具有该测试卡的医疗设备	2013-12-30	深圳市理邦精密仪器股份有限公司	医疗检测
36	CN102776291B	基于Taqman-ARMS技术检测基因突变分型的方法和试剂盒	2012-08-16	江苏为真生物医药技术股份有限公司	医疗检测
37	CN302253237S	呼气酒精测试仪（酒安1800）	2012-05-22	潘卫江	医疗检测
38	CN104894220B	残粒样脂蛋白胆甾醇的定量方法及用于其的试剂盒	2011-11-09	电化株式会社	医疗检测
39	CN102504027B	一种多表位TK1抗体的制备及其在人群体检筛查中早期肿瘤检测和风险预警中的应用	2011-10-28	华瑞同康生物技术（深圳）有限公司	医疗检测

续表

序号	公开（公告）号	标题	申请日	当前权利人	技术分支
40	CN102108406B	检测胚胎染色体拷贝数的试剂盒、装置和方法	2010-12-20	杭州贝瑞和康基因诊断技术有限公司	医疗检测
41	CN101792792B	一种检测阴道分泌物中需氧菌群的试剂盒及其制备方法	2009-12-30	北京中生金域诊断技术股份有限公司	医疗检测
42	CN101896620B	定量测定小而密LDL胆固醇的方法和试剂盒	2008-10-10	电化株式会社	医疗检测
43	CN103952462B	定量测定小而密LDL胆固醇的方法和试剂盒	2008-10-10	电化株式会社	医疗检测
44	CN101657159B	用于测量生物组织的粘弹性质的设备及使用该设备的方法	2008-03-20	回波检测公司	医疗检测
45	CN100391410C	测量人或动物器官的弹性及建立该弹性的二维或三维模型的装置和方法	2003-09-02	回波检测公司	医疗检测
46	CN100347314C	探测胞嘧啶甲基化模式的高灵敏度方法	2002-03-08	埃皮吉诺米克斯股份公司	医疗检测
47	CN207366274U	一种移动样品制备系统	2017-11-01	日照检验认证有限公司；青岛垚鑫实验室科技有限公司	检测设备

4.5.3 其他重点专利❶

　　企业在研发或产品上市之前要进行专利检索，避免造成技术的重复研发或专利侵权，表4-14至表4-24列出了主要技术领域的其他重点专利。有关车

---

❶ 其他重点专利是指，除发生诉讼和无效的重点专利以外，从权利要求保护范围、同族专利申请数量、被引用次数等角度筛选出的授权有效的专利。

辆检测领域的其他重点专利见表4-14，生态环境检测领域的其他重点专利见表4-15，医疗检测领域的其他重点专利见表4-16，食品检测领域的其他重点专利见表4-17，芯片检测领域的其他重点专利见表4-18，纺织检测领域的其他重点专利见表4-19，建筑工程检测领域的其他重点专利见表4-20，轨道交通检测领域的其他重点专利见表4-21，计量标准检测领域的其他重点专利见表4-22，油品检测领域的其他重点专利见表4-23，船舶检测领域的其他重点专利见表4-24。

表4-14 车辆检测领域的其他重点专利

序号	申请号	标题	当前权利人	申请日
1	CN201710232956.8	一种基于图像的车辆定损方法、装置、电子设备及系统	创新先进技术有限公司	2017-04-11
2	CN201710259285.4	一种基于深度卷积神经网络的汽车驾驶场景目标检测方法	华南理工大学	2017-04-20
3	CN201610284404.7	应用于无人驾驶汽车的测试场景构建方法和装置	百度在线网络技术（北京）有限公司	2016-04-29
4	CN201610525218.8	一种无人驾驶车辆测试验证平台及其测试方法	江苏大学扬州（江都）新能源汽车产业研究所	2016-07-04
5	CN201611267865.X	一种城市路网机动车尾气排放遥感监控系统	中国科学技术大学	2016-12-31
6	CN201510106405.8	车辆传感器诊断系统和方法以及包括这种系统的车辆	沃尔沃汽车公司	2015-03-11
7	CN201510062094.X	智能车辆的自监控和警报系统	哈曼国际工业有限公司	2015-02-05
8	CN201510204316.7	在自动驾驶车辆中预测自动驾驶可用时间的设备和方法	沃尔沃汽车公司	2015-02-25
9	CN201510124469.0	车辆用的用于检测轨迹的方法和设备	宝马股份公司	2015-03-20

续表

序号	申请号	标题	当前权利人	申请日
10	CN201510754019.X	车辆行驶安全监控方法和装置、系统	北京奇虎科技有限公司；奇智软件（北京）有限公司	2015-11-09
11	CN201510866266.9	一种基于车辆目的地预测的智能信息推送系统和方法	华南理工大学	2015-11-30
12	CN201410740156.3	用于激活车辆便利性功能的用户接近检测	福特全球技术公司	2014-12-5
13	CN201410647880.1	一种基于视觉的道路信息检测及前方车辆识别方法	北京工业大学	2014-11-14
14	CN201310734124.8	用于检测终端装置到车辆的邻近程度的方法和系统	通用汽车环球科技运作有限责任公司	2013-12-27
15	CN201310700175.9	一种基于显著车辆部件模型的交通违章检测方法	东莞中国科学院云计算产业技术创新与育成中心；中国科学院自动化研究所	2013-12-17
16	CN201310121606.6	一种无人驾驶车辆环境模拟测试系统及测试方法	北京理工大学	2013-04-09
17	CN201310099790.9	一种电动汽车充电设施自动测试方法及系统	国家电网公司；北京国网普瑞特高压输电技术有限公司	2013-03-26
18	CN201310121620.6	一种无人驾驶车辆定量评价系统及评价方法	北京理工大学	2013-04-09
19	CN201310179517.7	一种汽车防撞雷达多目标探测方法与系统	桂林电子科技大学	2013-05-15
20	CN201310413447.7	基于车辆轨迹多特征的运动模式学习及异常检测方法	天津工业大学	2013-09-11

续表

序号	申请号	标题	当前权利人	申请日
21	CN201280002627.X	作业车辆的周边监视装置	株式会社小松制作所	2012-05-23
22	CN201210047211.1	用于容错车辆侧向控制器的冗余车道感测系统	通用汽车环球科技运作有限责任公司	2012-02-28
23	CN201210203507.8	一种高速公路汽车防追尾前车的自适应报警方法	东南大学	2012-06-19
24	CN201210129754.8	高速公路音频车辆检测装置及其方法	中咨泰克交通工程集团有限公司；北京大学	2012-04-27
25	CN201180018287.5	光学单元、车辆监视装置及障碍物检测装置	株式会社小糸制作所	2011-04-12
26	CN201180072498.7	车辆确定系统及车辆确定装置	丰田自动车株式会社	2011-07-26
27	CN201180003989.6	车辆用绝缘阻抗检测装置	松下电器产业株式会社	2011-05-27
28	CN201180005970.5	使驾驶员与环境感测结合的车辆安全性系统	丰田自动车株式会社	2011-01-14
29	CN201110236513.9	车辆路线确定的方法	福特全球技术公司	2011-08-17
30	CN201180017877.6	自动车辆设备监控、报警和控制系统	金泰克斯公司	2011-02-25
31	CN201110136503.8	轮胎的外观检查装置及外观检查方法	株式会社普利司通	2011-05-24
32	CN201110148580.5	监测车辆燃料蒸气回收系统的方法	福特环球技术公司	2011-05-26
33	CN201110076728.9	用于检测车辆座椅中乘员的存在情况的方法	福特全球技术公司	2011-03-25

续表

序号	申请号	标题	当前权利人	申请日
34	CN201110413348.X	一种用于车辆监控的手机系统	芜湖法雷奥汽车照明系统有限公司	2011-12-13
35	CN201110009549.3	一种多功能电控汽车远程故障诊断系统	武汉理工大学；上汽通用五菱汽车股份有限公司	2011-01-17
36	CN201110026142.1	一种多功能综合型电控汽车故障诊断系统	武汉理工大学；上汽通用五菱汽车股份有限公司	2011-01-25
37	CN201080066059.0	确定车辆速度和坐标并对其进行后续识别和自动记录交通违章的方法与实现所述方法的设备	"建筑投资项目M公司"有限责任公司	2010-02-08
38	CN201080065193.9	货物和车辆检查系统	ADANI科学产品私营独立企业	2010-05-05
39	CN201080007066.3	用于预测移动体的移动的设备	丰田自动车株式会社	2010-02-05
40	CN201080025579.7	用于车辆安全、个性化和驾驶员的心脏活动监控的系统	塔塔咨询服务有限公司	2010-08-31
41	CN201080066797.5	车辆后方监视装置	三菱电机株式会社	2010-05-19
42	CN201080049802.1	一种用于持续测量安装在车辆内的电池效率的方法以及设备	FIAMM；能源技术股份公司	2010-10-21
43	CN201010502329.X	车辆系统的监测方法	福特全球技术公司	2010-09-29
44	CN201080007701.8	生理状态推测装置和车辆控制装置	丰田自动车株式会社	2010-01-20
45	CN201080003871.9	车辆位置检测装置及车辆位置检测方法	松下电器产业株式会社	2010-07-01
46	CN201010294121.3	警告负责方在车辆的客室中存在乘客的系统	福特全球技术公司	2010-09-26

续表

序号	申请号	标题	当前权利人	申请日
47	CN200980148469.7	用于物料搬运车辆的多区感测	克朗设备公司	2009-12-04
48	CN200980151442.3	光学模块、具有光学模块的汽车及用于校准距离和位置的方法	ADC汽车远程控制系统有限公司	2009-12-17
49	CN200980159363.7	车辆用周边监控装置及车辆用周边监控方法	丰田自动车株式会社	2009-06-04
50	CN200910210782.0	车体综合试验台	中车青岛四方车辆研究所有限公司	2009-11-10
51	CN200980155089.6	用于改进轮胎几何测量量的数据质量的过滤方法	米其林集团总公司	2009-12-18
52	CN200980159637.2	车辆用周边监视装置	丰田自动车株式会社	2009-06-02
53	CN200910070492.0	基于计算机的汽车仪表视觉检测系统及其检测方法	中国汽车技术研究中心有限公司	2009-09-18
54	CN200880012695.8	司机助手系统和物体似真性的检验方法	罗伯特；博世有限公司	2008-03-03
55	CN200810188851.8	异常检测设备	丰田自动车株式会社	2008-12-30
56	CN200880000676.3	具有盲区预测、道路探测和车辆间通信的周围环境估计装置	丰田自动车株式会社	2008-03-07
57	CN200810107970.6	用于车辆门的障碍检测设备和方法	通用汽车环球科技运作公司	2008-05-21
58	CN200810188332.1	车辆部件实物碰撞试验方法及试验装置	中南大学	2008-12-25
59	CN200810093646.3	一种用于混合动力汽车电池性能检测装置的检测方法	奇瑞汽车股份有限公司	2008-04-18

续表

序号	申请号	标题	当前权利人	申请日
60	CN200780027257.4	安装有 RFID 标签的轮式车辆、RFID 标签、速度测量系统、以及速度测量方法	株式会社半导体能源研究所	2007-09-12
61	CN200780002969.0	用于获得以 CNG 气体充填的汽车燃料箱的气体混合物的组分的方法和装置	大陆汽车有限公司	2007-03-01
62	CN200780014262.1	射频识别/生物识别区域保护	罗克韦尔自动化技术公司	2007-02-23
63	CN200780026485.X	安装在轨道车辆上的轨道测量系统	通用电气公司	2007-06-22
64	CN200780016509.3	车辆、特性量推定装置及搭载物判定装置	爱考斯研究株式会社	2007-03-15
65	CN200710098412.3	一种汽车安全驾驶监控系统和方法	山西中天信科技股份有限公司	2007-04-17
66	CN200710037352.4	混合动力汽车的扭矩控制安全监控系统	联合汽车电子有限公司	2007-02-09
67	CN200610113719.1	移动式车辆检查系统	同方威视技术股份有限公司；清华大学	2006-10-13
68	CN200680030593.X	用于车辆的故障通知装置	歌乐株式会社	2006-07-19
69	CN200680001394.6	图像识别装置和方法以及使用该图像识别装置或方法的定位装置、车辆控制装置和导航装置	爱信艾达株式会社；丰田自动车株式会社	2006-01-25
70	CN200610155953.0	用于电动汽车的高压电安全监测装置	奇瑞汽车股份有限公司	2006-12-28
71	CN200610157189.0	测试汽车电磁敏感度的设备和方法	比亚迪股份有限公司	2006-11-29

续表

序号	申请号	标题	当前权利人	申请日
72	CN200580006701.5	对路径中障碍物的检测作出反应的方法和车辆	日产自动车株式会社	2005-03-02
73	CN200580048382.4	用于轮胎状况的挠性标记	米其林集团总公司	2005-03-11
74	CN200510011107.7	一种整车控制器仿真测试系统	清华大学	2005-01-07
75	CN200510064581.6	一种使用移动通信方式为汽车提供服务的系统和方法	中国移动通信集团公司	2005-04-15
76	CN200480019868.0	确定机动车辆加速度的方法和装置	艾里逊变速箱公司	2004-06-03
77	CN03823906.X	用于轮胎状况监控的特征阅读器	拉森矿物有限责任公司	2003-08-07
78	CN200380110584.8	车辆行驶期间检测轮胎载荷的方法和系统及控制车辆的方法	倍耐力轮胎公司	2003-10-24
79	CN03157354.1	一种对车辆放射性物质定位的监测方法及其装置	清华大学；同方威视技术股份有限公司	2003-09-18
80	CN02146840.0	车辆周围监视装置及其调整方法	松下电器产业株式会社	2002-10-15
81	CN02804896.2	用于汽车检修的公共平台	捷装技术公司	2002-02-13

表4-15 生态环境检测领域的其他重点专利

序号	申请号	标题	当前权利人	申请日
1	CN201610060619.0	一种土壤传感器	南京全水信息科技有限公司	2016-01-29
2	CN201510280433.1	基于非平衡状态的混凝土冲击弯拉损伤的测定装置和测定方法	中国电建集团西北勘测设计研究院有限公司；河海大学	2015-05-27

续表

序号	申请号	标题	当前权利人	申请日
3	CN201420350769.1	简易空气质量监测系统	北京中科云谱物联技术有限公司	2014-06-27
4	CN201410515981.3	一种多功能一体化式土体冻融试验系统	中国科学院西北生态环境资源研究院	2014-09-30
5	CN201310066807.0	水利工程影响下基于物联网的流域水文水质监控系统及方法	中国长江三峡集团公司	2013-03-01
6	CN201320166629.4	一种室内空气质量监测装置	广东技术师范学院	2013-04-03
7	CN201210265653.3	大型多功能冻土-结构接触面循环直剪仪及试验操作方法	南京林业大学	2012-07-30
8	CN201220441402.1	一种基于云计算的车载空气质量监测系统	杭州吉利汽车有限公司	2012-08-31
9	CN201610359374.1	输电装置及受电装置	株式会社；IHI	2012-12-07
10	CN201110038852.6	大型组合式动静多功能岩土工程模拟试验装置	山东大学	2011-02-16
11	CN201110088424.4	空气预热器漏风率的测试方法	山东电力研究院；国家电网公司	2011-04-09
12	CN201110280672.9	基于热电制冷控制的土壤冻胀融沉试验仪	南京林业大学；何忠意	2011-09-21
13	CN201110387899.3	深部土冻融过程试验系统	中国科学院西北生态环境资源研究院	2011-11-29
14	CN201080012772.7	土壤诊断方法	一般社团法人SOFIX农业推进机构	2010-03-19
15	CN201080022663.3	被测物检测装置	帕克；汉尼芬公司	2010-03-25
16	CN201010195108.2	可变空气速度的吸气型感烟探测器	霍尼韦尔国际公司	2010-04-22
17	CN201010188592.6	模块化多轴超声水浸检测系统	北京申士丰禾检测技术有限公司	2010-05-24

续表

序号	申请号	标题	当前权利人	申请日
18	CN201010201006.7	用于风力涡轮机噪声控制和损坏探测的系统和方法	通用电气公司	2010-06-02
19	CN201010556903.X	置于大型浮标内的水质参数测量仪及测量方法	山东省科学院海洋仪器仪表研究所	2010-11-24
20	CN201310604267.7	用于检测空中漂浮的生物粒子的检测设备和方法	夏普生命科学株式会社	2010-07-07
21	CN200910144014.X	水泥土渗透系数测定装置及其测定方法	安徽省（水利部淮河水利委员会）水利科学研究院；安徽省建筑工程质量监督检测站	2009-06-30
22	CN200910164152.4	空气流量测定装置	日立汽车系统株式会社	2009-08-10
23	CN200910207136.9	一种实时的多参数远程水质监测系统和方法	中国科学院苏州纳米技术与纳米仿生研究所	2009-10-27
24	CN200880003298.4	用于热水系统的高温和高压氧化还原电势测量和监控设备	纳尔科公司	2008-01-29
25	CN200810060362.4	基于ZigBee无线技术的水环境监测系统	江苏莘翔机电有限公司	2008-04-08
26	CN200810060363.9	基于ZigBee无线技术的水环境监测节点	江苏莘翔机电有限公司	2008-04-08
27	CN200880100765.5	确定水体系中聚合物浓度的方法	苏伊士水务技术（无锡）有限公司	2008-04-29
28	CN200880117158.X	监测过程流中表面相关的微生物活性的方法	纳尔科公司	2008-11-19

续表

序号	申请号	标题	当前权利人	申请日
29	CN200810195414.9	锅炉水冷壁高温腐蚀在线监测系统	江苏方天电力技术有限公司；江苏省电力公司国家电网公司	2008-10-31
30	CN200780012085.3	判断分注装置的配管内有无气泡的方法及分注装置	贝克曼考尔特公司	2007-04-03
31	CN200710024299.4	大气成分垂直分布探测的多轴差分吸收光谱方法与装置	无锡中科光电技术有限公司	2007-07-28
32	CN200680029272.8	用于测量含水多相混合物的水电导率和水体积分数的方法和装置	FMC 康斯伯格海底股份公司	2006-07-27
33	CN200480009324.6	化学需氧量的光电化学检测	水体检测有限公司	2004-04-05
34	CN200480038582.7	测定水中组分的方法和装置	LAR 处理分析股份公司	2004-12-06
35	CN200410030734.0	操作检测系统中的分轴台和检定平面柔性介质的方法	奥宝科技有限公司	2004-03-31
36	CN03809047.3	利用微量天平测量沉积物形成能力	纳尔科公司	2003-04-18
37	CN03803041.1	测定固体水处理产物溶解速率的方法	纳尔科公司	2003-01-15
38	CN03107239.9	拭子测试装置和方法	艾尔莫克斯株式会社	2003-03-18
39	CN03808096.6	敏感性免疫色原图像测试	反应生物医学公司	2003-04-10
40	CN03807769.8	用微生物燃料电池检测水中有毒物质的方法和装置	江阴易沃森生物环境科技有限公司	2003-04-26

续表

序号	申请号	标题	当前权利人	申请日
41	CN03822685.5	监测膜分离系统中生物污染的方法	纳尔科公司	2003-03-21
42	CN200310122506.1	包括电容性水检测装置的便携式电子装置及实现方法	斯沃奇集团研究和开发有限公司	2003-12-04
43	CN200910139011.7	流水线式化验装置及其使用方法	雅培快速诊断国际无限公司	2002-04-29
44	CN01820678.6	用于检测和识别空气中的生物气溶胶颗粒的方法和装置	波尔斯巴克有限公司	2001-12-14

表4-16 医疗检测领域的其他重点专利

序号	申请号	标题	当前权利人	申请日
1	CN201480075291.9	使用线虫的嗅觉的癌检测法	广津生物科学株式会社	2014-12-10
2	CN201480076496.9	用于检测遗传变异的方法和系统	夸登特健康公司	2014-12-24
3	CN201380022610.5	抗生素药敏性的快速测试	哈佛大学校长及研究员协会	2013-02-28
4	CN201380030965.9	用于检测和鉴定肠出血性大肠杆菌的方法	国家食品安全环境及劳工局	2013-06-14
5	CN201380042981.X	用于癌症检测的血浆DNA突变分析	香港中文大学	2013-06-14
6	CN201380057641.4	检测稀有突变和拷贝数变异的系统和方法	夸登特健康公司	2013-09-04
7	CN201280001703.5	借助于探测和标记的寡核苷酸切割以及延长试验的靶核酸序列检测	SEEGENE株式会社	2012-01-11
8	CN201280032382.5	对应于转基因事件KK179-2的苜蓿植物和种子及其检测方法	孟山都技术公司；福拉格遗传国际有限公司	2012-06-28

续表

序号	申请号	标题	当前权利人	申请日
9	CN201180033142.2	利用克隆型谱监测健康和疾病状态	适应生物技术公司	2011-05-04
10	CN201180041957.5	疾病检测仪	安派科生物医学科技（丽水）有限公司	2011-06-30
11	CN201180058674.1	对应于转基因事件MON87712的大豆植物和种子及其检测方法	孟山都技术公司	2011-10-11
12	CN201510893634.9	突变检测分析	精密科学发展有限责任公司	2011-11-02
13	CN201180066175.7	与癌症相关的遗传或分子畸变的检测	香港中文大学	2011-11-30
14	CN201610916452.3	叠加的除草剂耐受性事件8264.44.06.1、相关转基因大豆系、及其检测	陶氏益农公司；MS技术有限责任公司	2011-12-02
15	CN201180067286.X	胎儿遗传异常的无创性检测	深圳华大基因股份有限公司	2011-06-29
16	CN201180022958.5	用于确定样品中存在或不存在不同非整倍性的方法	维里纳塔健康公司	2011-07-26
17	CN201510112886.3	大豆事件SYHT0H2以及用于其检测的组合物和方法	先正达参股股份有限公司	2011-12-09
18	CN201510125916.4	用于微生物检测设备的自动化加载机构	生物梅里埃有限公司	2010-05-14
19	CN201080028875.2	检测获得性免疫的方法	弗雷德哈钦森癌症研究中心	2010-06-04
20	CN201080060442.5	检测抗-TNF药物和自身抗体的试验	雀巢产品有限公司	2010-10-26
21	CN201610113418.2	玉米事件DP-0041143及其检测方法	先锋国际良种公司；纳幕尔杜邦公司	2010-12-16

续表

序号	申请号	标题	当前权利人	申请日
22	CN201080060168.1	用于确定样本流体中的分析物的浓度的系统和方法	霍夫曼；拉罗奇有限公司	2010-12-23
23	CN201080046087.6	抑郁症的生物标记物、抑郁症的生物标记物的测定方法、计算机程序及记录介质	福满代谢组技术有限公司；川村则行	2010-08-12
24	CN200980139037.X	用于检测癌的方法	东丽株式会社	2009-08-05
25	CN200980146500.3	用于检测分析物的试剂盒和装置	曙光生命科学公司	2009-09-24
26	CN200980153756.7	通过序列分析监测状况的方法	适应生物技术公司	2009-11-09
27	CN201210028702.1	玉米植物事件MON87460以及用于其检测的组合物和方法	孟山都技术公司	2009-02-26
28	CN200810000435.0	监测过程流中微生物活性的方法	纳尔科公司	2008-01-10
29	CN200880106852.1	检测样品的多元分析	私募蛋白质体公司	2008-07-17
30	CN201410051950.7	利用部分胎儿浓度确定核酸序列失衡	香港中文大学	2008-07-23
31	CN201510649676.8	使用miRNA检测体内细胞死亡情况的方法	特罗瓦基因公司	2008-08-22
32	CN200880110566.2	拷贝数变化确定、方法和系统	弗卢丁公司	2008-09-08
33	CN200880121086.6	定量测定小而密LDL胆固醇的方法和试剂盒	电化株式会社	2008-10-10
34	CN201310455967.4	用于在多个生物样品上进行核酸提取和诊断测试的集成装置	汉迪实验室公司	2008-07-14

续表

序号	申请号	标题	当前权利人	申请日
35	CN200880116188.9	对应于转基因事件MON87701的大豆植物和种子及其检测方法	孟山都技术公司	2008-11-06
36	CN200880125631.9	检测基因组核酸中遗传异常的测定法	奎斯特诊断投资公司	2008-11-14
37	CN200780023287.8	用于产前诊断和监测的新的胎儿标志物	香港中文大学	2007-05-03
38	CN200780027882.9	对应于转基因事件MON89034的玉米植物和种子及其检测和使用方法	孟山都技术有限公司	2007-05-24
39	CN200780032530.2	用微通道设备检测或分离靶分子	生物概念股份有限公司	2007-07-18
40	CN200710134620.4	血清中微小核糖核酸的检测方法和用于检测的试剂盒、生物芯片及其制作和应用方法	上海命码生物检测有限公司	2007-11-02
41	CN200680001831.4	分子中互补决定区以外的区域中工程改造了的具有结合特性的合成免疫球蛋白结构域	F-星生物技术研究与开发有限公司	2006-01-05
42	CN200680011674.5	用于检测抗药EGFR突变体的方法和组合物	纪念斯隆-凯特林癌症中心	2006-02-13
43	CN200680007355.7	产前诊断和监测的标记	香港中文大学	2006-03-17
44	CN200680007354.2	检测染色体非整倍性的方法	香港中文大学；波士顿大学	2006-03-17

续表

序号	申请号	标题	当前权利人	申请日
45	CN200680021903.1	作为检测日光照射、前列腺癌和其它癌症的诊断工具的线粒体突变及重排	MDNA生命科学有限公司	2006-04-18
46	CN200680027513.5	大豆事件MON89788和检测它的方法	孟山都技术有限公司	2006-05-26
47	CN200680025630.8	用于多态性的高通量鉴定和检测的策略	科因股份有限公司	2006-06-23
48	CN201510070726.7	检测单个细胞中的核酸和鉴定异质大细胞群中罕见细胞的方法	领先细胞医疗诊断有限公司	2006-06-19
49	CN200680051561.8	用于基于AFLP的高通量多态性检测的方法	凯津公司	2006-12-20
50	CN200680011147.4	用于在生物传感器检验条上编码信息的系统和方法	霍夫曼;拉罗奇有限公司	2006-03-31
51	CN201410680729.8	测定癌症对表皮生长因子受体靶向性治疗反应性的方法	综合医院公司;达纳;法伯癌症协会有限公司	2005-03-31
52	CN200580022099.4	酶检测技术	金伯利;克拉克环球有限公司	2005-03-31
53	CN200580034129.3	使用生物标志的测定法和方法	健泰科生物技术公司	2005-08-03
54	CN200580047184.6	用于检测甲基化DNA的试剂盒和方法	塞昆纳姆股份有限公司	2005-11-28
55	CN200580047175.7	用于检测甲基化DNA的手段和方法	塞昆纳姆股份有限公司	2005-11-28
56	CN200580048858.4	将数据输入到分析物测试装置的方法	生命扫描苏格兰有限公司	2005-12-29
57	CN200480004124.1	棉花事件MON88913及其组合物和检测方法	孟山都技术有限公司	2004-02-02

续表

序号	申请号	标题	当前权利人	申请日
58	CN200480010662.1	抗 von Willebrand 因子裂解的蛋白酶（ADAMTS13）抗体的诊断检测	武田药品工业株式会社	2004-04-01
59	CN200480023805.2	具有扩口式试样接收室的测试条	霍夫曼；拉罗奇有限公司	2004-06-18
60	CN201210297560.9	用于胃癌检测的标记物	环太平洋生物技术有限公司	2004-07-16
61	CN201010550189.3	高赖氨酸玉米组合物及其检测方法	孟山都技术有限公司	2004-12-03
62	CN200480019882.0	血红蛋白A1C的测定方法和用于此目的的酶及其生产方法	旭化成制药株式会社；一引株式会社	2004-05-21
63	CN200480033639.4	快速检测和保存样本的装置及其使用方法	美艾利尔瑞士公司	2004-11-15
64	CN200480032079.0	糖基化蛋白的测定方法	积水医疗株式会社	2004-11-18
65	CN03806580.0	检测、诊断和治疗血液恶性肿瘤的组合物和方法	考丽克萨有限公司	2003-01-22
66	CN201310360277.0	用于分离、放大和检测目标核酸序列的自动化系统	贝克顿；迪金森公司	2003-05-19
67	CN03819042.7	用于检测卵巢癌的生物标记的用途	约翰霍普金斯大学；艾思彼拉妇女保健公司	2003-08-05
68	CN03147083.1	利用存储器储存测试条校准码的诊断试剂盒和相关的方法	生命扫描有限公司	2003-08-21
69	CN03159728.9	介体稳定的试剂组合物及其用于电化学分析物测定的方法	生命扫描有限公司	2003-09-11

续表

序号	申请号	标题	当前权利人	申请日
70	CN03822862.9	基于细胞的荧光共振能量传递（FRET）检测梭菌毒素	阿勒根公司	2003-09-04
71	CN200380103145.4	人低分子量 CD14 测定试剂盒和抗体	持田制药株式会社	2003-11-12
72	CN200380109549.4	蒴股颖事件 ASR-368 和组合物及其检测方法	孟山都技术有限公司；斯科兹公司	2003-12-03
73	CN03818565.2	基于溶液的检测方法	罗氏 MTM 实验室公司	2003-07-31
74	CN200380100779.4	高密度脂蛋白中的胆固醇的测定方法以及试剂	协和梅迪克斯株式会社	2003-10-16
75	CN02815804.0	诊断致瘤力以及确定对抗癌疗法的抗性	A&G 药品公司	2002-06-14
76	CN02119211.1	使用对照物测定核酸的方法	霍夫曼；拉罗奇有限公司	2002-03-02
77	CN02808765.8	血红蛋白测定	阿克西斯；希尔德公司	2002-04-10
78	CN02805507.1	探测胞嘧啶甲基化模式的高灵敏度方法	EPI 基因组股份公司	2002-03-08
79	CN200810173331.X	棉花事件 MON15985 以及检测它的组合物和方法	孟山都技术有限公司	2002-06-05
80	CN02812662.9	检测来源于不同个体的 DNA 的方法	香港中文大学	2002-08-30
81	CN02822021.8	一种检测样品中靶分子的方法	曙光生命科学公司	2002-09-06
82	CN201110081897.1	检测和/或鉴定腺伴随病毒（AAV）序列以及分离所鉴定的新型序列的方法	宾夕法尼亚大学托管会	2002-11-12

续表

序号	申请号	标题	当前权利人	申请日
83	CN02825717.0	利用高密度微阵列进行高通量的重新测序和变异检测	阿菲梅特里克斯公司	2002-12-23
84	CN02815524.6	应用非织造织物纯化和检测核酸的方法	旭化成株式会社	2002-07-09
85	CN200510129508.2	生物分子基底,使用它的检验和诊断方法及装置	松下电器产业株式会社	2002-05-10
86	CN200910139011.7	流水线式化验装置及其使用方法	雅培快速诊断国际无限公司	2002-04-29
87	CN01811246.3	抗HCV抗体的免疫测定	基立福环球运营有限公司	2001-06-14
88	CN01122036.8	玉米个体PV-IMGT32(NK603)和用于对其检测的组合物和方法	孟山都技术有限公司	2001-06-22
89	CN01822477.6	内共生细胞器的检测方法和从中可鉴定的化合物	普里马根公司	2001-12-04
90	CN01815413.1	糖基化血红蛋白的选择性测定方法	爱科来株式会社	2001-07-12

表4-17 食品检测领域的其他重点专利

序号	申请号	标题	当前权利人	申请日
1	CN201880071027.6	用于分离和分析细胞的系统和方法	伯乐实验室有限公司	2018-08-28
2	CN201811015506.4	优化损伤检测结果的方法及装置	创新先进技术有限公司	2018-08-31
3	CN201610439085.2	用于检测除草剂耐受性大豆植物DBN9008的核酸序列及其检测方法	北京大北农生物技术有限公司	2016-06-18

续表

序号	申请号	标题	当前权利人	申请日
4	CN201610440310.4	用于检测除草剂耐受性大豆植物DBN9004的核酸序列及其检测方法	北京大北农生物技术有限公司	2016-06-18
5	CN201680059281.5	用于预测电池测试结果的电池测试系统	CPS科技控股有限公司	2016-02-18
6	CN201510220034.6	用于检测玉米植物DBN9936的核酸序列及其检测方法	北京大北农生物技术有限公司	2015-04-30
7	CN201510219911.8	用于检测除草剂耐受性玉米植物DBN9858的核酸序列及其检测方法	北京大北农生物技术有限公司	2015-04-30
8	CN201580012483.X	捕食探测鱼跟踪标签	伊诺瓦海洋系统加拿大有限公司	2015-03-03
9	CN201510183810.X	冷水鱼病原菌检测方法	福又达生物科技股份有限公司	2015-04-17
10	CN201480021565.6	用于采集和传输测定结果的系统和方法	赛拉诺斯知识产权有限责任公司	2014-02-14
11	CN201410452879.3	基于光谱图像分析的水果外表检测方法	湖南省新宁县崀山果业有限责任公司	2014-09-05
12	CN201480043142.4	用于在食物加工期间检测水/产品界面的系统和方法	雀巢产品有限公司	2014-05-08
13	CN201480030333.7	具有最佳化感官质量的微藻粉组合物	科比恩生物技术有限公司	2014-06-25
14	CN201420409149.0	提高探测功能的自动烹饪机	金弘培	2014-07-23
15	CN201480045271.7	具有最佳化感官品质的富含蛋白质的微藻生物质组合物	科比恩生物技术有限公司	2014-08-06
16	CN201480056488.8	检测装置	日本共和机械株式会社	2014-10-31

续表

序号	申请号	标题	当前权利人	申请日
17	CN201480050569.7	用于轮胎内表面的肉眼检查的图像采集装置与相关方法	米其林集团总公司	2014-09-24
18	CN201480076876.2	用于确定个性化视近下加光值的方法和系统、具有这种下加光的镜片	依视路国际公司；上海依视路光学有限公司；温州医科大学	2014-03-07
19	CN201380026908.3	评估视线检测结果的方法和装置	苹果公司	2013-03-21
20	CN201380022033.X	基于感光材料来制备新包装设计的方法	科慕FC有限公司	2013-04-25
21	CN201310358602.X	脂肽类化合物用于改善白酒香气的用途及其测定方法	江南大学；河北雄安保府酒业有限公司	2013-08-16
22	CN201380054103.X	用于基因打靶和性状堆叠的工程化转基因整合平台（ETIP）	美国陶氏益农公司	2013-09-06
23	CN201380062591.9	用于检测奶中的异常物质的光学器件	利拉伐控股有限公司	2013-09-27
24	CN201380072280.0	热处理监控系统	英戈；施托克格南特韦斯伯格	2013-12-04
25	CN201380064430.3	使用光控制卵生胚胎的性别	昕诺飞北美公司	2013-12-11
26	CN201380069820.X	用于检测粪样品中的幽门螺旋杆菌DNA的方法	莫比蒂亚戈公司	2013-12-05
27	CN201280014994.1	用于使用瞬态检测及质量结果将音频信号的部分编码的装置与方法	弗劳恩霍夫应用研究促进协会	2012-02-13

续表

序号	申请号	标题	当前权利人	申请日
28	CN201280035852.3	抗 CGRP 抗体和抗体片段用于在有需要的受试者、尤其是偏头痛患者中预防或抑制畏光或厌光的用途	H 隆德贝克有限公司；衣阿华大学研究基金会	2012-05-21
29	CN201280032382.5	对应于转基因事件 KK179-2 的苜蓿植物和种子及其检测方法	孟山都技术公司；福拉格遗传国际有限公司	2012-06-28
30	CN201210333169.X	一种不依赖样本的钓鱼网站检测方法	中国互联网络信息中心	2012-09-07
31	CN201280065917.9	用于最终使用者食品分析的低成本光谱测定系统	威利食品有限公司	2012-10-31
32	CN201280076504.0	用于检测 EGG 波形中的特性的系统和方法	德尔格制造股份两合公司	2012-09-11
33	CN201110093132.X	用于检测液态或半液态食品中细菌含量的装置	艾力集团有限责任公司；卡皮贾尼	2011-04-08
34	CN201180027027.4	在搜索结果排序中对垃圾的检测	微软技术许可有限责任公司	2011-04-19
35	CN201180058674.1	对应于转基因事件 MON87712 的大豆植物和种子及其检测方法	孟山都技术公司	2011-10-11
36	CN201610916452.3	叠加的除草剂耐受性事件 8264.44.06.1、相关转基因大豆系及其检测	陶氏益农公司；MS 技术有限责任公司	2011-12-02
37	CN201510112886.3	大豆事件 SYHT0H2 以及用于其检测的组合物和方法	先正达参股股份有限公司	2011-12-09
38	CN201180061054.3	用于温度监控烹制在烹饪容器中的食物的电子模块	菲仕乐有限公司	2011-11-16

续表

序号	申请号	标题	当前权利人	申请日
39	CN201180022084.3	用于验证和测试眼科透镜的抗反射处理的效果的设备	依视路国际公司	2011-04-14
40	CN201010135726.8	用于饮料机的光学液位探测器	雀巢产品有限公司	2010-03-10
41	CN201080021093.6	可用于基于免疫的肉毒杆菌毒素血清A型活性测定的细胞	阿勒根公司	2010-03-12
42	CN201080011515.1	肌变性疾病的检测方法以及治疗效果判定方法	日本国立大学法人筑波大学；日本国立精神及神经中心；大鹏药品工业株式会社	2010-03-08
43	CN201080025319.X	涂层剂和由此制备的具有高耐刮擦性、同时具有在埃氏杯突测试中的良好结果和良好的抗石击性能的涂层	巴斯夫涂料有限公司	2010-03-08
44	CN201510407949.8	AAD-1事件DAS-40278-9、相关的转基因玉米品系及其事件特异性鉴定	陶氏益农公司	2010-08-18
45	CN201080053218.3	转基因玉米事件MON 87427和相对发育尺度	孟山都技术公司	2010-11-16
46	CN201010164441.7	一种上报MDT log结果的方法、装置及系统	大唐移动通信设备有限公司	2010-04-30
47	CN201610113418.2	玉米事件DP-0041143及其检测方法	先锋国际良种公司；纳幕尔杜邦公司	2010-12-16
48	CN201080053758.1	带有减噪效果的用于航空地球物理探测的接收器线圈组件	吉欧泰科有限公司	2010-11-26

续表

序号	申请号	标题	当前权利人	申请日
49	CN200980113123.3	SPT事件侧翼的植物基因组DNA及用于鉴定SPT事件的方法	先锋国际良种公司；纳幕尔杜邦公司	2009-02-16
50	CN200980113941.3	搅拌/给料机和用于监视搅拌/给料机的工作的设备	全面技术农业解决方案有限公司	2009-03-06
51	CN200980109620.6	玉米植物事件MON87460以及用于其检测的组合物和方法	孟山都技术公司	2009-02-26
52	CN201210442740.1	基于免疫的血清型A肉毒杆菌毒素活性测定	阿勒根公司	2009-03-13
53	CN200980108734.9	牛的辨别方法、所辨别的牛和辨别牛用试剂盒	学校法人近畿大学	2009-03-04
54	CN200980131739.3	透照检卵方法和相应的设备	蛋-鸡自动化技术公司	2009-08-06
55	CN200980141367.2	对HSP90-抑制剂的易感性	马克斯；普朗克科学促进协会；科隆大学	2009-08-17
56	CN200980154513.5	一种用来确定用来从一组成分制备动物饲料的混合状态的方法和设备以及一种用来生产动物饲料的系统	全面技术农业解决方案有限公司	2009-12-03
57	CN200980156529.X	玉米转殖项5307	先正达参股股份有限公司	2009-12-14
58	CN200910005716.X	知识标注结果检查方法和系统	数据堂（北京）科技股份有限公司	2009-02-03
59	CN200980113170.8	副鸡禽杆菌抗体的检测方法和试剂盒	KM生物医药股份公司	2009-02-06

续表

序号	申请号	标题	当前权利人	申请日
60	CN200980154303.6	一种用于展示并测试眼镜片的减反射处理的效果的设备	依视路国际公司	2009-10-15
61	CN200880023938.8	用于监视信号并且基于监视结果选择和/或使用通信频段的方法和装置	高通股份有限公司	2008-07-02
62	CN200810127581.X	通过远程验证并使用凭证管理器和已记录的证书属性来检测网址转接/钓鱼方案中对SSL站点的DNS重定向或欺骗性本地证书的方法	诺顿身份保护公司	2008-06-27
63	CN200880108269.4	用于监测自动移走蛋的执行的方法和设备	硕腾服务有限责任公司	2008-09-22
64	CN200880110309.9	藉由胚胎心跳的探测用光检查蛋的方法及设备	硕腾服务有限责任公司	2008-09-22
65	CN200880119874.1	用于分类搜索结果以确定页面元素的方法和系统	谷歌有限责任公司	2008-10-03
66	CN200880116188.9	对应于转基因事件MON87701的大豆植物和种子及其检测方法	孟山都技术公司	2008-11-06
67	CN200810184569.2	一种瓜蒌配方颗粒的检测方法	北京康仁堂药业有限公司	2008-12-17
68	CN200780006319.3	抗客户端攻击的网络钓鱼检测	微软技术许可有限责任公司	2007-02-13
69	CN200780017186.X	TDM网络中确定数据是否正确到达的系统、方法及装置	网状网络公司	2007-04-20

续表

序号	申请号	标题	当前权利人	申请日
70	CN200780027882.9	对应于转基因事件MON89034的玉米植物和种子及其检测和使用方法	孟山都技术有限公司	2007-05-24
71	CN200780029007.4	玉米事件MIR162	先正达参股股份有限公司	2007-05-24
72	CN200710151224.2	影像显示系统及其制造方法	奇美电子股份有限公司	2007-09-14
73	CN200780035564.7	紫外线检测装置和紫外线防护效果评价装置	株式会社资生堂	2007-10-03
74	CN200780047339.5	用于通过热感照相机对光检查鸟蛋的方法与装置	硕腾服务有限责任公司	2007-08-07
75	CN200680027513.5	大豆事件MON89788和检测它的方法	孟山都技术有限公司	2006-05-26
76	CN200610093154.5	摄食量限制装置的远程监视和调节	伊西康内外科公司	2006-06-22
77	CN200680032077.0	抗IL-23抗体、组合物、方法和用途	森托科尔公司	2006-06-30
78	CN200680027436.3	用于维持透光检查禽蛋设备有效运行的方法和设备	硕腾服务有限责任公司	2006-07-18
79	CN200680035147.8	鉴别存活蛋的方法和设备	硕腾服务有限责任公司	2006-07-26
80	CN200680031606.5	编码杀虫蛋白的核苷酸序列	孟山都技术有限公司	2006-08-30
81	CN200680043867.9	基于数据对象和到标识目的的用户连接之间的确定关系生成搜索结果	思科技术公司	2006-11-14

续表

序号	申请号	标题	当前权利人	申请日
82	CN200680024037.1	抗IL-6抗体、组合物、方法及应用	森托科尔公司；应用分子发展公司	2006-04-28
83	CN200680044846.9	确定血液酒精浓度超过一阈值水平的时刻的系统和方法	Alco系统瑞典公司	2006-11-29
84	CN200680045906.9	用于自动测试规划结果的系统和方法	ABB瑞士股份有限公司	2006-11-25
85	CN200610073109.3	农产品果实的检查装置	涩谷精机株式会社	2006-04-04
86	CN201210252031.7	引物或探针对烟草植物及其鉴定、改变方法，其细胞、其产品及多核苷酸	二十二世纪有限公司	2006-02-28
87	CN200580002122.3	MAdCAM抗体	辉瑞大药厂；安进弗里蒙特公司	2005-01-07
88	CN200580009601.8	玉米事件MIR604	辛根塔参与股份公司	2005-02-16
89	CN200580024557.8	在唾液中无侵蚀可能性的酸性固体口服组合物及测定唾液中侵蚀可能性的方法	艾斯麦迪有限公司	2005-07-22
90	CN201210057684.X	结合分子	伊拉兹马斯大学鹿特丹医学中心；罗杰；金登；克雷格	2005-07-22
91	CN200580042308.1	在三维图像容积中检测息肉的方法	西门子医疗有限公司	2005-10-07
92	CN200580034368.9	使用心率和胚胎活动识别和诊断活蛋的方法和设备	硕腾服务有限责任公司	2005-09-29
93	CN200480009081.6	监控肌肉活动的方法和用于监控肌肉活动的设备	太阳星瑞士有限公司	2004-03-31

续表

序号	申请号	标题	当前权利人	申请日
94	CN200410045273.4	化验结果的早期判断	雅培快速诊断国际无限公司	2004-06-04
95	CN200410045275.3	用于判断化验结果的流量检测	雅培快速诊断国际无限公司	2004-06-04
96	CN201010550189.3	高赖氨酸玉米组合物及其检测方法	孟山都技术有限公司	2004-12-03
97	CN200480041699.0	玉米植株MON88017和组合物以及检测它们的方法	孟山都技术有限公司	2004-12-14
98	CN200480038075.3	内腔息肉探测装置	切克卡普有限公司	2004-12-16
99	CN200480042571.6	Cry1F和Cry1Ac转基因棉花株系及其事件特异性鉴定	美国陶氏益农公司	2004-10-13
100	CN03809047.3	利用微量天平测量沉积物形成能力	纳尔科公司	2003-04-18
101	CN03802448.9	新的抗IGF-IR抗体及其应用	皮埃尔法布雷医药公司	2003-01-20
102	CN03107239.9	拭子测试装置和方法	艾尔莫克斯株式会社	2003-03-18
103	CN03814963.X	HIV蛋白酶抑制剂化合物的磷酸酯类似物的细胞蓄积及这类化合物	吉里德科学公司	2017-11-30
104	CN03810346.X	用于通过检测胚胎心率和/或运动来识别活的蛋的方法和设备	硕腾服务有限责任公司	2003-05-02
105	CN03816645.3	表达阿耳茨海默氏tau蛋白的转基因动物	阿克松神经科学研究和发展股份有限公司	2003-07-09
106	CN03822167.5	利用人工的多核苷酸及其组合物来减少转基因沉默的方法	孟山都技术有限公司	2003-07-10

续表

序号	申请号	标题	当前权利人	申请日
107	CN200380102137.8	COT102 杀虫棉花	辛根塔参与股份公司	2003-10-23
108	CN200380108864.5	抗 CD25 的人单克隆抗体	根马布股份公司	2003-11-14
109	CN201010150526.X	抗 CD20 的人单克隆抗体	根马布股份公司	2003-10-17
110	CN02815939.X	表皮生长因子受体（EGFR）的人单克隆抗体	根马布股份公司	2002-06-13
111	CN201210311198.6	食物致敏原，检测食物过敏原的方法和检测诱导食物过敏原的食物的方法	日本肉类批发商株式会社	2002-09-05
112	CN02820305.4	注射鸟卵的方法	硕腾服务有限责任公司	2002-08-07
113	CN02820528.6	油压挖掘机作业量的检测装置、检测方法和检测结果显示装置	日立建机株式会社	2002-10-16
114	CN02119838.1	家用豆浆、水豆腐、豆腐制造装置的泡检测切断装置	金弘培	2002-05-15
115	CN02813395.1	从部分检测结果进行消息重建	阿比特隆公	2002-08-28
116	CN02829657.5	用于测定生物传感器上样品的反应结果的设备和方法	五常医疗保健有限公司	2002-10-04
117	CN200910139011.7	流水线式化验装置及其使用方法	雅培快速诊断国际无限公司	2002-04-29
118	CN01122036.8	玉米个体 PV-IMGT32（NK603）和用于对其检测的组合物和方法	孟山都技术有限公司	2001-06-22

续表

序号	申请号	标题	当前权利人	申请日
119	CN200810100025.3	抗IL-12抗体、组合物、方法和用途	詹森生物科技公司	2001-08-07
120	CN01816960.0	抗TNF抗体、组合物、方法和用途	詹森生物科技公司	2001-08-07

表4-18 芯片检测领域的其他重点专利

序号	申请号	标题	当前权利人	申请日
1	CN02800413.2	具有过程控制组件的半导体晶片	NXP股份有限公司	2002-01-31
2	CN02148158.X	半导体器件及其制作工艺和检测方法	深圳通锐微电子技术有限公司	2002-10-31
3	CN03807760.4	用于保护芯片及检验其真实性的方法和装置	NXP股份有限公司	2003-04-04
4	CN200480028946.3	芯片的使用方法及检查芯片	株式会社堀场制作所	2004-10-04
5	CN200380100613.2	探针痕迹读取装置和探针痕迹读取方法	东京毅力科创株式会社	2003-10-16
6	CN200910130303.4	用于评估半导体元件与晶片制造的技术	东京毅力科创风险投资公司	2004-08-25
7	CN200610091820.1	芯片信息管理方法、芯片信息管理系统和芯片信息管理程序	美光科技公司	2006-05-29
8	CN200510036034.7	影像感测芯片的封装结构	长春长光视园投资有限公司	2005-07-15
9	CN200510037204.3	影像感测芯片封装的制程和结构	长春长光视园投资有限公司	2005-09-09
10	CN200680031092.3	半导体器件、半导体芯片、芯片间互连测试方法以及芯片间互连切换方法	日本电气株式会社	2006-08-22

续表

序号	申请号	标题	当前权利人	申请日
11	CN200510111289.5	同步通讯芯片进行多芯片并行测试的方法	上海华虹宏力半导体制造有限公司	2005-12-08
12	CN200610098455.7	用于半导体器件的测试电路和测试方法及半导体芯片	富士通半导体存储方案股份有限公司	2006-07-07
13	CN200710038538.1	微机械圆片级芯片测试探卡及制作方法	深圳市道格特科技有限公司	2007-03-27
14	CN200710101713.7	处理测试器与多个被测器件间的信号的装置、系统和方法	爱德万测试公司	2007-04-24
15	CN200710118631.3	多芯片封装体内部连接的边界扫描测试结构及测试方法	锐迪科微电子（上海）有限公司	2007-07-11
16	CN200710126374.8	微型芯片检查装置	株式会社堀场制作所	2007-06-29
17	CN200710139021.1	用于获取器件参数的系统	格芯公司	2007-07-23
18	CN200710122151.4	一种微纳升体系流体芯片的检测系统及检测方法	北京博奥晶典生物技术有限公司；清华大学	2007-09-21
19	CN200710149084.5	微型芯片检验装置	株式会社堀场制作所	2007-09-07
20	CN200810055626.7	一种长程表面等离子波折射率检测芯片	清华大学；罗姆株式会社	2008-01-04
21	CN200780100325.5	芯片测试器、测试夹具套装、用于芯片测试的装置和方法	爱德万测试公司	2007-08-22
22	CN200880117252.5	荧光生物芯片诊断设备	欧普托莱恩科技有限公司	2008-11-10
23	CN200810090428.4	一种基站侧无线基带芯片测试装置及方法	中兴通讯股份有限公司；深圳市中兴微电子技术有限公司	2008-04-07

续表

序号	申请号	标题	当前权利人	申请日
24	CN200810148802.1	芯片测试装置及其测试方法	联发科技股份有限公司	2008-09-12
25	CN200810121524.0	一种NAND FLASH存储芯片测试系统	杭州华澜微电子股份有限公司	2008-10-16
26	CN200880101430.5	用于确定用于检测芯片上的故障的相关值以及确定芯片上的位置的故障概率的方法和装置	爱德万测试公司	2008-12-17
27	CN201010040031.1	一种芯片测试处理机	嘉兴景焱智能装备技术有限公司	2010-01-14
28	CN200910205435.9	晶圆测试方法	无锡华润上华科技有限公司	2009-10-23
29	CN201010620100.6	一种芯片的可测试性设计方法	中国航空工业集团公司第六三一研究所	2010-12-31
30	CN200910189437.3	一种传输芯片的测试方法及测试控制方法	中兴通讯股份有限公司;深圳市中兴微电子技术有限公司	2009-12-23
31	CN201110224063.1	一种高灵敏度免疫芯片检测系统及其使用方法	嘉兴艾锐生物科技有限公司	2011-08-05
32	CN201210171664.5	一种IC芯片自动测试分选机	深圳格芯集成电路装备有限公司	2012-05-29
33	CN201120497349.2	手动芯片测试座	金英杰	2011-12-02
34	CN201220013303.3	带温度加热测试的自动芯片测试机测试座	金英杰	2012-01-11
35	CN201210331411.X	用于通信的用户可更换部件监视芯片和成像设备及其方法	惠普发展公司;有限责任合伙企业	2012-09-07
36	CN201110295934.9	一种具有扫描链测试功能的芯片及测试方法	芯鑫融资租赁(厦门)有限责任公司	2011-09-30

续表

序号	申请号	标题	当前权利人	申请日
37	CN201310357337.3	一种传感器微弱信号通用检测芯片系统	中科芯（荣成）信息技术产业研究院有限公司	2013-08-16
38	CN201180072226.7	接触电性连接至位于晶圆的划片线上的测试访问接口的半导体芯片的方法、装置以及系统	爱德万测试公司	2011-06-30
39	CN201380016098.3	超声波换能器元件芯片、探测器、电子设备和超声波诊断装置	精工爱普生株式会社	2013-03-28
40	CN201410851996.7	一种倒装LED芯片在线检测装置	华中科技大学	2014-12-31
41	CN201410799049.8	一种微波频率测量芯片及其应用方法、制作方法	联合微电子中心有限责任公司	2014-12-20
42	CN201510814955.5	一种多量程阵列式压力传感芯片及其检测方法	邳州市鑫盛创业投资有限公司	2015-11-19
43	CN201710531301.0	单通道化学发光微流控芯片及其检测方法	南京岚煜生物科技有限公司	2017-07-03
44	CN201810361613.6	一种集成芯片的电路测试装置	深圳市腾飞信息系统集成有限公司	2018-04-20

表4-19 纺织检测领域的其他重点专利

序号	申请号	标题	当前权利人	申请日
1	CN03820415.0	探测可流动样品的单个微粒的方法和设备	拉什德；马弗里弗	2003-07-01
2	CN200480029729.6	确定花式纱线的花纹的方法	索若德国两合股份有限公司	2004-09-16
3	CN200480030624.2	用于制造花式线的方法	索若德国两合股份有限公司	2004-09-10

续表

序号	申请号	标题	当前权利人	申请日
4	CN200580023058.7	用于行李和人员检查的以反射和透射方式进行兆兆赫成像	派克米瑞斯有限责任公司	2005-05-26
5	CN200510093973.5	纱线探测装置	索若德国两合股份有限公司	2005-09-01
6	CN200510093974.X	纱线探测装置	索若德国两合股份有限公司	2005-09-01
7	CN200680022436.4	用于确定纱线质量参数的方法	索若德国两合股份有限公司	2006-04-22
8	CN200680025427.0	纱线测试设备	乌斯特技术股份公司	2006-07-21
9	CN200680042972.0	一种测量花纱特征的方法	乌斯特技术股份公司	2006-11-15
10	CN200580019636.X	分析材料织物特征的方法及标记材料织物的系统和方法	3M创新有限公司	2005-03-23
11	CN200810059099.7	织物pH值的快速测定方法	传化智联股份有限公司；浙江传化功能新材料有限公司；杭州传化精细化工有限公司	2008-01-10
12	CN200810022360.6	纤维比电阻仪以及纤维电阻与纤维比电阻测量方法	许立江	2008-06-26
13	CN200810041348.X	织物三维压力模拟测试系统	东华大学；上海嘉麟杰纺织品股份有限公司	2008-08-04
14	CN200810176529.3	一种检测洗衣粉残留的方法及洗衣机	青岛海尔洗衣机有限公司	2008-11-17
15	CN200910273121.2	一种织物接触冷感测试装置及测试方法	烟台明远家用纺织品有限公司	2009-12-09

续表

序号	申请号	标题	当前权利人	申请日
16	CN200910194353.9	采用质量分级法对柔性多孔体系毛细孔径分布的测定方法	深圳市兴业卓辉实业有限公司	2009-11-25
17	CN201080007513.5	用于液体试样的诊断测试带	霍夫曼；拉罗奇有限公司	2010-02-12
18	CN201010129024.9	检测洗衣机有无洗涤剂的装置及检测方法	佛山市顺德海尔电器有限公司	2010-03-22
19	CN201110042300.2	纺织品耐泡水色牢度的测试方法	晋江市龙兴隆染织实业有限公司	2011-02-22
20	CN201110242126.6	一种织物折皱回复性测试装置及方法	浙江乔治白服饰股份有限公司	2011-08-23
21	CN03149288.6	微小颗粒状物质浓度测定装置	株式会社堀场制作所	2003-06-25
22	CN201280032961.X	检查单元和用于校准检查单元的方法	捷佳德货币科技有限公司	2012-07-03
23	CN201210330347.3	基于模式识别和图像处理的纺织品瑕疵自动检测及分类方法	西安获德图像技术有限公司	2012-09-07
24	CN201210034726.8	一种压力监测鞋	珠海安润普科技有限公司	2012-02-16
25	CN201310512190.0	一种图案布匹瑕疵在线视觉检测方法	湖州度信科技有限公司	2013-10-22
26	CN201380068377.4	从撞击事件中监测击打计数	MC10股份有限公司	2013-12-27

表4-20 建筑工程检测领域的其他重点专利

序号	申请号	标题	当前权利人	申请日
1	CN200510004874.5	冷热箱式传热系数检测仪	北京中建筑科学技术研究院；中国建筑一局（集团）有限公司	2005-02-03

续表

序号	申请号	标题	当前权利人	申请日
2	CN200610051540.8	压力检测设备	富士电机株式会社	2006-02-28
3	CN200610013275.4	水下地基原位自动监测成套技术方法	天津港湾工程研究所；中交第一航务工程局有限公司	2006-03-13
4	CN200810055737.8	一种发电机组轴系扭振模态的检测方法	北京四方继保自动化股份有限公司	2008-01-08
5	CN200910106068.7	透水砖透水系数检测仪及检测方法	深圳市建研检测有限公司	2009-03-18
6	CN201010105407.2	真空绝热板的真空度检测设备	安徽科瑞克保温材料有限公司	2010-01-29
7	CN201120477322.7	便携式远程噪声自动监测系统	邓静秋	2011-11-26
8	CN201210059364.8	一种测定复合相变储能材料相变潜热的装置与方法	中国建材检验认证集团厦门宏业有限公司	2012-03-08
9	CN201210104535.4	基于红外热成像图像处理的渗漏源检测装置	浙江工业大学	2012-04-11
10	CN201210103779.0	传感器装置、力检测装置以及机器人	精工爱普生株式会社	2012-04-10
11	CN201210215325.2	一种适用于夏热冬暖地区的建筑墙体表观传热系数现场检测方法	中国建筑科学研究院天津分院	2012-06-26
12	CN201210421517.9	阵列式渗漏检测系统	上海建为历保科技股份有限公司	2012-10-29
13	CN201320868943.7	建筑工程3D扫描监测系统	中建科工集团有限公司	2013-12-26
14	CN201380075197.9	带有包含用于照明受试主题的固定图案光学部的图案移动装置的便携式结构光测量模块/设备	塞科瓦夫健康解决方案公司	2013-03-27

续表

序号	申请号	标题	当前权利人	申请日
15	CN201410396117.6	结构胶界面黏结剪切强度测试用装置及测试方法	北京玻钢院检测中心有限公司	2014-08-13
16	CN201280064991.9	试管运送用支架	株式会社日立高新技术	2012-12-14
17	CN201510307591.1	一种基于红外成像的地面空鼓探查及修复方法	江苏鼎达建筑新技术有限公司;江苏城乡建设职业学院;常州市建筑科学研究院集团股份有限公司	2015-06-08
18	CN201610202210.8	导航参考点确定方法和装置、导航方法和装置	百度在线网络技术(北京)有限公司	2016-03-31
19	CN201710334067.2	基于CAN总线的猪舍环境温度智能监测系统	江苏华丽智能科技股份有限公司	2017-05-12

表4-21 轨道交通检测领域的其他重点专利

序号	申请号	标题	当前权利人	申请日
1	CN03105157.X	检测铁路货物车辆装载超限的二维激光扫描方法	北京铁科工程检测中心	2003-03-06
2	CN200410067603.X	带有轨道检测系统的混合动力电传动磁浮轨道巡检车	同济大学;上海交通大学	2004-10-28
3	CN200510035961.7	列车轮对尺寸在线检测方法及装置	广州市奥特创通测控技术有限公司	2005-07-20
4	CN200710034650.8	一种列车运行监控装置综合测试方法及综合测试台	湖南中车时代通信信号有限公司	2007-03-30
5	CN200810144478.6	轨道车辆整车气密性试验方法及系统	中国铁路总公司;中车青岛四方机车车辆股份有限公司	2008-08-05

续表

序号	申请号	标题	当前权利人	申请日
6	CN200810239245.4	钢轨踏面裂纹超声波检测装置及检测方法	中国铁道科学研究院；中国铁道科学研究院金属及化学研究所	2008-12-05
7	CN200980126916.9	现场超声检查铁路路轨的方法和装置	斯百力铁路控股公司	2009-05-14
8	CN200810043510.1	一种钢轨裂纹地面在线监测装置及其地面在线监测方法	北京唐智科技发展有限公司	2008-06-16
9	CN200910093849.7	电动车组整车的可靠性测试方法及装置	中国铁道科学研究院；中国铁道科学研究院机车车辆研究所	2009-09-22
10	CN200810190977.9	用于铁路车辆监测设施的检测异常的设备、相关的设施及方法	阿尔斯通运输科技公司	2008-11-18
11	CN200810240758.7	一种轨道检查车里程校对方法及系统	中国铁道科学研究院；中国铁道科学研究院基础设施检测研究所北京铁科英迈技术有限公司	2008-12-23
12	CN201010137088.3	列车车轮在线探伤的自适应超声检测装置	成都主导科技有限责任公司；王黎；高晓蓉；王泽勇；赵全轲；彭朝勇	2010-04-01
13	CN201010256309.9	一种基于振动和声频信号的高速列车轨道伤损探测方法	哈尔滨工业大学高新技术开发总公司	2010-08-18
14	CN201010253981.2	地铁隧道断面形变检测系统	上海地铁盾构设备工程有限公司	2010-08-16

续表

序号	申请号	标题	当前权利人	申请日
15	CN201010578743.9	一种列车轮对在线动态探伤装置及其自动升降装置	成都主导科技有限责任公司；王黎；高晓蓉；王泽勇；赵全轲；彭朝勇	2010-12-08
16	CN201110155792.6	列车异常检测方法和系统	苏州华兴致远电子科技有限公司	2011-06-10
17	CN201010571860.2	一种城轨车辆用串联超级电容器组荷电状态检测方法	创驱（上海）新能源科技有限公司	2010-12-03
18	CN201210058898.9	基于视觉测量的电梯导轨垂直度检测装置和检测方法	上海中车瑞伯德智能系统股份有限公司	2012-03-07
19	CN201210106254.2	基于多模粒子滤波和数据关联的机动微弱目标检测前跟踪方法	中国人民解放军海军航空大学	2012-04-02
20	CN201210589040.5	列车电机绝缘结构的砂尘磨蚀试验装置及试验方法	中国铁路总公司；南车株洲电机有限公司	2012-12-31
21	CN201110124580.1	雷达测距模糊条件下多微弱目标HT-STC-TBD检测方法	中国人民解放军海军航空大学	2011-05-16
22	CN201210208066.0	对铁路路轨进行非破坏性检验的系统和方法	斯百力铁路控股公司	2012-06-20
23	CN201310095425.0	微粒分选装置以及确定携带微粒的喷射流轨道的方法	索尼公司	2013-03-22
24	CN201310576118.4	货运重载铁路综合检测列车	中国神华能源股份有限公司；朔黄铁路发展有限责任公司；南车洛阳机车有限公司	2013-11-18

续表

序号	申请号	标题	当前权利人	申请日
25	CN201310676852.8	一种基于K均值的高铁电能质量监测数据分类方法	国家电网公司；国网智能电网研究院；江苏省电力公司	2013-12-13
26	CN201410017844.7	基于遍历随机Hough变换的弱目标检测前跟踪方法	江苏中海华核环保有限公司	2014-01-15
27	CN201410176070.2	一种基于Φ-OTDR的轨道车辆定位和测速系统	饶云江	2014-04-28
28	CN201510021291.7	一种钢轨损伤探测方法	浙江贝尔新轨道装备研究院有限公司	2015-01-15
29	CN201520265938.6	一种用于无尘车间的轨道移动升降式局部环境检测装置	宿州市信诺电子科技有限公司	2015-04-29
30	CN201510250489.2	轨道平顺状态的检测方法及装置	成都云天智轨科技有限公司	2015-05-15
31	CN201580070741.X	用于执行涉及轨道车辆的测试过程的设备和方法	西门子交通有限公司	2015-12-02
32	CN201710110366.8	一种机场场面监视雷达多径虚假目标航迹抑制方法	南京莱斯电子设备有限公司	2017-02-28

表4-22 计量标准检测领域的其他重点专利

序号	申请号	标题	当前权利人	申请日
1	CN02802588.1	半导体试验装置的校准方法	株式会社艾德温特斯特	2002-06-06
2	CN03147083.1	利用存储器储存测试条校准码的诊断试剂盒和相关的方法	生命扫描有限公司	2003-08-21
3	CN03819393.0	采用磁性颗粒的具有内部自校正系统的流式测定	金伯利；克拉克环球有限公司	2003-07-10

续表

序号	申请号	标题	当前权利人	申请日
4	CN03825832.3	校准硬盘驱动器磁头飞行高度测试仪的系统和方法	东莞新科技术研究开发有限公司	2003-01-20
5	CN200410001262.6	车辆动态特性检测器、车载处理系统、检测信息校正器及车载处理器	株式会社电装	2004-01-05
6	CN200480022076.9	用于检查或校准高精度试件的角相关对准的设备	莱卡地球系统公开股份有限公司	2004-07-23
7	CN200580014396.4	用于测试气体传感器与校正气体传感器输出的方法和设备	MSA 技术有限公司	2005-04-28
8	CN200480021571.8	用于原位流量检验和校准的系统和方法	MKS 仪器公司	2004-05-24
9	CN200510127704.6	模拟晶片、利用其校正的系统和校正自动测试设备的方法	爱德万测试公司	2005-12-01
10	CN200610001187.2	自动测试装置校准因子的递增产生	爱德万测试公司	2006-01-13
11	CN200510070125.2	半导体试验装置的校准方法	株式会社艾德温特斯特	2002-06-06
12	CN200610090514.6	用于校准自动电路测试系统的系统、方法和装置	爱德万测试公司	2006-06-27
13	CN200480037591.4	探测仪器的校准	特里伯耶拿有限公司	2004-12-16
14	CN200780026218.2	使用 GPS 接收器提供二维位置数据的有高度修正的手持式激光探测器	天宝公司	2007-06-29

续表

序号	申请号	标题	当前权利人	申请日
15	CN200780051898.3	超声波探伤的校正方法、管体的品质管理方法及制造方法	杰富意钢铁株式会社	2007-05-18
16	CN200810156924.5	频率法检测斜拉桥斜拉索索力中FFT数据的修正方法	溧阳常大技术转移中心有限公司	2008-09-12
17	CN200910036573.9	一种液面检测式自校准高精度水位计	广州三川控制系统工程设备有限公司	2009-01-12
18	CN200910133621.6	校准方法、针尖位置检测装置和探针装置	东京毅力科创株式会社	2009-04-02
19	CN200910054483.2	一种基于测试反射率的尿液分析仪中使用的校准条及制备方法	上海昌润生物科技有限公司	2009-07-07
20	CN200910063847.3	用于大型钢制套圈成品超声波检测的校准试块及方法	大冶特殊钢有限公司	2009-09-05
21	CN200910154370.X	蓄电池充放电检测仪自动校准系统	日照经济技术开发区城市发展投资集团有限公司	2009-11-30
22	CN200910241742.2	一种霍尔电流传感器在线检测校准方法	中国电力科学研究院；国家电网公司绍兴电力局	2009-12-04
23	CN200910057769.6	集成电路温度检测电路及其校准方法	上海华虹宏力半导体制造有限公司	2009-08-20
24	CN201180010293.6	用于测试和校准磁场感测器件的方法和结构	艾沃思宾技术公司	2011-01-07
25	CN201110061292.6	用于校准温度测量器件的方法和用于确定晶片温度的方法	玛特森技术公司；北京屹唐半导体科技股份有限公司	2007-06-29
26	CN201110096085.4	具有直接转换的半导体层的X射线检测器及其校准方法	西门子公司	2011-04-18

续表

序号	申请号	标题	当前权利人	申请日
27	CN201110356843.1	基于图像检测的定日镜反射角度在线检测及校正方法	赵跃	2011-11-11
28	CN201080070917.9	用于测试器的校准模块和测试器	爱德万测试公司	2010-12-22
29	CN201110445105.4	一种水平轴风力机叶片模态测试结果修正方法	中科国风科技有限公司	2011-12-27
30	CN201210122901.9	超光滑表面缺陷检测系统的畸变校正方法	浙江大学	2012-04-24
31	CN201280032961.X	检查单元和用于校准检查单元的方法	捷佳德货币科技有限公司	2012-07-03
32	CN201310100563.3	一种水平轴风力机叶片静力测试结果修正方法	中科国风科技有限公司	2013-03-26
33	CN201320308435.3	具有环境因素校正的PM2.5颗粒物监测仪	北京环科环保技术公司；北京市朝阳区环境保护学会	2013-05-31
34	CN201310431767.5	天线与传输线测试仪及实时自动校准方法	中电科思仪科技股份有限公司	2013-09-11
35	CN201310613942.2	一种用于自由空间材料电磁参数测试系统的校准方法	中电科思仪科技股份有限公司	2013-11-26
36	CN201310683938.3	一种基于激光测距的反射率测试自动校正方法	中电科思仪科技股份有限公司	2013-12-13
37	CN201310654165.6	用于确定光谱仪的校准参数的方法	芬兰国家技术研究中心股份公司	2013-10-11
38	CN201480003645.9	电磁感应式位置检测器的检测位置补正方法	三菱重工工作机械株式会社	2014-01-20

续表

序号	申请号	标题	当前权利人	申请日
39	CN201410524341.9	一种天馈线测试仪及延伸器件误差修正方法	中电科思仪科技股份有限公司	2014-10-08
40	CN201510573808.3	用于容积校准、处理流体和确定容器所含液面的方法	安德鲁联合有限公司	2011-11-22
41	CN201510757854.9	一种空间导航探测器地面标定的对准纠偏装置及方法	中国长城工业集团有限公司；中国航天科技集团公司第五研究院第五一三研究所	2015-11-09
42	CN201610227720.0	一种飞针测试机的校正方法	深圳市大族数控科技股份有限公司	2016-04-13
43	CN201610532006.2	光学特性测定系统以及光学特性测定系统的校正方法	大塚电子株式会社	2016-07-07
44	CN201210250398.5	低信噪比区浅层波阻界面静校正方法	中国石油天然气集团公司；中国石油集团东方地球物理勘探有限责任公司	2012-07-19

表4-23 油品检测领域的其他重点专利

序号	申请号	标题	当前权利人	申请日
1	CN200480036454.9	用于确定多相流体成分的流量的方法和流量计	FMC康斯伯格海底股份公司	2004-12-09
2	CN03823328.2	流体状态监测器	代顿大学	2003-09-22
3	CN200410035260.9	用流体分析仪确定流体特性	施卢默格海外有限公司	2004-03-27
4	CN200580047848.9	用来分析内燃机中的机油的检测介质	格特；霍斯特迈尔	2005-12-08
5	CN200780036567.2	一种用于测定润滑液氧化稳定性的方法	赢创运营有限公司	2007-07-03

续表

序号	申请号	标题	当前权利人	申请日
6	CN200810056582.X	油藏剩余油黏度的测试方法	中国石油天然气股份有限公司；大庆油田有限责任公司	2008-01-22
7	CN200880102136.6	用于确定存在于流体填充的钻孔中的导电流体的浓度的装置	桑德克斯有限公司	2008-06-06
8	CN200810212704.X	检测油变质程度和油位的方法	孙一慧；孙一忠	2008-08-31
9	CN200810010994.X	多单元巡检全自动凝点分析方法及仪器	大连邦能石油仪器有限公司	2008-04-09
10	CN200980114943.4	用于确定绝缘液体填充的电气设备的相对湿度的方法和装置	ABB电网瑞士股份公司	2009-03-17
11	CN201180060807.9	在重质石油和其他烃源中核或构造单元的确定以及母体分子的重构	埃克森美孚研究工程公司	2011-12-08
12	CN201310413875.X	一种测试吸收塔浆液中油分含量的方法	国网湖南省电力有限公司；国网湖南省电力有限公司电力科学研究院；国家电网公司	2013-09-12
13	CN201310399858.5	一种原油和石油产品中机械杂质测定仪	宁波中盛产品检测有限公司	2013-09-05
14	CN201410200392.6	工程机械及其油液污染度检测控制装置、检测系统和方法	中联重科股份有限公司	2014-05-13
15	CN201420344065.3	复合肥防结块剂用油剂质量检测系统	安徽富瑞雪化工科技股份有限公司	2014-06-25
16	CN201410350414.7	一种多参数的多维油品质量监测方法及系统	罗曦明	2014-07-22

续表

序号	申请号	标题	当前权利人	申请日
17	CN201510039005.X	一种原油 pH 值的测试方法	中国石油化工股份有限公司；中国石油化工股份有限公司青岛安全工程研究院	2015-01-27
18	CN201520259935.1	馏分燃料油氧化安定性测定用金属浴	大连石油仪器有限公司	2015-04-27
19	CN201520845121.6	一种大型清洁燃烧电厂电气设备在线监测系统	武汉丰盈能源技术工程有限公司	2015-10-28
20	CN201510915952.0	一种石油管路在线测试仪	江苏晟尔检测仪器有限公司	2015-12-12
21	CN201610061232.7	一种油田联合站原油含水率检测方法和检测系统	王君岳	2016-01-27
22	CN201610575505.X	一种变压器油中溶解气体在线监测装置的油样校准装置	华电宁夏灵武发电有限公司；江苏国电南自海吉科技有限公司；安徽华电六安电厂有限公司	2016-07-19
23	CN201610705619.1	一种确定原油及石油流股详细分子组成的方法	广东辛孚科技有限公司	2016-08-22
24	CN201620949868.0	一种便携式石油生产检测设备	武汉国检检测技术有限公司	2016-08-26
25	CN201620949879.9	一种石油成分检测装置	上海给力石油化工有限公司	2016-08-26
26	CN201621176995.8	用于深水储油装置的油水界面的监测装置	中国海洋石油集团有限公司；海洋石油工程股份有限公司；北京高泰深海技术有限公司	2016-10-27

续表

序号	申请号	标题	当前权利人	申请日
27	CN201620950536.4	风电齿轮润滑油在线监测自动维护装置	宁波天扬工业新技术有限公司	2016-08-25
28	CN201720400159.1	一种汽车轮毂润滑脂综合性能测定装置	西安特达计量检测研究院有限公司	2017-04-17
29	CN201710109080.8	定量表征剪切效应对蜡晶聚集行为影响的试验装置及方法	东北石油大学	2017-02-27
30	CN201721711350.4	一种飞机油液无线监测系统	迪利埃尔（沈阳）科技有限公司	2017-12-11
31	CN201811205344.0	一种基于区块链的变压器监测系统	杭州继保南瑞电子科技有限公司	2018-10-16
32	CN201821055889.3	一种便携式航空燃料油洁净度测定装置	湖南汉能科技有限公司	2018-07-04
33	CN201821613773.7	一种机床润滑油油品检测装置	陕西启联电力科技有限公司	2018-09-30
34	CN202010271159.2	一种液压阀内液压油酸性检测设备	山东鼎程化工科技有限公司	2020-04-08
35	CN202020340748.7	混相压力快速测定装置	扬州华宝石油仪器有限公司	2020-03-18

表4-24 船舶检测领域的其他重点专利

序号	申请号	标题	当前权利人	申请日
1	CN200610025676.1	一种用于船舶检测的通道设备	上海华丰工业控制技术工程有限公司	2006-04-13
2	CN200710178391.6	可同时测试多种样品的磁传感器生物芯片样品舟	深圳博识诊断技术有限公司	2007-11-29
3	CN200810240262.X	一种检测船舶防污漆中滴滴涕组分的分析方法	清华大学	2008-12-18
4	CN200910247824.8	船用主柴油机遥控装置的测试设备	康士伯企业管理（上海）有限公司	2009-12-31

续表

序号	申请号	标题	当前权利人	申请日
5	CN201010235089.1	船舶舵系"三位一体"检测方法	江苏华帝海洋工程设备制造有限公司	2010-07-19
6	CN201110030127.4	一种石英舟检测装置及检测方法	上海华虹宏力半导体制造有限公司	2011-01-27
7	CN201210018155.9	一种船用发电机负荷试验用的移动式自控全特性负载装置	广东广新海洋工程装备研究院有限公司	2012-01-18
8	CN201110431707.4	船舶水下部分轮廓尺寸检测系统及其检测方法	国家电网公司；国网福建省电力有限公司；福建水口发电集团有限公司；福建省电力有限公司福建水口发电集团有限公司	2011-12-21
9	CN200810208247.7	船舶推进动力系统试验平台	上海齐耀重工有限公司	2008-12-30
10	CN201110066248.4	船用柴油机配气机构性能测试信号采集装置	中国船舶重工集团有限公司	2011-03-18
11	CN201210193269.7	内河船舶吃水自动监测系统及方法	深圳微义信息技术有限公司	2012-06-13
12	CN201210276727.3	船用柴油机滑动主轴承磨损监测装置及方法	苏州迈运恩锦测量技术有限公司	2012-08-06
13	CN201220276322.5	一种船用旋转机械轴系振动状态监测装置	上海中船重工船舶推进设备有限公司	2012-06-13
14	CN201210407333.7	一种用于船舶自动识别系统终端的天线状态检测电路	福建师范大学	2012-10-24
15	CN201210451627.X	船舶自动系泊系统的激光定位检测系统	招商局金陵鼎衡船舶（扬州）有限公司	2012-11-13

续表

序号	申请号	标题	当前权利人	申请日
16	CN201210542666.0	玻璃钢船舶T型连接板件节点斜拉力测试方法	威海中复西港船艇有限公司	2012-12-15
17	CN201220562191.7	用于船上锚机传感器试重的工装	南通振华重型装备制造有限公司	2012-10-30
18	CN201210564892.9	船模波浪载荷试验用测量梁的扭矩标定装置及方法	中国船舶重工集团有限公司	2012-12-24
19	CN201220602970.5	渔船用多探头水下探测仪	大连圣博尔测绘仪器科技有限公司	2012-11-15
20	CN201220276119.8	一种船用高速回旋机械现场动平衡监测校正装置	上海中船重工船舶推进设备有限公司	2012-06-13
21	CN201310059579.4	船载卫星信号接收天线的检测装置及其检测方法	浙江波星通卫星通信有限公司	2013-02-26
22	CN201310201040.8	一种大型船舶推进轴系试验台液压加载装置	湖南湘船重工股份有限公司	2013-05-27
23	CN201310414196.4	一种用于船舶的废弃排放检测系统	南通象屿海洋装备有限责任公司	2013-09-12
24	CN201310574790.X	一种船用卫星天线旋转接头的测试装置	浙江波星通卫星通信有限公司	2013-11-16
25	CN201320565362.6	一种用于船舶的废弃排放检测系统	南通象屿海洋装备有限责任公司	2013-09-12
26	CN201320598665.8	舰船主动力监测系统的多功能测量装置	上海船舶运输科学研究所	2013-09-25
27	CN201410181747.1	基于低秩字典学习及稀疏表示的极化SAR舰船检测方法	西安电子工程研究所	2014-04-30
28	CN201410374789.7	一种船舶系泊物理模型试验中缆绳模拟装置及其方法	嘉兴快闪新材料有限公司	2014-07-31

续表

序号	申请号	标题	当前权利人	申请日
29	CN201420362495.8	一种气垫船推进系统试验平台	广船国际有限公司	2014-07-02
30	CN201410491090.9	一种铺管船的拉力测试系统和方法	南通中远海运船务工程有限公司；启东中远海运海洋工程有限公司	2014-09-23
31	CN201520088242.0	电力推进船舶电力系统测试装置	上海中船重工船舶推进设备有限公司	2015-02-06
32	CN201510146486.4	一种大型液化石油天然气船水池试验侧推功能模拟装置	中国海洋石油集团有限公司；中海油研究总院有限责任公司	2015-03-31
33	CN201510647639.3	太阳能无人驾驶气象探测艇及其探测方法	中国科学院大气物理研究所	2015-10-09
34	CN201510473608.0	三轴向舰船姿态角仿真模拟试验平台	陕西科瑞迪机电设备有限公司	2015-08-05
35	CN201510632280.2	一种船载海上/车载陆地生物芯片检测系统	浙江正力安拓生物科技有限公司	2015-09-29
36	CN201520843896.X	一种机动车或者船双光程多车道尾气遥感检测系统	河南星禾环保科技有限公司；星禾环保科技（上海）有限公司；江苏星禾环保科技有限公司	2015-10-28
37	CN201520835605.2	一种机动车或机动船尾气遥感监测系统	河南星禾环保科技有限公司；星禾环保科技（上海）有限公司；江苏星禾环保科技有限公司	2015-10-26
38	CN201520904512.0	遥控船式莼菜水田水质检测系统	重庆潘婆婆莼科技有限公司	2015-11-13
39	CN201610095900.8	用于演示与模拟验证船用发动机多缸缸压在线监测系统的试验台	武汉理航智能船舶科技有限责任公司	2016-02-22

续表

序号	申请号	标题	当前权利人	申请日
40	CN201520861535.8	一种车船排放烟度遥感监测系统	河南星禾环保科技有限公司;星禾环保科技(上海)有限公司;江苏星禾环保科技有限公司	2015-11-02
41	CN201610793114.5	一种船舶溢油检测用雷达信号处理装置及监测方法	青岛欧森海事技术服务有限公司	2016-08-31
42	CN201610824920.4	一种气垫船的气垫压力监测方法	北京必创科技股份有限公司	2016-09-14
43	CN201610781032.9	一种船用交流充电桩测试老化装置	湖州优研知识产权服务有限公司	2016-08-31
44	CN201620948261.0	波浪能监测浮艇及监测系统	中电科海洋信息技术研究院有限公司	2016-08-25
45	CN201621077350.9	一种检测原油船货油舱内底板钢耐蚀性的试验装置	青岛钢研纳克检测防护技术有限公司	2016-09-23
46	CN201710334765.2	水下声学与压力配合的船舶探测装置及其探测方法	青岛城投西岸科技有限公司	2017-05-12
47	CN201610915412.7	一种测量双体船扭矩的实验装置及实验方法	江苏新扬子造船有限公司	2016-10-20
48	CN201720298393.8	水质监测船型机器人	福建利华环保检测设备有限公司	2017-03-25
49	CN201710334209.5	一种水上船舶探测装置及其探测方法	南通爱德普船舶科技有限责任公司	2017-05-12
50	CN201610367392.4	导弹舰面设备的爆炸螺栓与助推器动/静态电压测试仪	中国人民解放军海军大连舰艇学院	2016-05-30
51	CN201720566912.4	船舶管道气密性检测装置	江南造船(集团)有限责任公司	2017-05-19

续表

序号	申请号	标题	当前权利人	申请日
52	CN201710804843.0	一种基于无人艇的湖泊动态库容的监测方法及装置	广东华中科技大学工业技术研究院	2017-09-08
53	CN201721275570.7	无人船用水质检测流通池	张报	2017-09-29
54	CN201721256212.1	一种具有监测预警功能的岸电接船电装置	广州航海学院	2017-09-27
55	CN201721320881.0	一种北斗系统的船舶有害气体监测装置	南京船行天下信息科技有限公司	2017-10-13
56	CN201721408897.7	池塘水质监测与自动投料施药导航船	南京林业大学	2017-10-28
57	CN201721320206.8	一种船舶油耗监测装置	南京船行天下信息科技有限公司	2017-10-13
58	CN201510532785.1	一种船模试验水池液位自动控制系统及其控制方法	南京拓恒无人系统研究院有限公司	2015-08-26
59	CN201721249223.7	一种用于河道水质监测的无人船	南京信息工程大学	2017-09-27
60	CN201711298642.4	一种湖泊水质检测用水体多点取样船	中国船级社实业公司	2017-12-08
61	CN201721805313.X	船载或岸基水体营养盐自动检测和预警装置	自然资源部第二海洋研究所；上海绿高环境科技有限公司	2017-12-21
62	CN201810163928.X	一种船舶载货重量确定方法及装置	英飞智信（北京）科技有限公司；哈尔滨哈船智控科技有限责任公司	2018-02-27
63	CN201611020813.2	一种波浪力作用下的船舶轴系试验装置	浙江永欣联科信息科技股份有限公司	2016-11-21
64	CN201610785962.1	船舶压载水过滤器性能实验装置	中国船舶重工集团公司第七二五研究所	2016-08-31

续表

序号	申请号	标题	当前权利人	申请日
65	CN201810081107.1	一种船用密闭容器泄漏检测装置	山东翔誉农业发展有限公司	2018-01-26
66	CN201810925861.9	一种基于无人船的水质监测系统	蚌埠知聪信息技术有限公司	2018-08-15
67	CN201820588480.1	一种船舱密闭性检验工装	广州星际海洋工程设计有限公司	2018-04-23
68	CN201820806144.X	一种稳定检测不同深度水质的无人船采样装置	南京信息工程大学	2018-05-22
69	CN201810925843.0	一种水质监测船	浦江拉布拉多工业产品设计有限公司	2018-08-15
70	CN201811121163.X	应用于极地圈附近海洋探测船舶用钢强度检测装置	安徽振瀚建设工程有限公司	2018-09-26
71	CN201811120572.8	一种链斗式挖砂船的链条强度检测装置	江苏丰源船舶工程有限公司	2018-09-26
72	CN201811379041.0	大型港工设施系船柱结构安全监测与评估方法	重庆交通大学；宁波正信检测科技有限公司	2018-11-19
73	CN202010034009.X	一种船舶推进叶片动力测试装置	江苏丰源船舶工程有限公司	2020-01-13
74	CN202010083251.6	一种船舶用锚链外放检测装置	嘉兴尚坤科技有限公司	2020-02-08
75	CN201921148726.4	一种采样组件、检测设备及无人船	江苏云洲智能科技有限公司；珠海云洲智能科技股份有限公司	2019-07-19

第5章 检验检测产业发展方向导航

从大数据分析角度,对具有专利控制力的国家/地区或企业的专利布局及相关活动进行研究,预测检验检测产业结构调整方向、技术发展重点方向和市场需求热点方向,为产业发展指明方向。

5.1 产业结构及布局导向

5.1.1 产业结构调整

1. 全球产业结构调整方向

全球检验检测行业各主要技术分支的专利申请趋势和各技术分支专利申请量占比情况见图5-1。从申请趋势上看全球检验检测行业的发展大致可以分为3个阶段,不同阶段,全球检验检测行业各技术分支的发展和占比情况均有不同的变化。可以从中发现全球检验检测行业结构的发展变化及专利布局导向。

第一阶段,在1980年之前全球检验检测行业处于初期阶段,这一时期因为技术发展的缓慢限制检验检测行业发展,每个技术分支的专利申请数量都很少,专利申请主要集中在车辆检测、食品检测、纺织检测方面,三者合计占总申请量的90%以上,是这一阶段全球检验检测行业主要的研发和布局领域。

第二阶段,1980年至2005年,这一阶段全球检验检测行业专利申请量有了明显的提升。各技术分支的专利申请数量较第一阶段相比稳步提高,从趋势上看车辆检测专利数量提升最为明显;从专利占比上看,车辆检测分支的专利占比反而呈现下降趋势。随着医疗行业和芯片技术的发展,这一阶段医疗检测、芯片检测分支专利数量增加明显,占比也明显增加。全球检验检测领域的发展方向从传统行业向芯片和医疗健康行业转变。

第三阶段,2005年至今,随着我国加入WTO以及开放检验检测市场,检

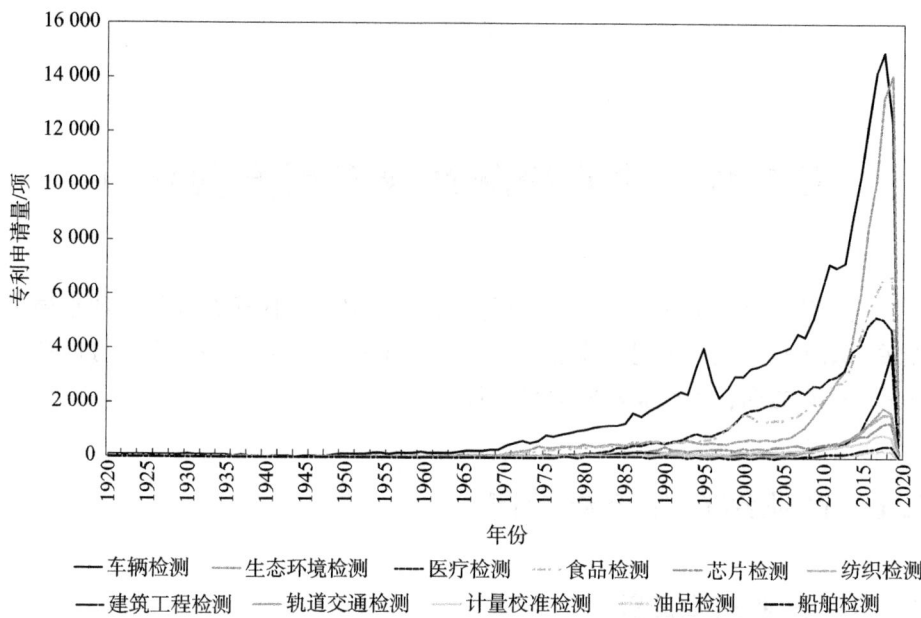

图 5-1 全球检验检测产业各主要技术分支的专利申请趋势及专利申请量占比情况

验检测行业的发展进入快车道,从专利申请趋势来看,这一阶段全球检验检测行业专利申请明显提速,2019 年专利申请量比 2005 年提高了三倍。这一阶段车辆检测依然是专利申请最多的技术分支,随着全球重视环境保护和环境治理,生态环境检测分支的专利申请量快速增加,紧随车辆检测排在申请量第二位。这一阶段车辆检测专利所占比例进一步下降,生态环境检测专利所占比例增加明显,其他各分支的专利申请比例都有所提升。这也与经济发展转型升级、发展绿色经济的政策相符合。

由上可知,车辆检测、医疗检测、食品检测、生态环境检测将是未来检验检测产业发展的重要方向。

2. 主要国家产业结构调整方向

各主要国家产业结构调整方向见图 5-2,统计了中国、美国、日本、德国检验检测产业各技术分支的专利申请变化趋势。

中国在检验检测行业的专利布局时间上明显晚于美国、德国。2000 年以前,中国的检验检测行业处于萌芽阶段,每年相关专利申请数量很少;2000—2010 年,国内检验检测领域的技术研发和专利申请稳步增长,车辆检测分支专利申请数量突破 2000 件,其他分支如生态环境检测、医疗检测、食品检测

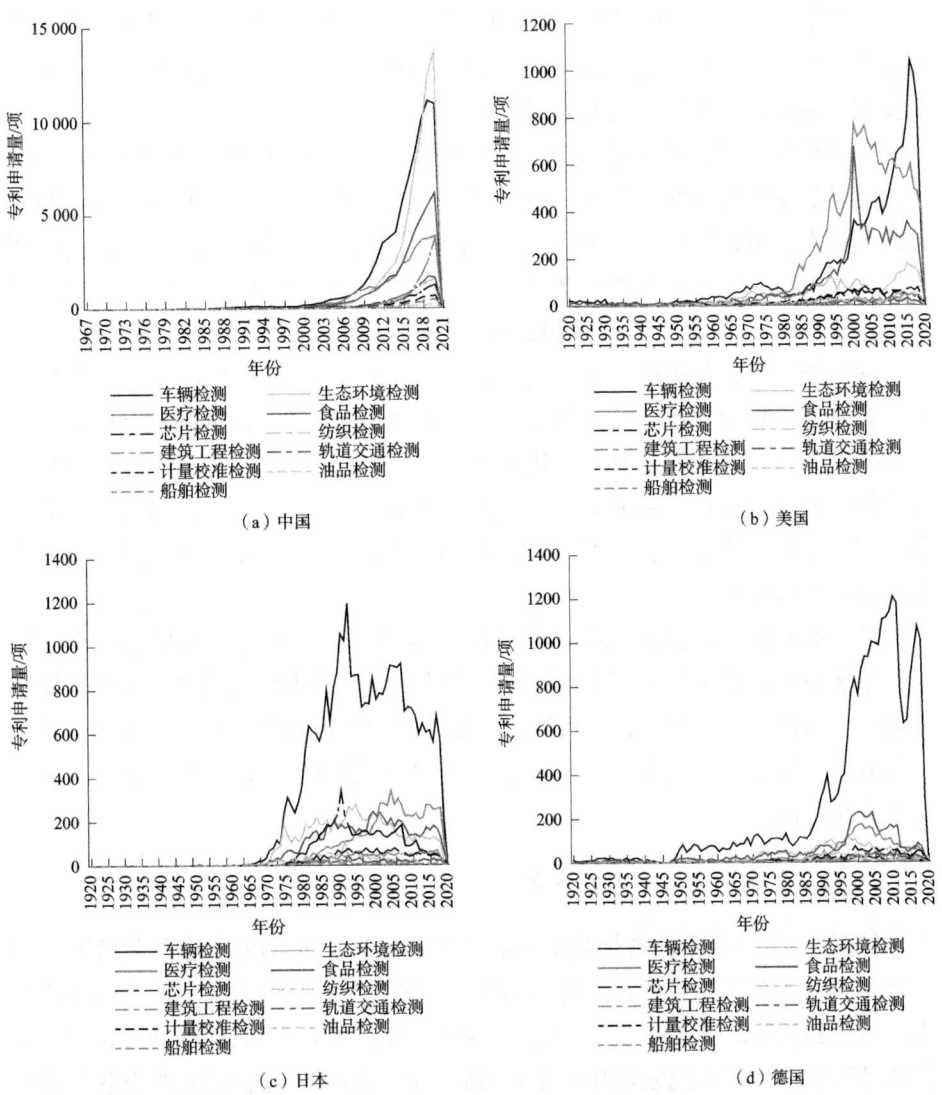

图 5-2　主要国家产业结构调整方向

分支的专利申请均有明显增长；2010 年之后开始快速发展，其中以生态环境检测、车辆检测、食品检测、医疗检测和芯片检测分支发展速度较快。

美国检测检验行业的研究起步较早，最早的专利申请出现在 1920 年。但是 1980 年以前，其在检验检测技术领域的专利申请数量很少，专利布局主要在车辆检测和食品检测分支；从 1980 年开始，美国检验检测领域专利申请呈现快速发展趋势，这一阶段医疗检测、车辆检测和食品检测分支专利申请数量均有较快增长，2000年医疗检测和食品检测专利申请数量均超过车辆检测专利数量。进入21世纪后，食品检测和医疗检测的专利申请量出现回落，而车辆检测专利申请量保持较高的增长速度。

日本检验检测领域的专利申请早于中国，最早的专利申请出现在1961年。从20世纪70年代开始，日本在检验检测领域专利申请量开始快速增长，汽车检测领域专利申请数量一枝独秀，芯片检测、食品检测和生态环境检测也处于持续发展阶段，相关专利申请数量均稳定增长，交替领先。进入21世纪，日本检验检测行业各分支专利申请数量均出现了回落。

和美国一样，德国检验检测领域最早的专利申请出现在1920年，车辆检测一直是德国最为重视的技术分支，其专利申请量一直遥遥领先于其他分支，这也与德国汽车工业发达有关。进入20世纪之后，食品检测、医疗检测技术分支的专利申请量有了明显的增长，并在2010年达到高点，但与汽车检测技术分支的专利申请量相比仍然较少。2010年之后，德国各检验检测领域的专利申请量均出现回落。

从上面分析可以看出，全球主要国家检验检测领域专利布局结构变化较小，车辆检测是各主要国家专利布局最多的领域。日本和德国专注于车辆检测领域；美国在车辆检测、医疗检测、食品检测专利申请较为稳定；中国检验检测领域的发展呈现多元化，生态环境检测、医疗检测、食品检测、芯片检测各分支齐头并进。

3. 龙头企业产业结构调整方向

从图5-3的检验检测行业龙头企业2011—2020年的专利布局趋势看，中汽研和襄阳达安汽车检测有限公司加强在车辆检测领域的专利布局；国外第三方检验检测机构的龙头企业天祥的专利布局重心开始向纺织检测领域转移；莱茵和必维也在纺织检测领域加强专利布局；而国内的检验检测龙头企业华测和谱尼测试均在生态环境检测和食品检测重点进行专利布局。在建筑工程检测领域，国内企业福建省永正工程质量有限公司和广东稳固检测鉴定有限公司近几年的专利申请数量较多。在轨道交通检测领域，四川曜诚无损检测技术有限公司和北京铁科英迈技术有限公司近几年的专利数量不断增多。而在计量校准检测、油品检测和船舶检测领域，各龙头企业仅进行了少量专利申请。

通过这些龙头企业2011—2020年的专利布局情况，可以预见车辆检测、医疗检测、食品检测、生态环境检测及纺织检测领域是各龙头企业未来调整的方向。

第5章 检验检测产业发展方向导航

技术分支	企业名称	2011—2020年专利申请量/项									
		2011	2012	2013	2014	2015	2016	2017	2018	2019	2020
车辆检测	中汽研	22	7	15	20	20	27	80	97	137	164
	襄阳达安汽车检测有限公司	3	3	8	5	6	17	18	16	23	11
	天祥	1	0	6	6	1	7	5	4	4	2
生态环境检测	华测	0	0	0	6	0	0	9	4	6	
	谱尼测试	3	2	4	4	4	4	4	10	8	
	葛洲坝集团试验检测有限公司	10	7	6	11	4	0	5	0	1	0
	温州际高检测仪器有限公司	0	0	0	0	3	0	0	10	17	0
医疗检测	梅里埃	3	5	2	3	0	3	3	4	0	0
	杭州艾迪康医学检验有限公司	0	4	0	3	4	0	7	6	0	4
	广州金域医学检验有限公司	0	0	0	6	0	0	11	9	0	0
食品检测	梅里埃	1	2	0	0	0	0	0	0	0	0
	安徽中青检验检测有限公司	0	0	0	0	5	0	0	8	8	16
	华测	0	0	0	0	0	4	2	15	8	8
	谱尼测试	3	0	0	2	5	2	0	4	9	22
芯片检测	安拓锐高新测试有限公司	7	2	2	0	0	0	0	0	0	0
	爱德万测试	0	0	0	0	0	0	0	0	0	0
	广东利扬芯片测试	0	0	0	0	8	0	7	0	0	8
纺织检测	必维	0	0	0	4	9	4	3	5	14	
	温州际高检测仪器有限公司	0	0	0	0	2	6	9	12	13	10
	中纺协检验(泉州)有限公司	0	0	0	0	0	2	0	4	7	3
	天祥	2	1	0	0	0	0	0	0	8	2
	莱茵	0	0	0	0	0	0	1	5	4	2
建筑工程检测	福建省永正工程质量有限公司	0	0	0	0	0	0	28	2	6	7
	中国建材检验认证有限公司	0	8	6	0	0	0	0	4	0	3
	广东稳固检测鉴定有限公司	0	0	0	0	0	0	0	0	8	20
轨道交通检测	四川曜诚无损检测有限公司	0	0	0	0	0	0	5	8	11	1
	中铁检验认证中心有限公司	0	0	0	0	0	0	0	3	2	0
	北京铁科英迈技术有限公司	0	1	6	5	2	0	0	7	11	9
计量校准检测	广州广电计量检测有限公司	0	0	0	0	0	0	0	0	0	6
	深圳天溯计量检测有限公司	0	0	0	0	0	0	0	0	0	0
	爱德万测试	0	0	0	0	0	0	0	1	0	0
油品检测	广研检测(广州)有限公司	0	0	0	0	0	0	6	0	0	0
	上海润凯油液监测有限公司	0	0	0	0	0	0	0	0	0	4
	中国检验认证集团	0	0	0	0	0	0	1	4	0	0
船舶检测	天津瀚海检验检测有限公司	0	0	0	0	0	0	0	0	0	4
	宁波正信检测科技有限公司	0	0	0	0	0	0	0	2	0	0

图5-3 龙头企业专利布局趋势

5.1.2 产业布局热点方向

从各技术分支专利申请量（见表 5-1）、专利占比（见图 5-4）来看，检测设备专利申请数量明显高于检测方法的专利数量。从检测方法的专利申请数量上看，排在第一位的是车辆检测 56 684 件，其后依次是医学检测 41 478 件、食品检测 32 448 件、生态环境检测 27 704 件。其他各分支专利申请量相对较少，都没超过 10 000 件。

表 5-1 各技术分支专利申请量

技术分支		二级技术分支全球申请量/件	二级技术分支在各一级分支占比/%
检测方法	车辆检测	56 684	28.0
	生态环境检测	27 704	13.7
	医疗检测	41 478	20.5
	食品检测	32 448	16.0
	芯片检测	6994	3.5
	纺织检测	5044	2.5
	建筑工程检测	4797	2.4
	轨道交通检测	4188	2.1
	计量校准检测	6036	3.0
	油品检测	1757	0.9
	船舶检测	1231	0.6
检测设备	车辆检测	170 098	37.0
	生态环境检测	74 461	16.2
	医疗检测	37 001	8.1
	食品检测	53 281	11.6
	芯片检测	13 413	2.9
	纺织检测	13 843	3.0
	建筑工程检测	17 008	3.7
	轨道交通检测	11 336	2.5
	计量校准检测	8848	1.9
	油品检测	3004	0.7
	船舶检测	3160	0.7

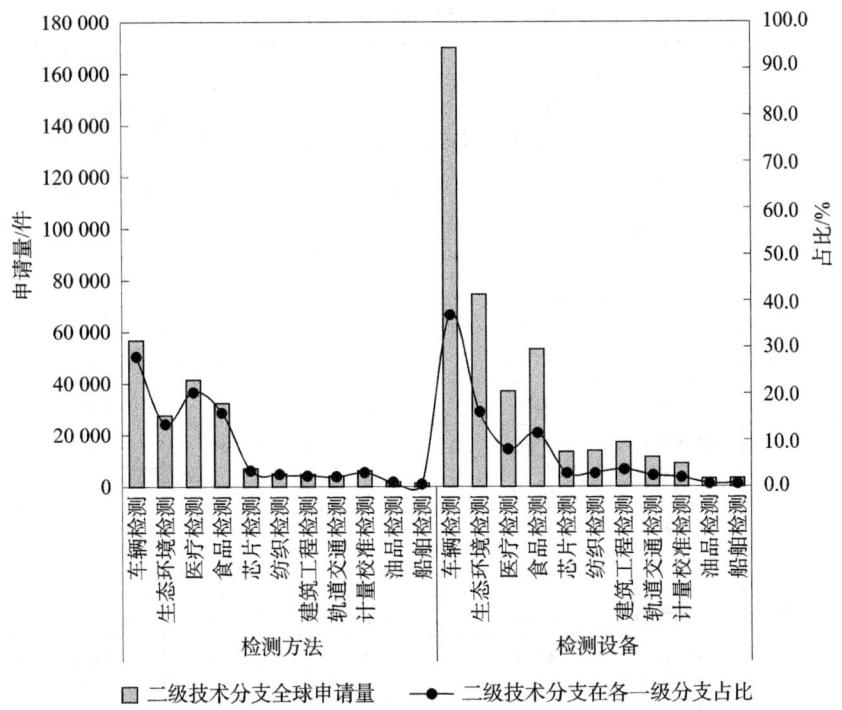

图 5-4　各技术分支专利申请量及占比

检测设备分支中，专利申请量从高到低依次为车辆检测 179 908 件、生态环境检测 74 461 件、食品检测 53 281 件、医疗检测 37 001 件、建筑工程检测 17 008 件、芯片检测 13 413 件、轨道交通检测 11 336 件、计量校准检测 8848 件、船舶检测 3160 件、油品检测 3004 件。由此可知，车辆检测、生态环境检测、食品检测和医疗检测是全球检验检测领域专利申请布局的热点分支。芯片检测领域是最近几年快速发展的热点。油品检测和船舶检测领域是全球检验检测领域专利布局相对较弱的分支。

5.1.3　产业增长热点方向

表 5-2 分别统计了检验检测领域各技术分支 2011—2020 年、2016—2020 年专利申请数量在专利申请总量中的占比情况，借以揭示各技术分支近年来的研发情况及专利申请趋势。

表 5-2 产业增长热点方向

技术分支		2011—2020年专利申请量/件	2011—2020年专利申请占比/%	2016—2020年专利申请量/件	2016—2020年专利申请占比/%	趋势
车辆检测	检测方法	34 107	60.2	21 890	38.6	→
	检测设备	85 001	50.0	54 213	31.9	→
	总计	100 224	51.3	64 066	32.8	→
生态环境检测	检测方法	17 426	62.9	11 844	42.8	→
	检测设备	55 673	74.8	44 808	60.2	↑
	总计	66 495	72.3	51 985	56.6	↑
医疗检测	检测方法	21 630	52.1	12 630	30.4	→
	检测设备	20 079	54.3	12 529	33.9	→
	总计	39 856	53.4	24 091	32.3	→
食品检测	检测方法	17 863	55.1	10 647	32.8	→
	检测设备	29 450	55.3	21 387	40.1	↑
	总计	42 666	55.7	29 145	38.0	↑
芯片检测	检测方法	3151	45.1	1916	27.4	↑
	检测设备	6190	46.1	4113	30.7	↑
	总计	8152	47.0	5306	30.6	↑
纺织检测	检测方法	2340	46.4	1412	28.0	→
	检测设备	7742	55.9	5816	42.0	↑
	总计	9260	55.2	6707	40.0	↑
建筑工程检测	检测方法	2820	58.8	1855	38.7	↑
	检测设备	12 485	73.4	10 237	60.2	↑
	总计	14 002	70.9	11 257	57.0	↑
轨道交通检测	检测方法	3065	73.2	2158	51.5	→
	检测设备	8305	73.3	5990	52.8	→
	总计	10 095	74.0	7270	53.3	→
计量校准检测	检测方法	3044	50.4	1873	31.0	→
	检测设备	4320	48.8	2746	31.0	→
	总计	5723	49.5	3612	31.3	→
油品检测	检测方法	754	42.9	399	22.7	↓
	检测设备	1515	50.4	1010	33.6	→
	总计	1861	48.0	1180	30.4	→

续表

技术分支		2011—2020年专利申请量/件	2011—2020年专利申请占比/%	2016—2020年专利申请量/件	2016—2020年专利申请占比/%	趋势
船舶检测	检测方法	848	68.9	591	48.0	➡
	检测设备	2199	69.6	1533	48.5	➡
	总计	2709	70.0	1905	49.2	➡

注：⬆表示专利申请呈增长趋势；➡表示专利申请趋于平稳；⬇表示专利申请呈下降趋势。

在车辆检测领域，2011—2020年专利申请占比51.3%，2016—2020年专利申请量占比32.8%。车辆检测分支的研发和专利申请进入平稳发展阶段。

生态环境检测领域，2011—2020年专利申请占比72.3%，2016—2020年专利申请量占比高达56.6%。生态环境检测领域的专利申请量呈现高速增长，相关研发和专利申请进入快速发展阶段。

医学检测领域，2011—2020年专利申请量占比53.4%，2016—2020年占比为32.3%，专利申请量稳步增长。从专利申请趋势来看，该领域的相关研发活动进入稳定期，相关专利申请波动不大。

在食品检测领域中，2011—2020年专利申请量占比55.7%，2016—2020年占比为38.0%。2016—2020年该领域专利申请数量明显提升，食品检测领域相关研发活动进入活跃期。

芯片检测领域，2011—2020年专利申请量占比为47.0%，2016—2020年占比为30.6%。从2011—2020年的专利申请数量变化来看，芯片检测领域的研发活动还是相当活跃。尤其是2016—2020年其专利申请数量增长较快。

纺织检测领域，2011—2020年专利申请量占比为55.2%，2016—2020年占比为40.0%。2016—2020年专利申请趋势明显上升，相关技术研发活动明显活跃。

建筑工程检测领域，2011—2020年专利申请量占比为70.9%，2016—2020年占比为57.0%。建筑工程检测领域近几年的发展增速惊人，相关研发和专利申请进入高速增长通道，是研发热点。

轨道交通检测，2011—2020年专利申请量占比高达74.0%，2016—2020年占比为53.3%。与建筑工程检测领域一样，2011—2020年是轨道交通检测领域快速发展的阶段。

计量校准检测，2011—2020年专利申请量占比49.5%，2016—2020年占比为31.3%。该领域专利申请呈现平稳发展趋势。

油品检测，2011—2020 年专利申请量占比 48.0%，2016—2020 年占比为 30.4%。与计量校准检测领域一样，油品检测领域的技术处于稳定的发展期。

船舶检测，2011—2020 年专利申请量占比达到 70.0%，2016—2020 年占比为 49.2%，船舶检测领域近几年的发展增速惊人，相关研发和专利申请进入高速增长通道，是研发热点，这也与近年全球船舶工业快速发展有关。

总体来看，生态环境检测、建筑工程检测、轨道交通检测和船舶检测领域的专利申请量增长迅速，处于技术活跃期，是检验检测产业增长的热点方向。车辆检测、医疗检测、计量校准检测、纺织检测、油品检测等领域的专利申请量稳定增长，是检验检测产业增长的次热点方向。

5.2 企业研发及布局导向

5.2.1 行业龙头企业研发热点方向

图 5-5 展示了检验检测行业龙头企业的研发热点方向。可以看出，国外第三方检验检测机构龙头企业天祥的研发热点方向为检测设备，主要涉及车辆检测、生态环境检测、食品检测和纺织检测领域；必维的研发热点为纺织检测领域的检测设备；莱茵则主要涉及车辆检测和纺织检测，且以检测设备的专利申请为主。国内第三方检验检测机构龙头企业华测和谱尼测试的研发重点均在生态环境检测和食品检测领域，华测的专利申请以检测设备为主，谱尼测试在检测方法和检测设备上的专利申请量相当。爱德万测试的专利申请以芯片检测和计量校准检测领域的检测设备为主。日本知名检测仪器厂商岛津重点在生态环境检测、医疗检测、食品检测和计量校准检测领域进行专利布局。由此可以看出，国外和国内的检验检测龙头企业均有其研发侧重领域，且没有涉足所有检验检测细分领域。从总体上看，这些龙头企业的研发热点方向主要集中在车辆检测、生态环境检测、医疗检测、食品检测和计量校准检测等领域。

图 5-6 展示了华测检验检测领域的专利申请热点，从图中可以看出，华测最早的检验检测专利是 2009 年申请的生态环境检测专利，之后华测对检验检测领域的多个技术分支都进行了专利布局。

第 5 章 检验检测产业发展方向导航

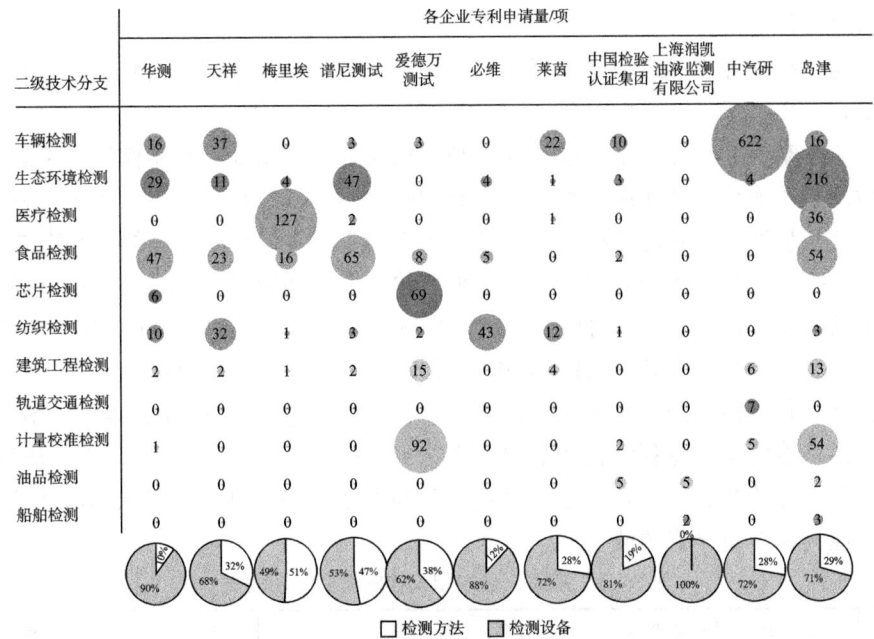

图 5-5 检验检测行业龙头企业的研发热点方向

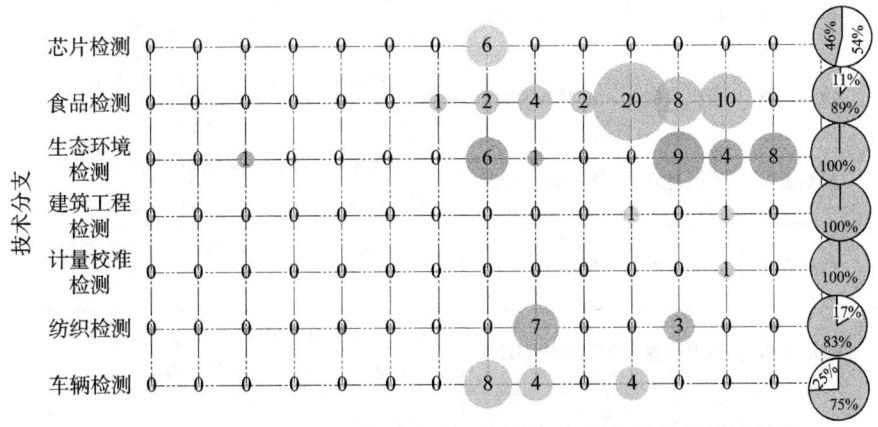

图 5-6 华测专利技术申请热点

食品检测、生态环境检测、车辆检测和纺织检测是华测主要布局方向,其中食品检测领域专利布局最多,有 47 件,紧随其后的是生态环境检测 29 件,车辆检测 16 件,纺织检测 10 件,芯片检测 6 件,建筑工程检测 2 件和计量校

163

准检测 1 件。

从一级技术分支来看,检测设备的专利申请数量高于检测方法的专利数量。

总体来看,从专利申请数量和专利申请延续时间角度,食品检测、生态环境检测、车辆检测和纺织检测都是华测检验检测领域的布局热点。建筑工程检测、计量校准检测和芯片检测的专利布局都很少,且没有持续性的专利申请。

由莱茵、必维和天祥在检验检测领域的核心专利情况(见表 5-3)可知,必维共有检验检测专利 47 件,有效专利 38 件,占比 80.8%,审中专利 9 件;莱茵共有检验检测专利 30 件,其中有效专利 16 件,占比 53%,审中专利 14 件;天祥共有检验检测专利 53 件,有效专利 24 件,占比 45%,审中专利 29 件。必维检验检测专利维持了较高的授权有效率。从表 5-3 中所列的莱茵、必维和天祥的核心专利看,这 3 家企业的研发热点方向主要集中在车辆检测、食品检测和纺织检测领域。

表 5-3 莱茵、必维和天祥的核心专利列表

序号	一级技术分支	二级技术分支	公开(公告)号	标题	申请人	法律状态
1	检测设备	食品检测	CN212410568U	一种便捷食品检测装置	必维信诺(山东)检测技术有限公司	有效
2	检测设备	纺织检测	CN210347408U	一种宠物尿垫吸水渗透性能测试装置	必维申美商品检测(上海)有限公司	有效
3	检测设备	纺织检测	CN210923375U	一种宠物尿垫吸水性能测试装置	必维申美商品检测(上海)有限公司	有效
4	检测方法	纺织检测	CN104897513A	纺织品蒸发检测方法	必维申优质量技术服务江苏有限公司	有效
5	检测方法	纺织检测	CN104931322A	一种棉与粘胶混纺织物的定量分析方法	必维申优质量技术服务江苏有限公司	有效
6	检测方法	纺织检测	CN104931638A	一种纺织品、皮革和塑料中 TCEP 和 TCPP 的检测方法	必维申优质量技术服务江苏有限公司	有效
7	检测方法、检测设备	纺织检测	CN106323737A	一种面料弹性回复能力的测试装置及测试方法	浙江必维申越检测技术有限公司	审中

续表

序号	一级技术分支	二级技术分支	公开（公告）号	标题	申请人	法律状态
8	检测设备	纺织检测	CN206074422U	一种面料摩擦色牢度的测试装置	浙江必维申越检测技术有限公司	有效
9	检测设备	纺织检测	CN206074607U	一种织物芯吸性能的测试装置	浙江必维申越检测技术有限公司	有效
10	检测设备	纺织检测	CN206095778U	一种面料弹性疲劳的试验装置	浙江必维申越检测技术有限公司	有效
11	检测设备	纺织检测	CN206095792U	一种针织物回弹能力测试仪	浙江必维申越检测技术有限公司	有效
12	检测设备	纺织检测	CN206208640U	一种面料弹性回复能力的测试装置	浙江必维申越检测技术有限公司	有效
13	检测设备	纺织检测	CN207556985U	一种布料拉伸力检测装置	浙江必维申越检测技术有限公司；绍兴出入境检验检疫局综合技术服务中心	有效
14	检测设备	纺织检测	CN207557028U	一种布料耐磨性检测设备	浙江必维申越检测技术有限公司；绍兴出入境检验检疫局综合技术服务中心	有效
15	检测设备	纺织检测	CN207557078U	一种布料色牢度检测设备	浙江必维申越检测技术有限公司；绍兴出入境检验检疫局综合技术服务中心	有效
16	检测设备	纺织检测	CN207557259U	一种布料防水性检测装置	浙江必维申越检测技术有限公司；绍兴出入境检验检疫局综合技术服务中心	有效
17	检测方法	纺织检测	CN109187523A	纺织品耐氯化水新型检测方法	必维申优质量技术服务江苏有限公司	审中
18	检测方法	纺织检测	CN109187782A	纺织品中氯苯酚的新型检测方法	必维申优质量技术服务江苏有限公司	审中

续表

序号	一级技术分支	二级技术分支	公开（公告）号	标题	申请人	专利有效性
19	检测设备	纺织检测	CN208780666U	布料阻燃检测装置	必维申优质量技术服务江苏有限公司	有效
20	检测设备	纺织检测	CN209513403U	一种纺织面料色牢度检测装置	浙江必维申越检测技术有限公司；绍兴出入境检验检疫局综合技术服务中心	有效
21	检测设备	纺织检测	CN209513404U	一种面料耐磨性测试装置	浙江必维申越检测技术有限公司；绍兴出入境检验检疫局综合技术服务中心	有效
22	检测设备	纺织检测	CN209513405U	一种面料拉伸性能检测装置	浙江必维申越检测技术有限公司；绍兴出入境检验检疫局综合技术服务中心	有效
23	检测设备	纺织检测	CN209513406U	一种面料织物耐磨性检测装置	浙江必维申越检测技术有限公司；绍兴出入境检验检疫局综合技术服务中心	有效
24	检测设备	纺织检测	CN209513542U	一种面料防水性能检测装置	浙江必维申越检测技术有限公司；绍兴出入境检验检疫局综合技术服务中心	有效
25	检测设备	纺织检测	CN210269385U	一种纺织品撕破测试工装	必维申美商品检测（上海）有限公司	有效
26	检测设备	纺织检测	CN210269563U	一种色牢度测试工装	必维申美商品检测（上海）有限公司	有效
27	检测设备	纺织检测	CN210347303U	一种布料弹性回复测试仪	必维申美商品检测（上海）有限公司	有效
28	检测设备	纺织检测	CN210347563U	一种布料阻燃检测工装	必维申美商品检测（上海）有限公司	有效

续表

序号	一级技术分支	二级技术分支	公开（公告）号	标题	申请人	专利有效性
29	检测设备	纺织检测	CN212568203U	一种纺织面料弹性疲劳的试验装置	浙江必维申越检测技术有限公司	有效
30	检测设备	纺织检测	CN212568425U	一种色纺织物颜色差异性检测装置	浙江必维申越检测技术有限公司	有效
31	检测设备	纺织检测	CN212748629U	一种织物表面亲水性的检测装置	浙江必维申越检测技术有限公司	有效
32	检测设备	纺织检测	CN212904257U	快速上料弹性回复测试装置	必维申优质量技术服务江苏有限公司	有效
33	检测设备	纺织检测	CN212904291U	配重式弹性回复测试装置	必维申优质量技术服务江苏有限公司	有效
34	检测方法	纺织检测	CN112683724A	一种聚酯纤维与氨纶面料的定量分析法	必维申优质量技术服务江苏有限公司	审中
35	检测方法	纺织检测	CN112683725A	长毛绒织物掉毛检测方法	必维申优质量技术服务江苏有限公司	审中
36	检测方法	纺织检测	CN112684054A	纺织品中偶氮染料的新型测定方法	必维申优质量技术服务江苏有限公司	审中
37	检测方法	纺织检测	CN112782072A	纺织品耐摩擦性的新型检测方法	必维申优质量技术服务江苏有限公司	审中
38	检测设备	纺织检测	CN213209680U	快速测湿装置	必维申优质量技术服务江苏有限公司	有效
39	检测设备	纺织检测	CN213239897U	长毛绒织物掉毛检测装置	必维申优质量技术服务江苏有限公司	有效
40	检测设备	纺织检测	CN209513402U	一种多工位摩擦色牢度检测装置	浙江必维申越检测技术有限公司；绍兴出入境检验检疫局综合技术服务中心	有效
41	检测设备	纺织检测	CN110514579A	一种面料往复浸泡试验机	必维申美商品检测（上海）有限公司	审中
42	检测设备	纺织检测	CN110567816A	一种袜子弹性测试仪	必维申美商品检测（上海）有限公司	审中

续表

序号	一级技术分支	二级技术分支	公开（公告）号	标题	申请人	专利有效性
43	检测设备	生态环境检测	CN210269624U	一种重金属含量测试工装	必维申美商品检测（上海）有限公司	有效
44	检测设备	纺织检测	CN210347564U	一种纤维成分测试工装	必维申美商品检测（上海）有限公司	有效
45	检测设备	纺织检测	CN210626221U	一种袜子弹性测试仪	必维申美商品检测（上海）有限公司	有效
46	检测设备	纺织检测	CN210626291U	一种面料往复浸泡试验机	必维申美商品检测（上海）有限公司	有效
47	检测设备	纺织检测	CN212558739U	一种织物疵点检测装置	浙江必维申越检测技术有限公司	有效
48	检测方法	食品检测	CN107238668A	动物源食品中多种兽药残留量的检测方法	深圳天祥质量技术服务有限公司	审中
49	检测方法	食品检测	CN108680674A	食品接触材料中5-亚乙基-2-降冰片烯特殊迁移量检测方法	深圳天祥质量技术服务有限公司	有效
50	检测方法	食品检测	CN108760914A	食品接触材料中TM-CD特殊迁移量检测方法	深圳天祥质量技术服务有限公司	审中
51	检测方法	食品检测	CN108760915A	基于液相色谱-电感耦合等离子体质谱法水产品中甲基汞的检测方法	深圳天祥质量技术服务有限公司	审中
52	检测方法	食品检测	CN108872421A	食品包材中丙烯酸的特殊迁移量的检测方法	深圳天祥质量技术服务有限公司	审中
53	检测方法	食品检测	CN109001315A	瓜果蔬菜农药残留的筛选测试方法	深圳天祥质量技术服务有限公司	审中
54	检测方法	食品检测	CN110231420A	食品中13种有机锡化合物残留的检测方法	珠海天祥粤澳质量技术服务有限公司	审中

续表

序号	一级技术分支	二级技术分支	公开（公告）号	标题	申请人	专利有效性
55	检测方法	食品检测	CN110231421A	食品中杀虫环的检测方法	珠海天祥粤澳质量技术服务有限公司	审中
56	检测方法	食品检测	CN110389166A	一种食品添加剂中重金属限量的快速检测方法	珠海天祥粤澳质量技术服务有限公司	审中
57	检测方法	食品检测	CN110618205A	一种保健食品中ε-六六六的检测方法	珠海天祥粤澳质量技术服务有限公司	审中
58	检测方法	食品检测	CN110749676A	食品接触材料及制品中乙二胺和己二胺迁移量的检测方法	深圳天祥质量技术服务有限公司	审中
59	检测方法	食品检测	CN112098542A	食品接触材料中3,3'-硫代二丙酸双十八酯的测定方法	深圳天祥质量技术服务有限公司	审中
60	检测方法	食品检测	CN112098582A	食品接触材料中四氟乙烯特殊迁移量的测定方法	深圳天祥质量技术服务有限公司	审中
61	检测设备	车辆检测	CN203705151U	电动汽车充电桩碾压试验机	上海天祥质量技术服务有限公司	有效
62	检测设备	车辆检测	CN204008916U	一种电动汽车充电插头检测装置	深圳天祥质量技术服务有限公司	有效
63	检测设备	车辆检测	CN106323740A	一种钢化玻璃破碎颗粒度测试仪	天祥（天津）质量技术服务有限公司	审中
64	检测设备	车辆检测	CN206311418U	一种钢化玻璃破碎颗粒度测试仪	天祥（天津）质量技术服务有限公司	有效
65	检测设备	车辆检测	CN207557069U	一种汽车零部件辐射测试装置	上海天祥质量技术服务有限公司	有效
66	检测设备	车辆检测	CN207866530U	一种模拟车载阳光辐射测试装置	上海天祥质量技术服务有限公司	有效
67	检测设备	车辆检测	CN207946316U	一种汽车脚垫磨损穿透模拟循环测试装置	上海天祥质量技术服务有限公司	有效

续表

序号	一级技术分支	二级技术分支	公开（公告）号	标题	申请人	专利有效性
68	检测设备	车辆检测	CN208818815U	机动车动力电池测试系统	上海天祥质量技术服务有限公司	有效
69	检测设备	车辆检测	CN210036216U	一种汽车内饰件立方舱法雾霭测试用干燥装置	上海天祥质量技术服务有限公司	有效
70	检测方法、检测设备	车辆检测	CN110927577A	机动车动力电池测试系统、方法及存储介质	上海天祥质量技术服务有限公司	审中
71	检测设备	车辆检测	CN210243453U	一种汽车外饰件的冰水冲击环境加速测试系统	上海天祥质量技术服务有限公司	有效
72	检测设备	车辆检测	CN211453807U	一种汽车启动器测试装置	深圳天祥质量技术服务有限公司	有效
73	检测设备	车辆检测	CN212807917U	汽车座椅柔性材料折皱疲劳测试装置	上海天祥质量技术服务有限公司	有效
74	检测方法	生态环境检测	CN109541080A	水中偶氮染料的检测方法	深圳天祥质量技术服务有限公司	审中
75	检测方法	生态环境检测	CN110018252A	水质中1,3,5-三氯苯的检测方法	珠海天祥粤澳质量技术服务有限公司	审中
76	检测方法	生态环境检测	CN110749675A	水质中2,4-二氯苯甲酸的检测方法	深圳天祥质量技术服务有限公司	审中
77	检测设备	建筑工程检测	CN208721551U	外墙装饰板热雨老化测试装置	深圳天祥质量技术服务有限公司	有效
78	检测设备	建筑工程检测	CN211235703U	一种防火测试装置	深圳天祥质量技术服务有限公司	有效
79	检测方法	纺织检测	CN101858904B	尿渍色牢度的测试方法	上海天祥质量技术服务有限公司	有效
80	检测方法	纺织检测	CN101865819B	纺织品印花牢度的测试方法	上海天祥质量技术服务有限公司	有效
81	检测设备	纺织检测	CN202886240U	纺织品透湿性能测试仪	无锡天祥质量技术服务有限公司	有效

续表

序号	一级技术分支	二级技术分支	公开（公告）号	标题	申请人	专利有效性
82	检测设备	纺织检测	CN203630135U	pH值测试装置	天祥（天津）质量技术服务有限公司	有效
83	检测设备	纺织检测	CN207457233U	一种纺织纤维吸湿发热测试装置	上海天祥质量技术服务有限公司	有效
84	检测设备	纺织检测	CN207742166U	一种面料安全测试用燃烧装置	上海天祥质量技术服务有限公司	有效
85	检测方法	纺织检测	CN109254030B	湿度变化时纺织品发热和吸热性能测试方法	上海天祥质量技术服务有限公司	有效
86	检测方法	纺织检测	CN109541074A	纺织品中毒杀芬的检测方法	深圳天祥质量技术服务有限公司	审中
87	检测方法	纺织检测	CN109541076A	一种纺织品中三氯生的检测方法	深圳天祥质量技术服务有限公司	审中
88	检测方法	纺织检测	CN109668983A	一种纺织品中庚基酚和戊基酚的检测方法	深圳天祥质量技术服务有限公司	审中
89	检测方法	纺织检测	CN110118867A	一种氨纶双包纱的捻度测量方法	上海天祥质量技术服务有限公司	审中
90	检测设备	纺织检测	CN209707259U	一种拉伸变形性能测试仪	天祥（天津）质量技术服务有限公司	有效
91	检测方法	纺织检测	CN110749674A	纺织品中喹啉的检测方法	深圳天祥质量技术服务有限公司	审中
92	检测方法	纺织检测	CN110749726A	纺织品中甲醛的检测方法	深圳天祥质量技术服务有限公司	审中
93	检测方法	纺织检测	CN111220491A	一种机织织物与魔术贴钩面耐磨评定测试方法及专用模具	上海天祥质量技术服务有限公司	审中
94	检测方法	生态环境检测	CN104977371B	废水中全氟辛烷磺酸的固相萃取分析方法	深圳天祥质量技术服务有限公司	有效
95	检测设备	生态环境检测	CN208383304U	分布式光度计测试系统	深圳天祥质量技术服务有限公司	有效

续表

序号	一级技术分支	二级技术分支	公开（公告）号	标题	申请人	专利有效性
96	检测方法	生态环境检测	CN110702812A	测定偏苯三酸酐的方法	深圳天祥质量技术服务有限公司	审中
97	检测方法	生态环境检测	CN110702814A	测定氢化三联苯的方法	深圳天祥质量技术服务有限公司	审中
98	检测方法	生态环境检测	CN112098544A	一种 MMM 和 BDM 的测定方法	深圳天祥质量技术服务有限公司	审中
99	检测方法	纺织检测	CN112284919A	纺织品印花质量评估方法	深圳天祥质量技术服务有限公司	审中
100	检测方法、检测设备	生态环境检测	CN112362306A	一种脉冲光源光生物安全检测方法及装置	深圳天祥质量技术服务有限公司	审中
101	检测设备	车辆检测	DE102014013870A1	Mobile test system for automobile charging stations	TÜV Rheinland Industrie Service GmbH	审中
102	检测设备	车辆检测	CN108534944A	一种用于燃料电池汽车储氢系统性能测试的装置	莱茵技术（上海）有限公司	审中
103	检测设备	车辆检测	CN208171506U	一种用于燃料电池汽车储氢系统性能测试的装置	莱茵技术（上海）有限公司	有效
104	检测设备	车辆检测	CN109211762A	一种汽车和客机内部硬质塑料材料抗老化强度测试装置	莱茵技术（上海）有限公司	审中
105	检测设备	车辆检测	CN109212354A	一种电动汽车数字通信协议测试装置	莱茵技术（上海）有限公司	审中
106	检测设备	车辆检测	CN208568237U	一种用于汽车车灯性能检测的装置	莱茵技术（上海）有限公司	有效
107	检测设备	车辆检测	CN109782185A	一种电动汽车高压安全测试装置及其应用	莱茵技术（上海）有限公司	审中
108	检测设备	车辆检测	CN209231174U	一种汽车和客机内部硬质塑料材料抗老化强度测试装置	莱茵技术（上海）有限公司	有效

续表

序号	一级技术分支	二级技术分支	公开（公告）号	标题	申请人	专利有效性
109	检测设备	车辆检测	CN209590155U	一种电动汽车数字通信协议测试装置	莱茵技术（上海）有限公司	有效
110	检测设备	车辆检测	CN210166474U	一种电动汽车高压安全测试装置	莱茵技术（上海）有限公司	有效
111	检测设备	车辆检测	CN213422616U	一种负载测试工装	莱茵检测认证服务（中国）有限公司	有效
112	检测设备	生态环境检测	CN207180971U	一种车用燃烧式加热器空气质量测试系统	莱茵检测认证服务（中国）有限公司	有效
113	检测方法、检测设备	医学检测	CN108485953A	一种细菌培养装置及用于口含烟抑菌性能测试的方法	莱茵技术（上海）有限公司	审中
114	检测设备	建筑工程检测	CN111855690A	一种既有建筑玻璃幕墙检测系统	莱茵技术（上海）有限公司	审中
115	检测设备	建筑工程检测	CN111857071A	一种既有建筑的能耗监测系统	莱茵技术（上海）有限公司	审中
116	检测设备	建筑工程检测	CN212965841U	一种既有建筑的能耗监测系统	莱茵技术（上海）有限公司	有效
117	检测设备	建筑工程检测	CN213091521U	一种既有建筑玻璃幕墙检测系统	莱茵技术（上海）有限公司	有效
118	检测设备	纺织检测	CN206920230U	用于织物上金属圆孔的拉力测试器	莱茵技术商检（青岛）有限公司	有效
119	检测方法、检测设备	纺织检测	CN109596610A	一种纺织品内甲醛含量快速检测方法及装置	莱茵技术（上海）有限公司	审中
120	检测方法、检测设备	纺织检测	CN109632556A	一种起毛织物毛绒脱落性能测试方法及装置	莱茵技术（上海）有限公司	审中
121	检测方法	纺织检测	CN109765174A	一种纺织品印花耐洗牢度性能测试方法	莱茵技术（上海）有限公司	审中

续表

序号	一级技术分支	二级技术分支	公开（公告）号	标题	申请人	专利有效性
122	检测方法	纺织检测	CN109975163A	一种改性腈纶与腈纶混纺织物纤维含量的测定方法	莱茵技术商检（青岛）有限公司	审中
123	检测设备	纺织检测	CN209821000U	一种起毛织物毛绒脱落性能测试装置	莱茵技术（上海）有限公司	有效
124	检测设备	纺织检测	CN209821070U	一种纺织品内甲醛含量快速检测系统	莱茵技术（上海）有限公司	有效
125	检测设备	纺织检测	CN209945847U	一种机织面料弹性恢复测试装置	莱茵技术商检（青岛）有限公司	有效
126	检测设备	纺织检测	CN209945913U	一种纺织面料起球起毛检测装置	莱茵技术商检（青岛）有限公司	有效
127	检测设备	纺织检测	CN210221939U	一种纺织物表面燃烧测试装置	莱茵技术商检（青岛）有限公司	有效
128	检测设备	纺织检测	CN111077038A	一种纺织品快干性能测试设备	莱茵技术（上海）有限公司	审中
129	检测设备	纺织检测	CN212904358U	一种纺织品快干性能测试设备	莱茵技术（上海）有限公司	有效
130	检测方法	食品检测	CN107621498A	一种植物生长调节剂残留的检测方法	罗牛山莱茵检测认证服务（海南）有限公司	审中

表5-4统计了龙头企业检验检测产业近几年的专利申请趋势及占比情况，从图中可以看出，车辆检测领域主要申请企业中汽研、天祥和莱茵相关专利申请主要集中在2011—2020年。生态环境检测领域主要企业华测的相关专利申请主要产生于2016—2020年。医疗检测领域主要企业梅里埃的相关专利申请2016—2020年占比较低。食品检测领域各企业均重点布局食品本身的检测。

表5-4 龙头企业检验检测产业近几年专利申请趋势及占比情况

二级技术分支	企业名称	三级技术分支	总申请量/项	2011—2020年专利申请量/项	2016—2020年专利申请量/项	2016—2020年专利申请占比/%
车辆检测	中汽研	整车检测	384	369	304	79.2
		碰撞检测	79	78	61	77.2
		新能源汽车检测	94	92	90	95.7
		排放检测	29	26	26	89.7
	天祥	整车检测	30	29	17	56.7
		碰撞检测	2	2	2	100.0
		新能源汽车检测	2	2	0	0.0
		排放检测	2	2	2	100.0
	莱茵	整车检测	13	8	7	53.8
		碰撞检测	1	0	0	0.0
		新能源汽车检测	6	6	6	100.0
		排放检测	0	0	0	0.0
生态环境检测	华测	水质检测	8	7	6	75.0
		土壤检测	13	13	13	100.0
		大气检测	6	6	6	100.0
	谱尼测试	水质检测	22	19	16	72.7
		土壤检测	13	11	6	46.2
		大气检测	11	7	5	45.5
医疗检测	梅里埃	体液检测	12	3	1	8.3
		微生物检测	30	6	3	10.0
		免疫检测	33	5	4	12.1
		基因检测	74	12	5	6.8
食品检测	华测	食品本身的检测	28	28	26	92.9
		转基因制品的检测	0	0	0	0.0
		细菌及其代谢物的检测	14	14	13	92.9
	谱尼测试	食品本身的检测	45	36	27	60.0
		转基因制品的检测	1	1	1	100.0
		细菌及其代谢物的检测	19	16	9	47.4
	天祥	食品本身的检测	17	17	17	100.0
		转基因制品的检测	0	0	0	0.0
		细菌及其代谢物的检测	3	3	3	100.0

5.2.2 新进入者研发热点方向

新进入者研发热点方向见表 5-5。近几年行业新进入者的切入点主要集中在汽车材料检测、新能源材料检测、噪声检测、土壤检测、水质检测、大气检测、食品包装检测等三级技术分支。可见随着全球环境的不断恶化，各行各业对环境质量的重视及对环境保护力度的不断加大，对环境的检测力度及清洁环保能源与材料的应用越发重视。此外整车检测、碰撞检测、车身检测、底盘检测、排放检测、食品本身检测、细菌及其代谢产物的检测等三级技术分支也均处于上升态势。

表 5-5 新进入者研发热点方向

二级技术分支	三级技术分支	全球申请人数量/人					2015—2019 年申请人数量变化
		2015 年	2016 年	2017 年	2018 年	2019 年	
车辆检测	整车检测	3115	3604	4264	4889	5318	↑
	碰撞检测	133	174	198	250	263	↑
	车身检测	69	72	98	125	130	↑
	底盘检测	106	125	163	162	177	↑
	汽车材料检测	48	63	102	145	201	↑
	发动机检测	121	116	148	152	163	→
	新能源汽车检测	183	331	441	567	546	↑
	排放检测	196	261	306	309	369	↑
医疗检测	体液检测	529	564	652	571	598	→
	微生物检测	379	392	450	451	490	→
	免疫检测	412	460	448	443	388	↓
	基因检测	1422	1539	1722	1793	1771	→
食品检测	食品本身的检测	1588	1859	2393	2816	3138	↑
	食品包装的检测	117	142	225	267	327	↑
	转基因制品的检测	183	189	176	174	183	→
	细菌及其代谢物的检测	591	702	862	956	1054	↑
生态环境检测	水质检测	1261	1732	2464	3080	4007	↑
	土壤检测	676	952	1472	1931	2775	↑
	大气检测	377	591	780	919	1117	↑
	噪声检测	13	35	39	45	43	↑

5.3 技术创新及布局导向

5.3.1 核心技术创新热点

表5-6展示了全球及主要国家检验检测领域三级技术分支的专利申请情况，反映了全球检验检测领域核心技术的创新热点。车辆检测领域的细分领域中，中国相关专利申请量除了发动机检测以外均排在第一位。日本的整车检测、新能源汽车检测分支排在第二位。德国的碰撞检测、车身检测、底盘检测、材料检测和排放检测领域排在第二位。这也与中国、日本、德国是全球主要汽车消费和生产大国的地位相匹配。

表5-6 全球及主要国家检验检测领域三级技术分支的专利申请量

二级技术分支	三级技术分支	专利申请量/项					
		全球	中国	美国	日本	德国	韩国
车辆检测	整车检测	164 046	61 330	13 232	28 411	22 630	13 664
	碰撞检测	5329	1548	562	994	1044	672
	车身检测	2424	1144	155	243	358	148
	底盘检测	4102	1550	218	710	905	208
	汽车材料检测	2190	1153	93	106	440	139
	发动机检测	6045	1382	552	873	1439	628
	新能源汽车检测	6986	5515	291	368	301	274
	排放检测	6579	3210	661	545	968	384
医疗检测	体液检测	13 484	3658	3762	1606	819	450
	微生物检测	8152	4786	1151	702	229	304
	免疫检测	15 770	1772	6600	2789	966	552
	基因检测	43 074	22 370	9005	3057	1257	2206
食品检测	食品本身的检测	56 212	24 824	6868	6267	4248	1486
	食品包装的检测	3036	1957	209	227	138	112
	转基因制品的检测	6046	2787	1681	266	221	282
	细菌及其代谢物的检测	16 904	9327	2705	897	702	788
生态环境检测	水质检测	42 845	31 373	1665	3263	1406	1083
	土壤检测	29 022	22 925	621	1381	353	459
	大气检测	11 692	7745	644	822	720	174
	噪声检测	629	247	120	100	62	28

续表

二级技术分支	三级技术分支	专利申请量/项					
		全球	中国	美国	日本	德国	韩国
芯片检测		17 354	7397	1576	5406	406	2075
纺织检测		16 779	8786	1188	1586	1345	288
建筑工程检测		19 758	12 678	878	1742	835	507
轨道交通检测		13 650	9637	641	777	905	334
计量校准检测		11 556	4075	2000	2096	1427	265
油品检测		3876	1082	1095	282	398	58
船舶检测		3870	2469	137	303	158	249

医疗检测领域，中国的微生物检测和基因检测分支专利申请数量排在第一位，美国的体液检测和免疫检测专利数量排在第一位，可以说在医疗检测领域中国关注的是基因检测，美国则更关注免疫检测。

食品检测领域的各细分领域，各国专注的重点都集中在食品本身的检测，相关专利申请最多。其次则是细菌及其代谢物的检测，相关专利申请数量排在第二。各国在食品包装和转基因制品的检测方面布局专利则较少。

生态环境检测领域水质检测、土壤检测是各国专利布局的重点，大气检测和噪声检测的专利最少。

芯片检测领域专利布局数量从多到少的国家依次是中国、日本、韩国、美国和德国，这也与全球芯片的发展情况相对应。

在检验检测其他技术领域，中国依然是全球最主要的专利申请国，日本在纺织检测、建筑工程检测、计量校准检测、船舶检测方面有较多的专利布局。美国则在油品检测领域专利布局较多。

综上，整车检测、基因检测、食品本身的检测、水质检测和土壤检测是全球检验检测领域核心技术的创新热点。

5.3.2 核心技术演进方向

图 5-7 为车辆检测核心技术发展路线图。

在车辆整车检测方面，经历了从单一性能检测到汽车安全性能检测，再到汽车综合性能检测的技术演进。在检测技术与设备方面，20 世纪 50 年代以前，以故障诊断和性能调试为主的单相检测技术和设备为研发方向。进入 20 世纪 60 年代后，随着应用电子和光学设备的发展，光机电和理化机电一体化

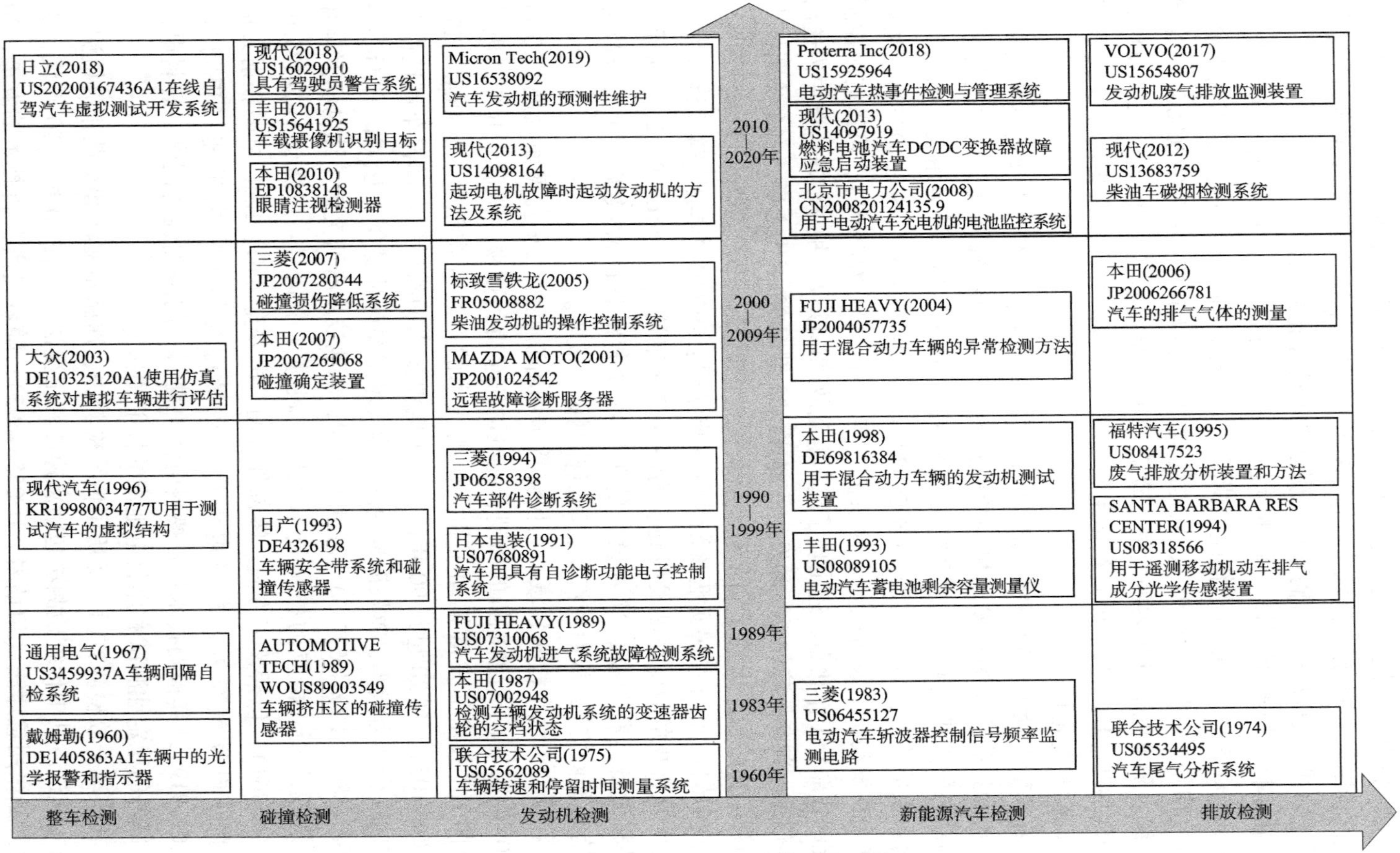

第 5 章 检验检测产业发展方向导航

图 5-7 车辆检测核心技术发展路线

的检测设备得到应用。20 世纪 70 年代后，随着计算机技术的发展，出现了汽车检测诊断控制自动化技术。21 世纪后，车载自诊断系统及汽车故障诊断专家系统得到快速发展，车辆整车检测已进入智能化阶段。

在车辆碰撞检测领域，早期通过车辆挤压区设置碰撞传感器（申请号：WOUS89003549）来检测车辆碰撞情况，随后碰撞确定装置引入了车辆安全带系统（申请号：DE4326198）、加速度检测器（申请号：JP2007269068）等检测系统。随着图形处理器的发展，动态视频摄像技术（申请号：EP10838148、US15641925、US16029010）被运用到车辆碰撞预警系统中，提高了碰撞预警的准确性和稳定性。

在车辆发动机检测领域，国外的技术起步较早，在汽车出现的早期主要通过传统的经验诊断法对发动机的故障进行诊断；随着汽车电子化程度越来越高，动态的随机故障及控制系统功能故障日益增多，出现了万用表、电流探针等简单仪器诊断法（申请号：US05562089、US07002948、US07310068）；随后发展为在发动机上设置故障自检系统（申请号：US07680891），可以监测控制系统的各部分工作状态，还出现了汽车电脑故障诊断仪，根据汽车电脑中传送出来的信息，判断故障的类型和发生的部位；20 世纪 90 年代之后，汽车诊断技术推向智能化阶段，出现了如车载诊断系统（申请号：JP06258398、FR05008882、US14098164）、汽车故障远程诊断系统（申请号：JP2001024542）等，汽车发动机检测从常规的故障诊断发展到预测性维护（申请号：US16538092），即通过发动机设备运行数据，预测设备的工作寿命和潜在故障类型，让设备故障"未有形而除之"，从而使汽车发动机检测更有效率。

在新能源汽车检测领域，其检测技术随着新能源汽车发展而发展。20 世纪 60 年代，由于石油危机的出现，纯电动汽车得到重视。随后十几年，电动汽车的驱动技术的发展推动了相应检测技术的产生（申请号：US06455127、US08089105）。到 20 世纪 90 年代，由于电池技术的滞后，电动汽车制造商开始转向混合动力汽车，这段时期内的检测技术主要针对混合动力汽车（申请号：DE69816384、JP2004057735）。21 世纪初期，电池技术有所突破，纯电动汽车开始大规模应用，相应的检测技术也快速跟进（申请号：CN200820124135.9、US15925964），包括整车方面、零部件方面、电安全方面、EMC 电磁辐射方面等。除了电动汽车外，燃料电池汽车在最近几年也发展迅速（申请号：US14097919），其检测技术包括燃料电池关键部件的基础性能测试、燃料电池关键部件的稳定性测试和燃料电池堆的性能测试等。

在汽车排放检测方面，经历了传统检测法、遥感检测法和车载排放检测法的技术演进。其中传统检测法包括怠速法和工况法，早在 20 世纪 70 年代，美国就开始采用怠速法（申请号：US05534495）；随着光谱分析技术的发展，20

世纪 90 年代左右遥感检测法得到应用（申请号：US08318566、US08417523）；2000 年后，出现了车载排放检测法（申请号：JP2006266781、US13683759、US15654807），由于其能实时检测汽车排放中各气体的浓度及运行状态，方便快捷，该检测方法得到广泛应用。

5.4 专利运营及布局方向

5.4.1 协同创新热点方向

协同创新的技术往往涉及技术的重点、难点或者产业热点。检验检测产业专利协同创新热点方向的专利申请量及占比如图 5-8 所示。

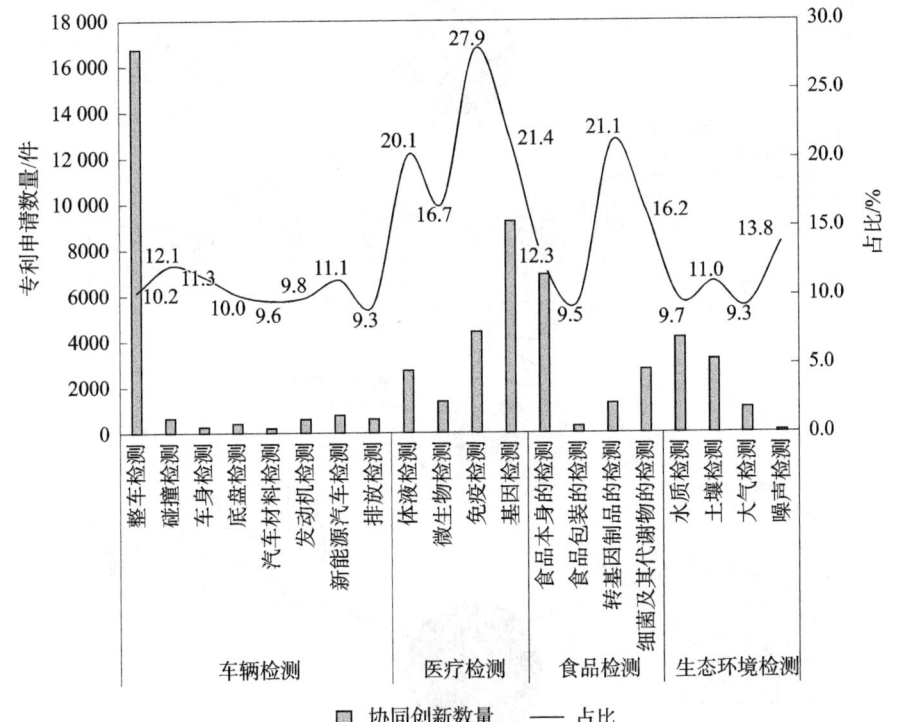

图 5-8 协同创新热点方向的专利申请量及占比

注：虚线框内是协同创新占比较高的技术分支。

从协同创新来看，免疫检测协同创新专利申请量共计 4398 项，虽少于免疫检测的总申请量，但其协同创新专利申请量占比排名第一，达到 27.9%，食品检测领域中的转基因制品检测协同创新专利申请量占比为 21.1%，两者均为所在技术领域中的第一名。可见,免疫检测、转基因制品检测等生物领域检测是协同创新热点技术方向,是未来检验检测核心发展方向。

华测和中国检测认证集团的协同创新重要申请人如图5-9所示。

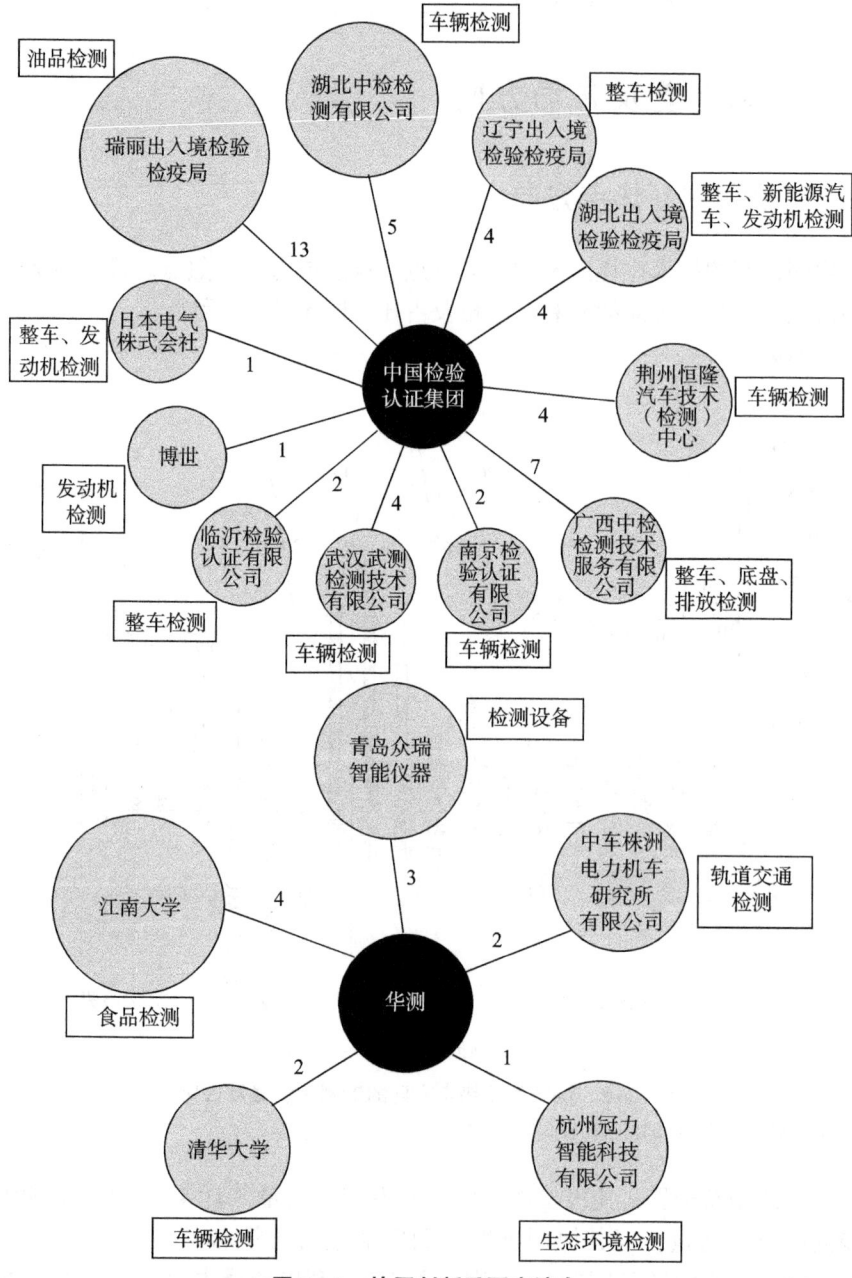

图5-9 协同创新重要申请人

中国检测认证集团一共和其他9个申请人合作申请了45件检验检测领域的相关专利,其中和湖北中检检测有限公司合作申请专利数量最多一共有13件。其次是和广西中检检测技术服务有限公司合作申请了7件专利,和瑞丽出入境检验检疫局合作申请了5件专利,和湖北出入境检验检疫局、荆州恒隆汽车技术(检测)、辽宁出入境检验检疫局、武汉武测检测技术有限公司则分别合作申请了4件专利,和南京检验认证有限公司、临沂检验认证有限公司分别合作申请了2件专利。中国检测认证集团合作申请的专利中主要是车辆检测相关专利,一共有23件,占合作申请专利总量的一半以上。

华测的合作协同创新伙伴有5个,专利协同申请数量分别是:江南大学4件、青岛众瑞智能仪器3件、中车株洲电力机车、清华大学各2件,杭州冠力智能科技有限公司1件。华测协同创新申请的专利分布在5个技术分支,包括食品检测、检测设备、轨道交通检测、车辆检测和生态环境检测。

5.4.2 专利运用热点方向

表5-7为全球检验检测领域各技术分支的专利运用情况。

表5-7 全球检验检测领域各技术分支的专利运用情况

二级技术分支		专利数量/项				运用数量占比/%
		转让	许可	质押	诉讼	
车辆检测	检测方法	8258	98	71	639	16.0
	检测设备	17 312	278	274	1202	11.2
医疗检测	检测方法	8651	109	61	611	22.7
	检测设备	8124	99	89	452	23.7
食品检测	检测方法	4087	64	31	336	13.9
	检测设备	6234	72	99	455	12.9
生态环境检测	检测方法	2566	40	22	126	9.9
	检测设备	5547	140	186	172	8.1
芯片检测	检测方法	1500	10	8	43	22.3
	检测设备	2140	33	29	76	17.0
纺织检测	检测方法	551	7	6	43	12.0
	检测设备	1098	19	20	42	8.5
建筑工程检测	检测方法	520	12	3	40	12.0
	检测设备	1360	27	31	62	8.7

续表

二级技术分支		专利数量/项				运用数量占比/%
		转让	许可	质押	诉讼	
轨道交通检测	检测方法	409	13	2	34	10.9
	检测设备	902	28	38	57	9.0
计量校准检测	检测方法	1321	10	11	56	23.2
	检测设备	1867	7	13	57	22.0
油品检测	检测方法	511	3	0	30	31.0
	检测设备	779	4	1	33	27.2
船舶检测	检测方法	124	6	0	4	10.9
	检测设备	235	7	1	4	7.8

从专利运用数量来看，车辆检测领域，尤其是车辆检测设备分支在专利转让、许可、质押、诉讼的数量上均排在第一位，这是由于车辆检测领域的专利申请基数较大，但其专利运用占比仅为11.2%。

从专利运用比例来看，油品检测分支的专利运用占比最高，其中检测方法专利的运用占比为31%，检测设备专利运用占比达到27.2%。医疗检测领域设备和方法专利的运用占比分别为23.7%和22.7%。计量校准检测领域检测方法和检测设备专利的运用占比分别为23.2%和22.0%。

整体来看，油品检测、计量校准检测、医疗检测、芯片检测领域的专利转让、许可、质押和诉讼的占比较高，专利利用活跃度较高，是专利运用的热点方向。生态环境检测、船舶检测、纺织检测、轨道交通检测和建筑工程检测的专利利用活跃度较低。车辆检测因为专利基数较大，其专利利用数量方面占据领先位置。

图5-10为车辆检测、医疗检测、食品检测、生态环境检测各细分领域的专利运用情况及占比情况。

车辆检测领域各技术分支中发动机检测占比最高，为15.24%，碰撞检测占比14.24%，排放检测占比12.92%，新能源汽车检测占比12.11%，车身检测和整车检测占比均为10.97%，底盘检测占比10.82%，汽车材料检测占比9.04%。

医疗检测领域各技术分支中免疫检测占比最高为34.03%、体液检测专利运用占比22.80%、基因检测占比21.64%、微生物检测占比15.13%。

食品检测领域转基因制品的检测技术分支专利运用比例最高，达到19.85%，其次是细菌及其代谢物的检测技术分支专利运用比例达到17.23%，食品本身的检测比例 11.42%，食品包装的检测技术分支专利运用比例最低，为 8.33%。

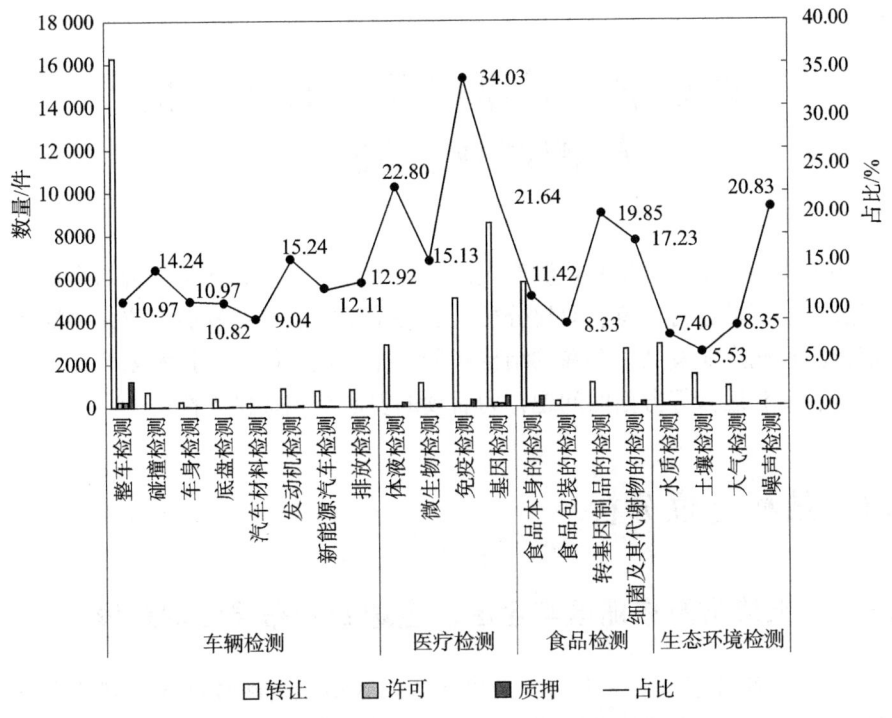

图 5-10　各技术分支中专利运用数量占比

生态环境检测领域噪声检测分支专利运用占比最高，为 20.83%，其次是大气检测占比为 8.35%，水质检测占比 7.40%，土壤检测占比最低，为 5.53%。

第6章 天津市及东丽区检验检测产业发展定位

将天津市、东丽区检验检测产业的各项指标通过专利数据分析与全球、中国以及典型区域进行定位、对比分析,明确检验检测产业发展定位,并揭示天津市检验检测产业发展中存在的结构布局、企业创新能力、技术创新能力、人才储备、专利运营等方面的问题,为后续的发展规划提供支撑。

6.1 结构定位分析

6.1.1 天津市及东丽区与全国、全球专利布局结构差异

表6-1统计了全球、中国、天津和东丽区检验检测领域的专利技术分布情况。可以看出,全球检验检测领域的专利布局数量前三的分支为车辆检测、生态环境检测和食品检测,其中检测设备专利数量均大于检测方法的专利数量;中国、天津、东丽区检验检测领域专利布局数量排名前三的分支均与全球排名一致。值得注意的是,全球和中国的医学检测分支,方法专利数量多于设备专利数量,而在天津和东丽区的相应分支中则是设备专利数量多于方法专利数量。

船舶检测和油品检测是专利申请较少的两个分支,天津在这两个分支的专利布局比较少,东丽区在这两个分支的专利更是接近空白。

表6-1 全球、中国、天津及东丽区的专利技术分布

技术分支		专利数量/项			
		全球	中国	天津	东丽区
车辆检测	检测方法	56 684	18 211	401	151
	检测设备	170 098	65 102	2649	474
	总计	195 405	75 967	2923	571

续表

技术分支		专利数量/项			
		全球	中国	天津	东丽区
生态环境检测	检测方法	27 704	15 317	410	18
	检测设备	74 461	53 418	1762	64
	总计	91 917	63 494	2050	76
医疗检测	检测方法	41 478	16 396	335	10
	检测设备	37 001	14 884	428	20
	总计	74 608	30 856	747	30
食品检测	检测方法	32 448	14 111	347	15
	检测设备	53 281	24 561	670	33
	总计	76 612	36 246	984	46
芯片检测	检测方法	6994	2788	57	3
	检测设备	13 413	5424	166	16
	总计	17 354	7397	203	18
纺织检测	检测方法	5044	1979	60	5
	检测设备	13 843	7414	208	12
	总计	16 779	8786	246	17
建筑工程检测	检测方法	4797	2006	63	4
	检测设备	17 008	11 419	339	14
	总计	19 758	12 678	384	15
轨道交通检测	检测方法	4188	2645	34	10
	检测设备	11 336	7967	192	25
	总计	13 650	9637	217	32
计量校准检测	检测方法	6036	1938	36	8
	检测设备	8848	2994	91	5
	总计	11 556	4075	107	12
油品检测	检测方法	1757	258	7	0
	检测设备	3004	945	40	3
	总计	3876	1082	45	3
船舶检测	检测方法	1231	695	20	0
	检测设备	3160	1989	92	0
	总计	3870	2469	106	0

图6-1展示了检验检测领域各技术分支中全球、中国、天津市及东丽区的专利申请占比情况。从图中可以看出,东丽区的相关专利主要集中在车辆检测领域,检测方法和检测设备专利占比都超过60%。从全球检验检测领域各分支占比情况来看,车辆检测、医疗检测、食品检测、生态环境检测是关注的重点,其专利申请数量合计占全部专利的60%以上。中国的情况和全球类似,但是专利分布更加均衡,车辆检测、生态环境检测、医疗检测、食品检测方法分支的占比相差不大,在检测设备方面车辆检测和生态环境检测的专利占比要大于医疗检测和食品检测的专利占比。

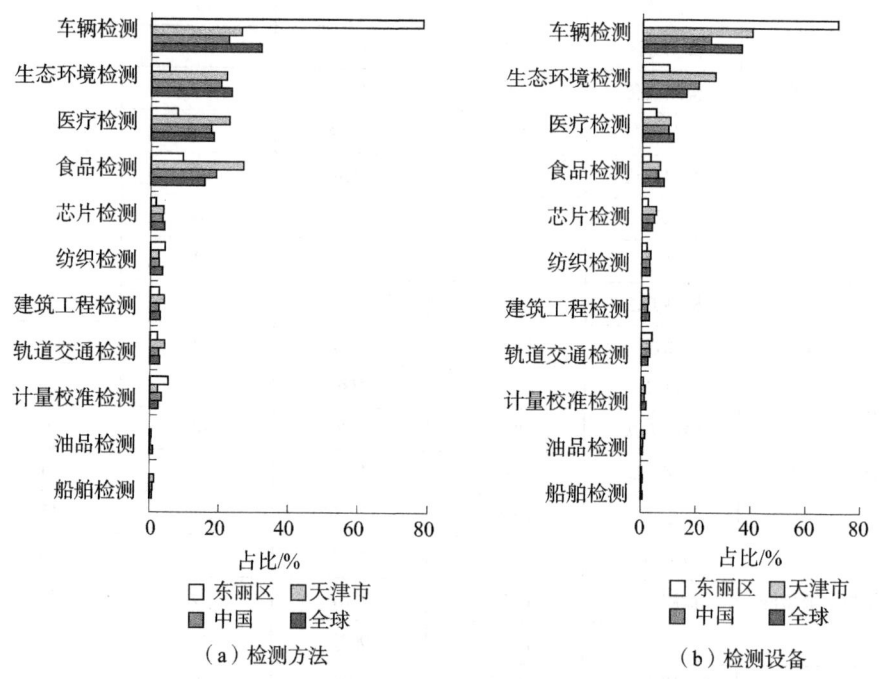

图6-1 全球、中国、天津市及东丽区的专利申请占比情况

东丽区产业结构特点为:以车辆检测为主,占比超60%,明显高于全球和中国该分支的占比,车辆检测也是全球、全国占比最大的检测领域,此外轨道交通检测、计量校准检测的专利占比略高于全球和中国。医疗检测、生态环境检测、食品检测的占比明显低于全球和中国相应分支的占比,而此3个领域为全球及中国主要布局方向,需进行产业布局结构优化,调整产业结构比例。此外在油品检测、船舶检测存在明显的空白环节,需扩大招商力度,形成一个完整良性的全产业链。

6.1.2 天津市及东丽区与主要国家专利布局结构差异

全球主要国家在检验检测领域的专利布局结构差异见表6-2。

表6-2 主要国家专利布局结构差异

技术分支		专利数量/件				
		日本	美国	德国	韩国	中国
车辆检测	检测方法	6945	5923	12 852	5314	18 211
	检测设备	29 868	14 260	21 330	14 420	65 102
	总计	32 042	15 538	27 556	16 002	75 967
生态环境检测	检测方法	3055	1944	1312	876	15 317
	检测设备	6555	3666	2598	1806	53 418
	总计	8119	4461	3301	2233	63 494
医疗检测	检测方法	5114	9374	1573	1998	16 396
	检测设备	2513	10 488	1887	1438	14 884
	总计	7075	18 194	3193	3255	30 856
食品检测	检测方法	3190	4250	2159	1265	14 111
	检测设备	5445	7628	3821	1573	24 561
	总计	7301	10 063	5109	2371	36 246
芯片检测	检测方法	2313	634	200	846	2788
	检测设备	4450	1269	276	1612	5424
	总计	5406	1576	406	2075	7397
纺织检测	检测方法	502	466	580	114	1979
	检测设备	1324	990	1104	225	7414
	总计	1586	1188	1345	288	8786
建筑工程检测	检测方法	621	337	352	165	2006
	检测设备	1485	797	649	447	11 419
	总计	1742	878	835	507	12 678
轨道交通检测	检测方法	254	241	435	100	2645
	检测设备	682	595	687	313	7967
	总计	777	641	905	334	9637
计量校准检测	检测方法	1319	965	848	138	1938
	检测设备	1669	1672	1002	226	2994
	总计	2096	2000	1427	265	4075

续表

技术分支		专利数量/件				
		日本	美国	德国	韩国	中国
油品检测	检测方法	101	569	242	33	258
	检测设备	242	825	282	38	945
	总计	282	1095	398	58	1082
船舶检测	检测方法	81	70	76	89	695
	检测设备	272	115	116	223	1989
	总计	303	137	158	249	2469

与其他国家相比，中国在检验检测领域各分支专利布局的数量都是最多的，有的分支中国布局专利数量超过美国、日本、德国和韩国专利之和。但是在芯片检测、计量校准检测、油品检测领域中国与国外主要发达国家的专利布局差距不大。尤其是油品检测分支专利布局数量低于美国。

日本在车辆检测、生态环境检测、芯片检测、纺织检测、建筑工程检测、轨道交通检测、计量校准检测、船舶检测分支布局的专利数量仅次于中国，排在第二。

美国在油品检测布局专利数量最多，在医疗检测、食品检测分支的专利布局仅次于中国，排在第二。其在船舶检测、车辆检测分支的专利布局数量排在末位。

德国在检验检测领域的专利布局较为广泛，各分支都有一定数量的专利布局，专利布局较多的技术分支是车辆检测、食品检测、纺织检测、医疗检测、生态环境检测。

韩国相对于中国、美国、日本、德国来说，在检验检测领域的专利布局较少，其布局最多的也是车辆检测分支，医疗检测、生态环境检测、医疗检测、芯片检测分支都有超过2000件的专利布局。

据统计，天津市专利布局最多的分支为车辆检测，一共有2923件专利申请，其次是生态环境检测分支2050件。值得注意的是，天津市在生态环境检测、纺织检测、建筑工程检测、油品检测、轨道交通检测方面的专利布局数量均接近韩国专利申请数量。东丽区布局专利数量较多的分支是车辆检测，一共有571件专利，其他分支依次为生态环境检测76件、食品检测46件、轨道交通检测32件、医疗检测30件、芯片检测18件、纺织检测17件、建筑工程检测15件、计量校准检测12件、油品检测3件，在船舶检测分支没有专利布局。

东丽区与主要国家检验检测领域专利布局相比，除车辆检测外，在其余检测领域专利申请数量均低于百件；在芯片检测、纺织检测、建筑工程检测、计量校准检测、油品检测的专利申请量低于20件，为专利布局薄弱环节；在船舶检测暂无相关专利申请，为专利布局空白领域。并且专利权人主要为第三方检验检测、高校或科研机构，缺乏设备制造商。

图6-2所示为全球主要国家检验检测领域各技术分支专利占比情况。

（a）检测方法

（b）检测设备

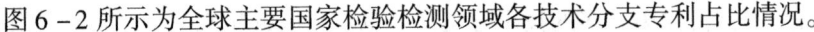

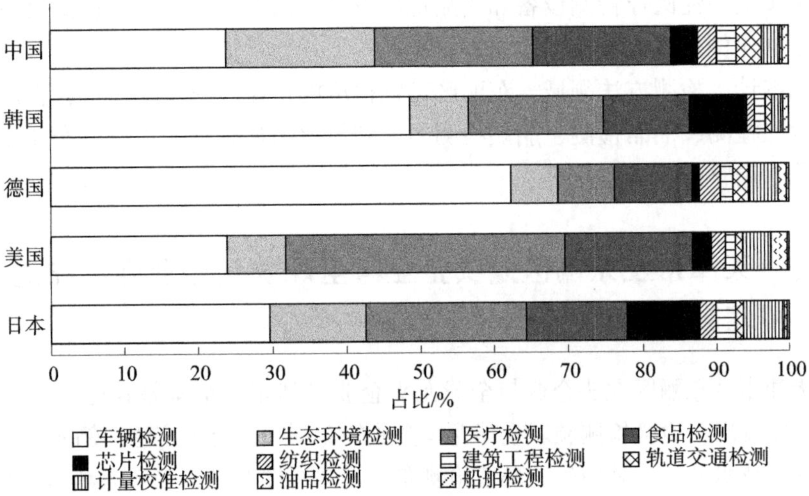

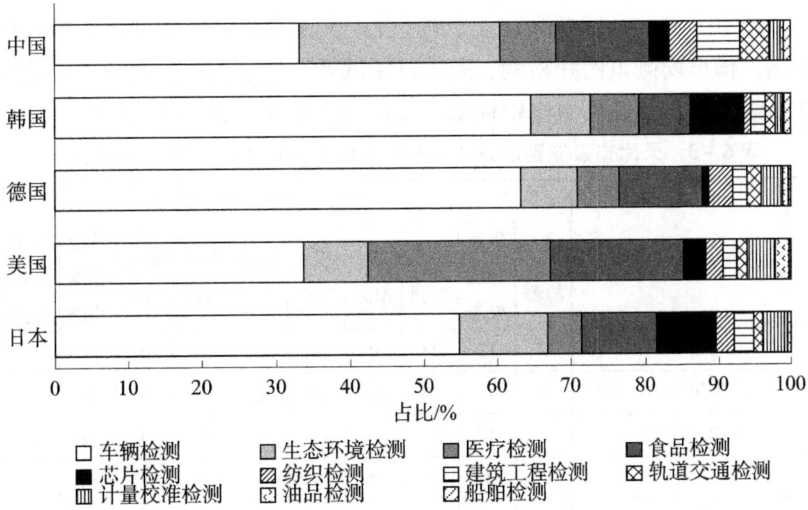

图6-2　主要国家检验检测领域各技术分支专利占比的对比

检测方法中，车辆检测依然是除了美国外其他国家和地区专利申请占比最多的技术分支，德国该技术分支专利占比超过50%，美国在医疗检测领域布局的专利占比最多，超过了车辆检测。医疗检测是日本、韩国、中国除了车辆检测占比第二多的分支。

检测设备中，韩国、德国和日本车辆检测占比均超过50%。生态环境检测设备是中国占比第二多的技术分支，这也与我国近年来大力整治生态环境有关。美国更关注医疗检测设备和食品检测设备，两者是除了车辆检测设备以外布局专利比例最多的分支。

据统计，检测方法领域，东丽区车辆检测的占比具有绝对优势，在医疗检测、食品检测、油品检测、船舶检测的专利占比明显较低，需进行产业布局结构优化，调整产业结构比例。

6.1.3 天津市及东丽区龙头企业与全球龙头企业专利布局结构差异

天津市及东丽区龙头企业与全球龙头企业专利布局结构差异见表6-3。从表中可以看出，检验检测领域全球龙头企业的专利布局更为广泛，例如，岛津布局了9个技术分支，其中生态环境检测布局了216件专利；爱德万测试布局了6个技术分支；天祥、梅里埃、莱茵分别在5个技术分支进行了专利布局。必维布局了3个技术分支。虽然龙头企业布局广泛但其侧重点各不相同，岛津侧重生态环境检测，梅里埃侧重医疗检测，爱德万测试关注计量校准检测和芯片检测，必维关注纺织检测，莱茵侧重车辆检测，天祥关注车辆检测和纺织检测。

表6-3 天津市及东丽区龙头企业与全球龙头企业专利布局结构差异

龙头企业		各技术分支专利数量/件									
		车辆检测	生态环境检测	食品检测	医疗检测	芯片检测	船舶检测	纺织检测	轨道检测	计量校准检测	建筑工程检测	油品检测
全球	天祥	37	11	23	0	0	0	32	0	0	2	0
	梅里埃	0	4	16	127	0	0	1	0	0	1	0
	爱德万测试	3	0	8	0	69	0	2	0	92	15	0
	岛津	16	216	54	36	0	3	3	0	54	13	2
	必维	0	4	5	0	0	0	43	0	0	0	0
	莱茵	22	1	0	1	0	0	12	0	0	4	0

续表

龙头企业		各技术分支专利数量/件									
		车辆检测	生态环境检测	食品检测	医疗检测	芯片检测	船舶检测	纺织检测	轨道检测	计量校准检测	建筑工程检测	油品检测
天津市	中汽研	499	3	1	0	0	0	3	4	3	0	0
	天津港湾工程质量检测中心有限公司	0	29	0	0	0	0	2	0	0	0	0
	天津台信检测技术有限公司	31	1	1	0	0	0	1	0	0	0	0
	天津市业洪检测技术发展有限公司	0	3	0	0	0	0	2	0	0	10	0
	天津欣维检测技术有限公司	0	0	0	0	0	0	0	0	1	0	0
	天津市津泰建设工程检测有限公司	0	2	0	0	0	0	0	0	0	13	0
东丽区	中汽研汽车检验中心（天津）有限公司	160	1	0	0	0	0	0	0	5	0	0
	中汽研软件测评（天津）有限公司	11	0	0	0	0	0	0	0	0	0	0
	中汽研汽车工业工程（天津）有限公司	5	0	0	0	0	0	0	0	0	6	0
	天津斯坦德优检测技术有限公司	0	1	1	1	0	0	0	0	0	0	0
	天津华测检测认证有限公司	1	0	1	0	0	0	0	0	0	0	4
	博易（天津）环境检测有限公司	0	6	0	0	0	0	0	0	0	0	0
	摩天众创（天津）检测服务有限公司	0	0	2	0	0	0	0	0	0	0	0
	天津康普森检验检测有限公司	0	0	0	1	1	0	0	0	0	0	0

天津市检验检测龙头企业中，中汽研的专利布局最为广泛，其中车辆检测

是其最为看重的分支，专利占比超过90%。其次是天津台信检测技术有限公司，布局了4个技术分支，车辆检测也是其重点关注的领域。天津市业洪检测技术发展有限公司布局了3个技术分支，建筑工程检测是其重点布局的分支。天津市津泰建设工程检测有限公司布局了2个技术分支，建筑工程检测是其主要布局的技术分支。天津欣维检测技术有限公司只在计量校准检测分支进行了专利布局。

东丽区检验检测龙头企业中中汽研汽车检验中心（天津）有限公司重点布局车辆检测分支。天津斯坦德优检测技术有限公司和天津华测检测认证有限公司各布局了3个技术分支，后者更关注油品检测。博易（天津）环境检测有限公司关注生态环境检测分支。摩天众创（天津）检测服务有限公司关注食品检测。天津康普森检验检测有限公司在医疗检测和芯片检测各有1件专利布局。

综上所述，全球检测各龙头企业之间专利布局侧重点差别较大，必维关注纺织检测，莱茵侧重车辆检测，天祥关注车辆检测和纺织检测，这与检测巨头大多起源于单一行业、专业领域精耕细作后通过并购成长为综合性巨头的产业现状较为一致。中汽研在车辆领域的专利布局具有明显优势，但天津斯坦德优检测技术有限公司和天津华测检测认证有限公司相关专利申请量极少，暂未形成明显的专利布局侧重点。

6.2 企业创新实力定位

6.2.1 天津市及东丽区企业专利布局的产业链优劣势分析

（1）天津市及东丽区企业一级、二级技术分支。

表6-4统计了天津市检验检测领域各级技术分支专利分布情况，可以看出，在检测方法二级分支中生态环境检测、车辆检测、食品检测和医疗检测是天津市申请人主要布局的分支，三级分支中整车检测、基因检测、水质检测、食品本身的检测、细菌及其代谢物的检测和土壤检测是天津市申请人最为关注的分支。

检测设备二级分支中车辆检测、生态环境检测、食品检测和医疗检测同样是天津市申请人主要布局的分支。与检测方法二级分支略有不同的是，车辆检测设备和生态环境检测设备专利数量远高于其他分支的专利申请数量。三级分支中整车检测、水质检测、土壤检测、食品本身的检测和基因检测是申请人重点关注的分支。二级分支的油品检测、计量校准检测和船舶检测专利布局相对较少。

表6-4 天津市企业技术分支中专利数量　　　　　　　　（单位：项）

一级技术分支	申请量	二级技术分支	申请量	三级技术分支	申请量
检测方法	1770	车辆检测	401	整车检测	259
				碰撞检测	30
				车身检测	3
				底盘检测	5
				汽车材料检测	7
				发动机检测	17
				新能源汽车检测	66
				排放检测	26
		医疗检测	335	体液检测	30
				微生物检测	90
				免疫检测	23
				基因检测	262
		食品检测	347	食品本身的检测	169
				食品包装的检测	21
				转基因制品的检测	55
				细菌及其代谢物的检测	157
		生态环境检测	410	水质检测	211
				土壤检测	155
				大气检测	41
				噪声检测	1
		芯片检测	57		
		纺织检测	60		
		建筑工程检测	63		
		轨道交通检测	34		
		计量校准检测	36		
		油品检测	7		
		船舶检测	20		

续表

一级技术分支	申请量	二级技术分支	申请量	三级技术分支	申请量
检测设备	6637	车辆检测	2649	整车检测	2032
				碰撞检测	102
				车身检测	28
				底盘检测	62
				汽车材料检测	41
				发动机检测	63
				新能源汽车检测	182
				排放检测	170
		医疗检测	428	体液检测	76
				微生物检测	59
				免疫检测	11
				基因检测	244
		食品检测	670	食品本身的检测	481
				食品包装的检测	66
				转基因制品的检测	17
				细菌及其代谢物的检测	123
		生态环境检测	1762	水质检测	864
				土壤检测	566
				大气检测	232
				噪声检测	4
		芯片检测	166		
		纺织检测	208		
		建筑工程检测	339		
		轨道交通检测	192		
		计量校准检测	91		
		油品检测	40		
		船舶检测	92		

表6-5统计了东丽区检验检测领域各级技术分支专利布局情况,可以看出,东丽区在检测方法领域的专利布局少于检测设备,二级分支中车辆检测布局专利最多,有151项,其他分支的专利申请数量都没超过20项,油品检测和船舶检测没有1件专利布局。三级分支中专利布局最多的依次为整车检测80项、新能源汽车检测34项、碰撞检测22项,排放检测15项、食品本身的

检测 12 项、水质检测 10 项。排名靠前的主要还是车辆检测分支。

检测设备二级分支布局数量依次为车辆检测 474 项、生态环境检测 64 项、食品检测 33 项、轨道交通检测 25 项、医疗检测 20 项，轨道交通检测专利主要是检测设备。三级分支中整车检测最多，为 304 项，紧随其后的是新能源汽车检测 82 项、碰撞检测 51 项、食品本身的检测 24 项、排放检测 20 项。船舶检测设备分支没有相关专利申请。

东丽区检验检测领域的专利布局相对于其他地区更为集中，车辆检测相关专利申请占其全部申请的 80% 以上。

表 6-5　东丽区企业技术分支中专利数量　　　　　　　　　　（单位：项）

一级技术分支	申请量	二级技术分支	申请量	三级技术分支	申请量
检测方法	224	车辆检测	151	整车检测	80
				碰撞检测	22
				车身检测	1
				底盘检测	2
				汽车材料检测	0
				发动机检测	5
				新能源汽车检测	34
				排放检测	15
		医疗检测	10	体液检测	0
				微生物检测	1
				免疫检测	0
				基因检测	5
		食品检测	15	食品本身的检测	12
				食品包装的检测	2
				转基因制品的检测	0
				细菌及其代谢物的检测	1
		生态环境检测	18	水质检测	10
				土壤检测	3
				大气检测	4
				噪声检测	0
		芯片检测	3		
		纺织检测	5		
		建筑工程检测	4		
		轨道交通检测	10		
		计量校准检测	8		
		油品检测	0		
		船舶检测	0		

续表

一级技术分支	申请量	二级技术分支	申请量	三级技术分支	申请量
检测设备	666	车辆检测	474	整车检测	304
				碰撞检测	51
				车身检测	5
				底盘检测	16
				汽车材料检测	4
				发动机检测	6
				新能源汽车检测	82
				排放检测	20
		医疗检测	20	体液检测	3
				微生物检测	3
				免疫检测	3
				基因检测	8
		食品检测	33	食品本身的检测	24
				食品包装的检测	4
				转基因制品的检测	0
				细菌及其代谢物的检测	6
		生态环境检测	64	水质检测	31
				土壤检测	16
				大气检测	9
				噪声检测	0
		芯片检测	16		
		纺织检测	12		
		建筑工程检测	14		
		轨道交通检测	25		
		计量校准检测	5		
		油品检测	3		
		船舶检测	0		

6.2.2 天津市及东丽区龙头企业在我国和全球的专利排名情况

表6-6展示出了天津市重点申请人在我国的专利排名情况。

表6-6 天津市重点申请人在我国的专利排名情况

	重点申请人	中国专利数量/项	中国发明专利数量/项	中国专利数量排名	中国发明专利数量排名
天津	中汽研	846	478	9	14
	天津港湾工程质量检测中心有限公司	170	73	116	216
	天津台信检测技术有限公司	95	40	254	435
	天津市业洪检测技术发展有限公司	63	20	430	910
	天津欣维检测技术有限公司	46	14	647	1374
	天津市津泰建设工程检测有限公司	30	0	1133	—
东丽	摩天众创（天津）检测服务有限公司	28	2	1230	—
	天津华测检测认证有限公司	6	0	—	—
	天津斯坦德优检测技术有限公司	2	0	—	—

由此可知，除中汽研在检验检测领域的专利数量和发明专利数量在全国都排名靠前，其余企业在中国的专利申请排名均靠后。东丽区引入的龙头检测龙头华测、斯坦德优未形成合理的专利布局，创新产出能力较弱，在行业竞争中缺乏专利控制力。

6.2.3 天津市及东丽区核心专利数量在全国、全球占比

表6-7统计了天津市及东丽区核心专利数量在全国、全球占比情况。可以看出，虽然总体专利数量上国内专利占全球比例很大，检验检测领域国内核心专利数量与国外比还是有较大的差距。中国在建筑工程检测、纺织检测、轨道交通检测分支的核心专利占比较大。东丽区在各细分领域核心专利明显不足。

表6-7 天津市及东丽区核心专利数量及在全国、全球占比

分项	车辆检测	医疗检测	食品检测	生态环境检测	芯片检测	纺织检测	建筑工程检测	轨道交通检测	计量校准检测	油品检测	船舶检测
全球核心专利数量/项	24 655	18 691	10 824	7805	3355	1651	1829	1298	2671	1125	310
中国核心专利数量/项	4594	2864	2100	3132	608	534	717	556	300	77	106
天津核心专利数量/项	145	42	52	79	14	13	16	11	1	1	2
东丽核心专利数量/项	27	3	4	3	0	2	0	2	1	0	0
天津核心专利在全国占比/%	3.2	1.5	2.5	2.5	2.3	2.4	2.2	2.0	0.3	1.3	1.9
东丽核心专利在天津占比/%	18.6	7.1	7.7	3.8	0.0	15.4	0.0	18.2	100.0	0.0	0.0

6.2.4 天津市及东丽区龙头企业与全球龙头企业专利申请数量、质量及活跃度对比

表6-8统计了全球、天津、东丽检验检测龙头企业专利申请数量、质量及活跃度对比情况。

表6-8 龙头企业专利申请数量、质量及活跃度对比

	企业名称	申请量/项	专利活跃度				专利质量				
			占全球专利数量比例/%	2011—2020年专利申请量/项	2016—2020年专利申请量/项	活动年期	授权有效专利数量/项	平均权利要求个数/项	平均同族个数	平均被引用次数/次	被引用次数>50次的专利数量/项
全球	天祥	285	0.047	273	207	2011,2013—2020	152	7.2	1.1	2.9	0
	梅里埃	149	0.025	29	10	1997—2012	42	20.6	11.4	57	19
	爱德万	190	0.031	14	5	1995—2008	16	9.9	3.7	29.3	29

续表

	企业名称	申请量/项	专利活跃度			专利质量				
			占全球专利数量比例/%	2011—2020年专利申请量/项	2016—2020年专利申请量/项	活动年期	授权有效专利数量/项	平均权利要求个数/项	平均同族个数	平均被引用次数/次	被引用次数>50次的专利数量/项
全球	岛津	403	0.067	87	47	1984—2007, 2011, 2014—2015, 2019	64	4.7	2.4	8.9	7
	必维	107	0.018	107	102	2014—2020	95	4.7	1.1	0.3	0
	莱茵	55	0.009	48	47	2014—2021	25	8.3	1.04	1.2	0
天津	中汽研	769	0.127	742	649	2010—2020	345	7.5	1.1	1.2	1
	天津港湾工程质量检测中心有限公司	170	0.028	170	151	2016	114	7.2	1.1	3	0
	天津台信检测技术有限公司	95	0.016	95	55	2013, 2016—2017, 2019	39	4.4	1.1	1.4	0
	天津市业洪检测技术发展有限公司	63	0.010	63	63	2016—2019	31	5.3	1	0.32	0
	天津市津泰建设工程检测有限公司	30	0.005	30	30	2019	30	5.9	1	0	0

续表

企业名称		申请量/项	专利活跃度				专利质量				
			占全球专利数量比例/%	2011—2020年专利申请量/项	2016—2020年专利申请量/项	活动年期	授权有效专利数量/项	平均权利要求个数/项	平均同族个数	平均被引用次数/次	被引用次数>50次的专利数量/项
东丽	中汽研汽车检验中心（天津）有限公司	444	0.073	444	444	2018—2020	183	7.5	1.1	0.2	0
	中汽研软件测评（天津）有限公司	11	0.002	11	11	2019—2020	6	9.5	1.1	0.2	0
	中汽研汽车工业工程（天津）有限公司	11	0.002	11	11	2020	7	9.8	1	0	0
	天津斯坦德优检测技术有限公司	2	0.0003	2	2	2021	2	5.5	1	0	0
	天津华测检测认证有限公司	6	0.001	6	6	2018	6	6	1	0	0
	博易（天津）环境检测有限公司	14	0.002	14	14	2018—2019	5	5.9	1	0	0
	摩天众创（天津）检测服务有限公司	28	0.005	28	26	2015, 2017, 2019	26	6.4	1	0.1	0

岛津专利申请数量有403项，其专利申请集中在2011—2020年，申请量87项，占比约为20%；梅里埃一共申请了149项专利，其专利申请主要集中在1997—2012年，是布局最为广泛的龙头企业，其专利平均权利要求达到20.6项，平均被引用57次，其专利质量较高。爱德万测试申请了190项专利，其专利平均被引用29.3次，被引用次数超过50次的专利有29项，其专利质量相对较高。天祥授权有效专利数量最多，有152项。必维和莱茵授权有效专利数量分别为95项和25项，两者专利被引用次数都很少。

中汽研的 769 项专利大部分都是在 2010—2020 年内申请的，授权有效专利 345 项，专利平均被引用 1.2 次，有 1 项专利被引用超过 50 次，从各个维度看，中汽研都是天津检验检测龙头企业中专利质量最高的；天津港湾工程质量检测中心有限公司的 170 项专利都是在 2011—2020 年完成的，其专利平均被引用 3 次；天津台信检测技术有限公司的 95 件专利都是在 2011—2020 年完成申请的，其专利平均被引用 1.4 次；天津市业洪检测技术发展有限公司 63 项专利均是在 2016—2020 年完成申请的，其专利平均被引用 0.32 次；天津市津泰建设工程检测有限公司 30 件专利同样是在 2016—2020 年申请的，且其专利全部维持有效，但是其专利没有同族也没有被引用过。

6.3 创新人才储备定位

6.3.1 天津市及东丽区创新人才拥有量在全球、全国的占比

表 6-9 显示了天津市及东丽区检验检测领域创新人才拥有量在全球、全国的占比。可以看出，天津和东丽区在车辆检测分支创新人才占比最高，这主要得益于中汽研在车辆检测领域的技术实力；船舶检测分支天津创新人才占比排名第二，但是东丽区没有相关的专业人才，这是东丽区在检验检测领域的一个空白点，也是企业发展和人才引进的方向；轨道交通检测分支是东丽区创新人才占比第二高的，占比达到 18.5%；其他分支中占比从高到低依次为计量校准检测占比 11.6%、纺织检测占比 9.6%、芯片检测占比 8.1%、建筑工程检测 5.9%、食品检测和医疗检测占比均为 4.9%、生态环境检测和油品检测占比均为 3.3%。

表 6-9 天津市及东丽区创新人才拥有量在全球、全国的占比

技术分支	全球发明人数量/人	中国发明人数量/人	天津发明人数量/人	东丽发明人数量/人	天津发明人全球占比/%	天津发明人在中国占比/%	东丽发明人在天津占比/%
车辆检测	492 219	256 360	10 658	3618	2.2	4.2	33.9
船舶检测	13 702	10 646	435	0	3.2	4.1	0
纺织检测	46 012	28 556	868	83	1.9	3.0	9.6
轨道交通检测	56 028	46 289	1045	193	1.9	2.3	18.5
计量校准检测	34 806	17 842	528	61	1.5	3.0	11.6

续表

技术分支	全球发明人数量/人	中国发明人数量/人	天津发明人数量/人	东丽发明人数量/人	天津发明人全球占比/%	天津发明人在中国占比/%	东丽发明人在天津占比/%
建筑工程检测	59 784	42 468	1207	71	2.0	2.8	5.9
生态环境检测	314 031	246 005	7745	253	2.5	3.1	3.3
食品检测	239 665	139 540	3598	175	1.5	2.6	4.9
芯片检测	44 010	22 761	730	59	1.7	3.2	8.1
医疗检测	280 391	141 330	3295	162	1.2	2.3	4.9
油品检测	11 210	4239	150	5	1.3	3.5	3.3

总体来看，天津市检验检测领域创新人才数量在全国处于较少的位置，东丽区在天津市创新人才数量方面除了车辆检测和轨道检测，其他分支占比较少，东丽区在发展检验检测行业方面人才培养和人才引进还有很长的路要走。

6.3.2 天津市及东丽区创新人才拥有量与其他地区创新人才拥有量的对比

表6-10统计了天津市及东丽区检验检测领域创新人才拥有量与其他地区对比情况。北京市、上海市是国内检验检测领域创新人才拥有量最多的两个地区，其中北京在11个二级分支的9个分支创新人才拥有量最多，上海在船舶检测和纺织检测2个二级分支的创新人才拥有量超过北京。天津市在车辆检测分支创新人才拥有量排名第三，油品检测分支创新人才拥有量排名第三，在其他各分支的创新人才拥有量排名稍微靠后。东丽区与体量相近的昆山对比，除了在车辆检测、轨道交通检测、油品检测分支创新人才拥有量领先外，其余分支人才拥有量全面落后，在船舶检测方面创新人才拥有量则为0。

表6-10 天津市及东丽区创新人才拥有量与其他地区对比　　　　（单位：人）

技术分支	北京	上海	天津	重庆	深圳	杭州	武汉	苏州	广州	东丽	昆山
车辆检测	25 651	16 568	10 658	9780	8512	8354	8177	7815	7536	3618	2022
船舶检测	556	1440	435	177	148	255	1081	116	584	0	20
纺织检测	2035	2390	868	388	578	1359	701	1275	806	83	164
轨道交通检测	7320	3039	1045	425	554	775	1995	878	1306	193	117
计量校准检测	2648	1044	528	437	583	721	500	347	508	61	81

续表

技术分支	北京	上海	天津	重庆	深圳	杭州	武汉	苏州	广州	东丽	昆山
建筑工程检测	4661	2058	1207	1022	1095	1262	1255	808	2145	71	131
生态环境检测	24 819	9979	7745	4908	5075	9090	7944	4990	8696	253	862
食品检测	14 123	6451	3598	1829	3989	6445	4050	1943	6683	175	267
芯片检测	2707	2607	730	476	1968	718	874	1740	629	59	161
医疗检测	21 164	12 314	3295	2363	5767	5430	5035	5082	11 340	162	384
油品检测	891	211	150	23	71	59	100	44	138	5	2

6.3.3 天津市及东丽区创新人才在产业链各技术环节分布情况

表6-11显示了天津市及东丽区发明人在产业链各技术环节的分布情况，侧面体现了天津市及东丽区创新人才在产业链各技术环节的分布情况。天津市在整车检测领域发明人最多，超过7000人，在噪声检测领域发明人最少，少于20人。

表6-11 天津市及东丽区发明人在产业链各技术环节分布情况

一级技术分支	二级技术分支	三级技术分支	天津市发明人数量/人	天津市人均发明量/(项/人)	东丽区发明人数量/人	东丽区人均发明量/(项/人)
检测方法1770项，检测设备6637项	车辆检测	整车检测	7383	0.04	2173	0.04
		碰撞检测	579	0.05	389	0.06
		车身检测	124	0.02	46	0.02
		底盘检测	361	0.01	113	0.02
		汽车材料检测	202	0.03	22	0.00
		发动机检测	307	0.06	57	0.09
		新能源汽车检测	1189	0.06	709	0.05
		排放检测	713	0.04	229	0.07
	医疗检测	体液检测	390	0.08	30	0.00
		微生物检测	755	0.12	14	0.07
		免疫检测	154	0.15	17	0.00
		基因检测	2517	0.10	94	0.05

续表

一级技术分支	二级技术分支	三级技术分支	天津市发明人数量/人	天津市人均发明量/(项/人)	东丽区发明人数量/人	东丽区人均发明量/(项/人)
检测方法1770项，检测设备6637项	食品检测	食品本身的检测	2087	0.08	116	0.10
		食品包装的检测	223	0.09	26	0.08
		转基因制品的检测	360	0.15	0	0.00
		细菌及其代谢物的检测	1257	0.12	36	0.03
	生态环境检测	水质检测	3865	0.05	120	0.08
		土壤检测	2765	0.06	57	0.05
		大气检测	799	0.05	30	0.13
		噪声检测	12	0.08	0	0.00
	芯片检测		730	0.08	59	0.05
	纺织检测		868	0.07	83	0.06
	建筑工程检测		1207	0.05	71	0.06
	轨道交通检测		1045	0.03	193	0.05
	计量校准检测		528	0.07	61	0.13
	油品检测		150	0.05	5	0.00
	船舶检测		435	0.05	0	0.00

东丽区在整车检测领域发明人数量最多，超过2000人，在转基因制品的检测、噪声检测及船舶检测领域没有相关发明人，人才相对匮乏。

6.3.4 天津市及东丽区主要发明人

表6-12汇总了天津市及东丽区主要发明人。

表 6–12 天津市及东丽区主要发明人

技术分支	发明人	专利申请量/项	发明人团队	所属单位	主要研发方向	合作单位
车辆检测	尚佐旭	49		天津云视科技发展有限公司	整车检测、排放检测	—
	顾灿松	48	李洪亮、王海洋、陈达亮、邓江华、杨明辉、高继东、苏丽俐、石岩	中国汽车技术研究中心	整车检测、车身检测、发动机检测	中汽研（天津）汽车工程研究院有限公司
	戎辉	36	龚进峰、唐风敏、刘全周、王文扬、陈正、蔡永祥、晏江华、汪春华、王东升	中国汽车技术研究中心	整车检测、新能源汽车检测	—
	陈弘	36	乔胜华、戴春蕾、刘海、陆红雨、李伟、王亚飞、万辅君、邵忠瑛	中国汽车技术研究中心	整车检测、碰撞检测、底盘检测	—
	王征	33	王征平、李根斌、邱兆文、张广昕、张凯、孙晋伟	天津市优耐特汽车电控技术服务有限公司	整车检测、发动机检测	—
生态环境检测	邹强	23	苏奇、马建国、付超、莫申童	天津大学	水质检测	
	李顺群	21	程宇、陈之祥、刘烨璇、潘林娜、高凌霞、柴寿喜、夏锦红	天津城建大学	土壤检测	新乡学院
	郑君	14	张倩、温玉洁、孙艳、郑君、孙炳龙、孙国振	天津晟方环保科技有限公司	空气检测、水质检测、土壤检测	—
食品检测	郑文杰	26	贺艳、陈其勇、程瑜、张宏伟、张灿、奚文辉、杜敬、韩宇宁、尹长城、刘斯奇、李宏虹、张亚莲	天津出入境检验检疫局动植物与食品检测中心	食品本身的检测、细菌及其代谢物的检测	南开大学

续表

技术分支	发明人	专利申请量/项	发明人团队	所属单位	主要研发方向	合作单位
食品检测	王永	24	兰青阔、程奕、朱珠、赵新	天津市农业科学院	转基因制品的检测	中国农业科学院作物科学研究所、锦州医科大学
	季静	14	王罡	天津大学	转基因制品的检测	
医疗检测	王磊	26	曹勃阳、冯露、陈敏	天津生物芯片技术有限责任公司	微生物检测	上海市疾病预防控制中心、上海市预防医学研究院、北京出入境检验检疫局
	赵祥平	23	王乃福、吴冬雪、黄晨、陈小金、王万骞、刘洋	天津出入境检验检疫局	微生物检测、基因检测	—
	王建华	17	董志珍、赵丹、王玉玲、赵祥平、肖妍、张俊哲、陈本龙	天津出入境检验检疫局	微生物检测、基因检测	—
船舶检测	王为	12	杨靖平、李玉亮、乔立波、刘传奇	天津师范大学	船舶检测	
	胡健波	6	彭士涛、赵宏鑫	交通运输部天津水运工程科学研究所	船舶检测	
纺织检测	单学蕾	5	葛传兵、朱克传、程剑、李维斌、何振	天纺标检测科技有限公司	纺织检测	天津市凯瑟戴克环保科技有限公司
	刘皓	5	王瑞、孙艳丽、代二庆、刘星、徐磊、李孟轩	天津工业大学	纺织检测	—
轨道检测	李亚辉	11	许磊、王长进、刘向军、康占龙、谭兆、张志刚、李新增、铁骊山、秦守鹏、林勇威	中国铁路设计集团有限公司、铁道第三勘察设计院集团有限公司	轨道检测	—

续表

技术分支	发明人	专利申请量/项	发明人团队	所属单位	主要研发方向	合作单位
计量校准检测	裘祖荣	11	薛洁、胡文川、路遥环、尤悦、于振、崔超	天津大学	计量校准检测	—
	张志宽	5	张天江、孙钟、尤卫宏、陈亮、李勇辉、吴员、李睿尧、张卫东、李亚川、徐振、陈强	海洋石油工程股份有限公司	计量校准检测	—
建筑工程检测	李金虎	13	赵永力	天津市津泰建设工程检测有限公司	建筑工程检测	—
	杨凤	10	张洪国、王闽、吴炫莹	天津市业洪检测技术发展有限公司	建筑工程检测	—
芯片检测	叶喜涛	10	—	天津芯络科微电子研发有限公司	芯片检测	—
	王战会	10	陈坦、陈方璐	天津微纳芯科技有限公司	芯片检测	微纳芯（苏州）科技有限公司
油品检测	李东成	4	王晓龙	吉睿智控科技（天津）有限公司	油品检测	—
	安伟	3	钱国栋、赵宇鹏、李建伟	中海石油环保服务（天津）有限公司	油品检测	—

从天津市及东丽区创新人才领军人才的创新能力和竞争实力分布来看，车辆检测、生态环境检测、食品检测、医疗检测分支的创新领军人才较多，油品检测、纺织检测、轨道检测分支创新领军人才较少。大专院校是天津市和东丽区检验检测领域的主要创新力量。

6.4 技术创新能力定位

6.4.1 天津市及东丽区技术创新能力定位

表6-13和表6-14统计了天津市及东丽区技术创新能力定位情况。可以看出，天津市检验检测行业整体技术创新能力在全国排名比较靠后，东丽区检验检测领域创新能力在天津市也处于比较靠后的位置。

表6-13 天津市及东丽区技术创新能力定位（1） （单位：项）

技术分类		专利申请量			发明申请量			PCT申请量		
二级技术分支	三级技术分支	中国	天津市	东丽区	中国	天津市	东丽区	中国	天津市	东丽区
车辆检测	整车检测	61 330	2207	357	27 569	784	167	197	0	0
	碰撞检测	1548	126	68	894	64	33	5	0	0
	车身检测	1144	31	6	544	12	3	2	0	0
	底盘检测	1550	64	16	694	28	7	4	0	0
	汽车材料检测	1153	46	4	445	14	1	2	0	0
	发动机检测	1382	75	10	596	30	8	0	0	0
	新能源汽车检测	5515	227	98	3199	121	51	10	0	0
	排放检测	3210	188	32	1476	73	22	3	0	0
医疗检测	体液检测	3658	102	3	2734	67	2	24	0	0
	微生物检测	4786	144	4	4386	131	3	6	0	0
	免疫检测	1772	34	3	1696	33	3	31	0	0
	基因检测	22 370	499	13	21 705	457	13	121	0	0
食品检测	食品本身的检测	24 824	623	34	13 001	276	18	63	0	0
	食品包装的检测	1957	84	6	714	39	3	3	0	0
	转基因制品的检测	2787	72	0	2682	69	0	5	0	0
	细菌及其代谢物的检测	9327	277	7	7257	211	3	18	0	0
生态环境检测	水质检测	31 373	1016	40	14 142	419	11	32	0	0
	土壤检测	22 925	673	17	10 058	262	4	17	0	0
	大气检测	7745	260	11	3068	95	4	9	0	0
	噪声检测	247	4	0	157	3	0	0	0	0
芯片检测		7397	203	18	4536	105	9	28	0	0
纺织检测		8786	246	17	3576	95	6	15	0	0

续表

技术分类		专利申请量			发明申请量			PCT 申请量		
二级技术分支	三级技术分支	中国	天津市	东丽区	中国	天津市	东丽区	中国	天津市	东丽区
建筑工程检测		12 678	384	15	4262	131	6	12	0	0
轨道交通检测		9637	217	32	5002	84	17	14	0	0
计量校准检测		4075	106	12	2634	49	9	19	0	0
油品检测		1082	107	3	478	16	1	2	0	0
船舶检测		2469	45	0	1352	37	0	5	0	0

表 6-14 天津市及东丽区技术创新能力定位（2）

技术分支		授权有效专利数量/项			2016—2020 年发明申请量的占比/%		
二级技术分支	三级技术分支	中国	天津市	东丽区	中国	天津市	东丽区
车辆检测	整车检测	26 411	982	183	65.9	60.3	78.4
	碰撞检测	719	62	35	72.6	81.3	84.8
	车身检测	524	14	4	60.8	50.0	66.7
	底盘检测	677	26	8	64.8	46.4	57.1
	汽车材料检测	647	27	2	71.0	85.7	100.0
	发动机检测	575	20	6	59.2	63.3	87.5
	新能源汽车检测	2615	103	45	78.5	87.6	94.1
	排放检测	1513	70	11	68.2	69.9	90.9
医疗检测	体液检测	1055	0	1	53.1	43.3	50.0
	微生物检测	1251	20	0	58.8	35.9	33.3
	免疫检测	549	7	0	55.8	60.6	66.7
	基因检测	5746	104	0	58.4	43.5	84.6
食品检测	食品本身的检测	10 633	265	10	65.7	56.5	61.1
	食品包装的检测	1001	36	2	71.4	71.8	66.7
	转基因制品的检测	716	13	0	39.8	27.5	0
	细菌及其代谢物的检测	3235	66	3	51.7	34.1	66.7
生态环境检测	水质检测	15 838	497	25	71.0	65.6	72.7
	土壤检测	11 769	374	11	72.5	71.8	100.0
	大气检测	4075	128	6	74.6	71.6	75.0
	噪声检测	118	1	0	68.8	100.0	0

续表

技术分支		授权有效专利数量/项			2016—2020 年发明申请量的占比/%		
二级技术分支	三级技术分支	中国	天津市	东丽区	中国	天津市	东丽区
芯片检测		3490	82	7	60.0	67.6	55.6
纺织检测		4375	108	7	63.1	48.4	16.7
建筑工程检测		7271	206	9	76.7	62.6	66.7
轨道交通检测		4863	117	18	70.9	76.2	88.2
计量校准检测		1965	59	6	65.2	71.4	66.7
油品检测		532	24	2	69.5	75.0	100.0
船舶检测		1150	56	0	72.6	70.3	0

从 2016—2020 年发明专利占比来看，东丽区在汽车材料检测、新能源汽车检测、排放检测领域占比均超过了 90%，即在这些领域中创新处于发展期，创新能力较强。天津在碰撞检测、汽车材料检测、新能源汽车检测领域 2016—2020 年发明专利申请占比均超过了 80%，即在上述领域具有较强的创新能力。

医疗检测领域 2016—2020 年发明申请量占比中，东丽区在基因检测、免疫检测分支占比高于全国和天津市占比，说明东丽在该分支的创新活力高于全国和天津。

食品检测分支 2016—2020 年发明申请量占比中，天津和全国在食品包装的检测领域占比超过 70%。东丽区细菌及其代谢物检测分支占比较高，具有较强的技术创新能力。但是东丽区在转基因制品的检测分支中占比为零，在该领域中技术创新能力缺乏。

生态环境检测分支 2016—2020 年发明申请量占比中，东丽区土壤检测、大气检测、水质检测方面具有较强的创新能力，天津市则在噪声检测方面处于创新活跃期。

6.4.2　天津市产业链各技术环节专利数量与典型城市的对比

天津市东丽区与典型城市的专利数量对比情况见表 6-15。可以看出，北京和上海是检验检测领域专利申请数量最多的两个城市，北京在车辆检测、轨道交通检测、计量校准检测、建筑工程检测、生态环境检测、食品检测、医疗检测和油品检测分支专利申请数量均排在第一位，上海则在船舶检测、纺织检测、芯片检测分支专利数量排在第一。

表 6–15 天津市和东丽区与典型城市的专利数量对比　　（单位：项）

技术分支	北京	上海	深圳	苏州	重庆	天津	广州	杭州	武汉	昆山	天津市东丽区
车辆检测	6676	5401	3561	3492	3008	2923	2417	2202	1938	951	571
船舶检测	119	341	42	37	39	106	116	53	204	6	0
纺织检测	414	620	228	602	107	246	249	419	155	72	17
轨道交通检测	1274	652	197	320	114	217	251	196	326	46	32
计量校准检测	496	291	202	130	88	107	131	154	100	30	12
建筑工程检测	921	567	415	298	277	384	657	395	311	48	15
生态环境检测	5045	2789	1702	1816	1235	2050	2478	2324	1648	323	76
食品检测	2961	1618	1451	714	488	984	1509	1613	830	121	46
芯片检测	687	886	795	626	130	203	186	236	206	59	18
医疗检测	4133	3012	1218	2344	469	747	2279	1152	1056	96	30
油品检测	160	64	22	20	7	45	35	15	24	1	3

天津市在国内典型城市检验检测领域专利申请数量对比中处于靠后位置，东丽区除了在车辆检测分支专利数量相对较多外，其余分支均较少，在船舶检测分支则没有专利申请。

6.5　专利运营实力定位

6.5.1　天津市及东丽区专利运营活跃度

表 6–16 统计了天津市检验检测领域专利运营活跃度。从中可以看出，车辆检测分支的专利运营最为活跃，发生转让 130 项、质押 7 项、许可 5 项、诉讼 1 项、无效 1 项；生态环境检测分支转让 75 项、许可 4 项、质押 1 项；食品检测转让 46 项、许可 4 项、质押 3 项；医疗检测转让 39 项、许可 2 项、质押 1 项。这 4 个分支也是天津市专利运营活跃度最高的。

在其他技术分支中因为专利基数较少，运营的专利数量也比较少，专利运营主要集中在转让方面，在专利的许可、质押、诉讼和无效方面相关专利很少。

表6-16 天津市检验检测产业专利运营活跃度　　　　　　（单位：项）

技术分支	转让	许可	质押	诉讼	无效
车辆检测	130	5	7	1	1
医疗检测	39	2	1	0	0
食品检测	46	4	3	0	0
生态环境检测	75	4	1	0	0
芯片检测	13	0	0	0	1
纺织检测	9	4	0	0	0
建筑工程检测	13	2	0	0	0
轨道交通检测	9	0	1	0	0
计量校准检测	0	1	0	0	0
油品检测	1	0	0	0	0
船舶检测	2	0	0	0	0

由表6-17可以看出，车辆检测分支的专利运营最为活跃，发生转让25项、质押1项；食品检测转让3项、质押1项；纺织检测转让2项；轨道交通检测转让1项、质押1项；计量校准检测转让1项。

表6-17 东丽区检验检测产业专利运营活跃度　　　　　　（单位：项）

技术分支	转让	许可	质押	诉讼	无效
车辆检测	25	0	1	0	0
医疗检测	3	0	0	0	0
食品检测	3	0	1	0	0
生态环境检测	0	0	0	0	0
芯片检测	0	0	0	0	0
纺织检测	2	0	0	0	0
建筑工程检测	0	0	0	0	0
轨道交通检测	1	0	1	0	0
计量校准检测	1	0	0	0	0
油品检测	0	0	0	0	0
船舶检测	0	0	0	0	0

在其他技术分支没有相关专利发生转让、许可、质押、诉讼和无效活动，东丽区的专利运营主要集中在转让和质押方面，在专利的许可、诉讼和无效方面没有相关的专利。

车辆检测、医学检测、食品检测、纺织检测分支的专利运营活动相对活跃。其他技术分支专利很少有相应的专利运营活动。

6.5.2 天津市及东丽区运营主体情况

表6-18显示了天津市及东丽区检验检测领域的专利申请中各运营主体情况，天津市检验检测专利运营主体中企业专利运营最多，其中转让203项、许可13项、质押10项、无效2项、诉讼1项；科研机构专利转让79项、许可2项、个人专利转让30项、许可和质押各2项；高校专利转让23项、许可5项、质押1项。东丽区的专利运营主体主要是科研机构转让22项；企业转让15项、质押3项。

表6-18 天津市及东丽区专利申请中各运营主体情况 （单位：项）

专利运营方式	企业		高校		科研机构		个人		知识产权运营机构	
	天津	东丽区	天津	东丽区	天津	东丽区	天津	东丽区	天津	东丽区
转让	203	15	23	0	79	22	30	0	0	0
许可	13	0	5	0	2	0	2	0	0	0
质押	10	3	1	0	0	0	2	0	0	0
诉讼	1	0	0	0	0	0	0	0	0	0
无效	2	0	0	0	0	0	0	0	0	0

从天津市和东丽区检验检测专利运营主体来看，其专利运营还是以自主运营为主，没有知识产权机构的参与。专利运营方式主要是转让。诉讼和无效方面涉及的专利很少。

6.5.3 天津市及东丽区运营主体的基础实力和潜力对比

1. 运营主体基础实力

表6-19中统计了天津市及东丽区运营主体的基础实力与其他地区的对比情况。可以看出，专利转让是国内主要城市检验检测领域专利运营的主要方式，专利无效和诉讼运用较少。

表 6-19　运营主体基础实力　　　　　　　　　　　（单位：项）

专利运营方式	各地区检验检测产业专利运营数量									
	北京	上海	深圳	广州	苏州	杭州	天津	武汉	昆山	东丽区
转让	1549	958	565	452	410	381	337	251	93	38
许可	97	94	54	44	21	49	22	26	4	0
质押	118	32	44	54	17	35	13	34	0	3
诉讼	20	1	9	0	0	0	1	1	0	0
无效	13	5	19	2	4	4	2	0	2	0
合计	1797	1090	691	552	452	469	375	312	99	41

天津市以 375 项专利运营排在主要对比城市的第 7 位，其专利运营总体水平处在较低水平，这也说明天津市检验检测产业的专利水平相对较低，专利的转化应用工作开展落后。东丽与昆山专利运营基础和实力相比，有一定差距。

2. 运营主体潜力

表 6-20 统计了天津市及东丽区与其他地区在检验检测产业专利运营潜力对比情况。

表 6-20　各地区检验检测领域专利运营潜力对比　　　　（单位：项）

分类	专利数量									
	北京	上海	广州	深圳	苏州	杭州	天津	武汉	昆山	东丽区
授权有效专利	10 515	6708	5212	4734	4515	3754	3551	3224	1044	398
授权有效发明专利	5272	2385	1616	870	693	1460	566	1163	41	77
公开、实质审查专利	5604	3886	2806	2602	1971	2239	1419	1860	241	242
核心专利	1840	1103	558	703	452	474	376	311	103	42

从授权有效专利来看，天津以 3551 项排在北京、上海、广州、深圳、苏州、杭州之后的第 7 位；授权有效发明专利和公开、实质审查专利数量排在第 8 位；核心专利数量排在第 7 位。专利运营潜力低于其他主要对比城市。

东丽区授权有效专利 398 项，授权有效发明专利 77 项，公开、实质审查专利 242 项，核心专利 42 项。东丽区授权有效发明专利数量多于同体量的昆山，但其他专利方面与昆山还有一定差距，专利运营基础较弱，运营潜力低于对标城市。

第7章　天津市东丽区检验检测产业发展路径导航

为了加快东丽区检验检测产业的持续健康发展，基于产业发展方向和东丽区现状定位的结论，通过产业发展路径规划、技术创新及引进路径、企业整合培育路径、人才培养及引进路径引导东丽区检验检测产业的发展，为东丽区政府和企业提供可行的产业发展路径。

7.1　产业结构优化路径

目前东丽区检验检测产业的现状如下：东丽区在检验检测各细分行业领域的优势企业均以提供第三方检测服务为主，缺乏检测设备制造商，东丽开发区已初步形成检验检测集聚区，尚未形成完整的产业链。东丽区检验检测产业发展方向见表7-1。

表7-1　东丽区检验检测产业现状及发展方向

检测领域	专利申请量/件	重要专利申请人	申请人企业类型	专利基础/研发基础评价	产业链情况	关键问题	突破方向
车辆检测	571	中汽研	第三方检测服务	专利实力强、相关技术承担单位实力强	优势领域、缺乏检测设备制造商	巩固产业优势、产业链进一步完善	强化新能源、智能网联汽车检测前沿技术
医疗检测	30	中检科健（天津）检验检测有限责任公司、天津迪安执信医学检验所有限公司、天津康普森检验检测有限公司、天津斯坦德优检测技术有限公司	第三方检测服务	专利基础弱、相关技术承担单位实力强	缺乏检测设备制造商	产业链进一步完善、加强龙头带动作用	加强合作、引进企业及人才、形成产业集群

续表

检测领域	专利申请量/件	重要专利申请人	申请人企业类型	专利基础/研发基础评价	产业链情况	关键问题	突破方向
食品检测	46	摩天众创（天津）检测服务有限公司	第三方检测服务	专利基础弱，相关技术承担单位具有一定实力	缺乏检测设备制造商	产业链进一步完善、加强龙头带动作用	加强合作、引进企业及人才、形成产业集群
生态环境检测	76	摩天众创（天津）检测服务有限公司、博易（天津）环境检测有限公司、天津金晟天凯环境检测服务有限公司	第三方检测服务	具有一定的专利基础，相关技术承担单位具有一定实力	缺乏检测设备制造商	产业链进一步完善、加强龙头带动作用	加强合作、引进企业及人才、形成产业集群
芯片检测	18	—		专利基础弱、研发基础弱	产业空白领域	产业基础薄弱	引进优势企业
纺织检测	17	—		专利基础弱、研发基础弱	产业空白领域	产业基础薄弱	引进优势企业，加强综合检测业务龙头华测的专利布局
建筑工程检测	15	天津新滨工程技术检测有限公司	第三方检测服务	专利基础弱，相关技术承担单位具有一定实力	缺乏检测设备制造商	产业链进一步完善、加强龙头带动作用	壮大龙头企业，引进优势企业
轨道交通检测	32	—		专利基础弱、研发基础弱	产业空白领域	产业基础薄弱	引进优势企业，加强斯坦德优的专利布局力度
计量校准检测	12	—		专利基础弱、研发基础弱	产业空白领域	产业基础薄弱	引进优势企业
油品检测	3	天津华测检测认证有限公司、清研检测（天津）有限公司	第三方检测服务	专利基础弱，相关技术承担实力较强	缺乏检测设备制造商	产业链进一步完善、加强龙头带动作用	引进优势企业、加强专利布局
船舶检测	0	—		无相关专利申请、研发基础弱	产业空白领域	产业基础薄弱	引进优势企业

鉴于天津市和东丽区的产业结构特点,建议天津市东丽区从以下几个方面着手来加快东丽区检验检测产业的持续健康发展。

7.1.1 强化产业链优势

车辆检测、食品检测和生态环境检测领域是天津市专利布局的重点,这些领域的专利申请量均位于全国前七,具有一定的产业优势。其中,在车辆检测领域,以中汽研和天津台信检测有限公司为代表的车辆检测服务供应商在车辆检测领域均具有一定产业基础和核心技术,尤其是中汽研,其在车辆检测领域是少有的能和国际检验检测巨头机构竞争的中国企业,专利申请数量也具备明显优势。

由此可知,东丽在车辆检测领域已具备明显优势,但除中汽研外,没有第二家能兼具市场能力和专利创新能力的企业,因此建议天津市及东丽区优先考虑强化车辆检测产业链优势:一方面持续引入莱茵、天祥、北京北方机动车检测场有限公司、中机科(北京)车辆检测工程研究院有限公司、北京卡达克汽车检测技术中心有限公司、河北中航检测技术服务有限公司、北京铁科英迈技术有限公司等国内外车辆检测领域优势第三方检测机构;另一方面加强车辆检测设备制造商招商引资力度,优先考虑引进博世、HORIBA、西门子、ABB等国外设备制造商,以及北京博科测试系统股份有限公司、杰胜卡特汽车检测设备(北京)有限公司、北京宝克测试系统有限公司、石家庄华燕汽车检测设备厂、北京宝克博特测试设备有限公司等国内优势企业,从而形成完整的检验检测产业链,形成聚集效应。此外鼓励中汽研积极进行高价值专利培育布局,实现申请数量和专利质量双提升,形成优势、示范的带头模范效应,带动更多企业、高校提高自主知识产权水平,推动行业高质量发展。为保持东丽区在车辆检测领域的优势,要积极突破技术瓶颈,开发新技术。在车辆检测方面,随着新能源汽车的全面普及和智能网联汽车技术的快速发展,在传统车辆检测项目的基础上,出台政策鼓励企业开发新能源汽车和智能网联车检测技术;由于我国传统汽车技术落后,重大检测设备(装备)依赖进口,受制于人,现在我国新能源、智联网联汽车技术已经世界领先,建议东丽区加强在新能源、智联网联汽车的重大检测设备(装备)开发研制的支持力度,设立重大课题专项项目,引领我国新能源汽车、智能网联汽车的检验检测技术迈向世界前列。

7.1.2 弥补产业链劣势

东丽区在食品检测、生态环境检测、医疗检测、建筑工程检测、油品检测等领域有一定产业基础，有一定的专利基础较弱、但未形成良好的优势，缺乏相应的检验设备制造商，优势企业带动作用需加强。

医学检测领域，天津市形成了以国家生物医药国际创新园为核心的生物医药产业格局，且在《天津市制造业高质量发展"十四五"规划》中，生物医药行业是天津市重点发展的行业之一。东丽区的医疗器械产业虽然尚处于起步阶段，但发展势头迅猛。随着医疗器械产业园一期20万平方米载体建设工作已基本接近尾声，以中国科学院苏州生物医学工程技术研究所为龙头的10多家科研院所、科技型企业已经正式入驻。未来将继续开展重点引进大院、大所科技创新资源的工作，打造集研发、孵化、转化、产业化于一体的医疗器械产业园，搭建医疗器械产业百亿集群的集聚地。因此，检验检测企业的集聚将为这些企业科技创新、转型升级提供巨大的帮助。

油品检测领域，根据《天津市制造强市建设三年行动计划（2021—2023年）》和《天津市产业链高质量发展三年行动方案（2021—2023年）》，石油化工产业是天津市集中攻坚的10条重点产业链之一，而石油产品质量的检测对石油化工产业的健康发展至关重要。因此，东丽区发展油品检测产业既是天津市石油化工产业链的需要，也是填补检验检测产业细分领域劣势、打造检验检测产业集群的需要。

7.1.3 填补产业链空白

建议东丽区在产业链的劣势领域，采取消化引进吸收的方式进行二次创新，采用招商引资、人才引进和创新合作的方式，尤其在医学检测、油品检测领域要加大招商引资力度。通过招商引资的方式，引进一些国内外在这些检测领域具有一定实力的企业进行投资建立子分公司，带动东丽区细分检测领域的发展。

天津市在芯片检测、纺织检测、轨道交通检测、计量校准检测、船舶检测检测领域，专利申请数量少，专利申请人少，专利申请人实力均较弱，为东丽区产业链空白。

芯片领域，近几年芯片产业是我国大力发展的产业，也是天津市海河产业基金的主攻方向。天津汇聚了中国电子科技集团公司第四十六研究所、中芯国际集成电路制造（天津）有限公司、天津中环领先材料技术有限公司、紫光云技术有限公司、海光信息技术股份有限公司、美新半导体（天津）有限公司等行业龙头企业。在近期发布的《关于印发天津市产业链高质量发展三年行动方案（2021—2023年）的通知》中，集成电路产业将加快建设世界最大的8英寸芯片生产基地。而芯片检测处于芯片产业链的中游，对带动芯片产业链的发展至关重要，因此东丽区要利用天津市的既有优势，加强芯片检测领域的人才引进和创新合作。

纺织检测领域，纺织行业曾经是天津的支柱产业，是目前东丽区引入的龙头企业华测的优势市场领域，目前华测在纺织检测的带动能力相对较弱，东丽区聚集了多个纺织大厂，建议东丽区鼓励华测在天津开展纺织品检测业务，在该领域建设以天津为中心的实验室。

船舶检测领域，天津市是国内重要的海洋工程装备和高技术船舶产业基地之一，根据《天津市海洋工程装备和高技术船舶产业发展三年行动方案（2018—2020年）》，天津市将提高海洋工程装备、高技术船舶等战略性新兴产业集聚度，加快在临港经济区形成海洋工程装备、高技术船舶制造基地和研发创新平台聚集区。船舶大型化智能化的发展趋势，全球造船业持续攀升的市场份额以及现代化综合交通运输体的安全运行，都对船舶检验行业提出新的更高的发展要求。因此，天津船舶行业的发展将带动检验检测服务需求的增长，同时船舶检验检测产业的发展将助力天津市航运业和造船业蓬勃发展。东丽区发展船舶检测产业不仅能有效填补检验检测行业细分领域的空白，对打造天津高技术船舶产业完整产业链也起到重要支撑作用。

7.1.4　需重点关注的专利

对检验检测产业发生过专利诉讼、专利无效的专利进行人工筛选，确定需重点关注的专利123件（详见表7-2）。从国家/地区分布来看，中国、美国需重点关注的专利分别为47件、45件，巴西、日本、欧洲、韩国需重点关注的专利分别为19件、6件、4件、2件；从产业链环节来看，涉及检测设备的需重点关注的专利78件，涉及检测方法的需重点关注的专利72件（27件专利权利要求保护范围同时保护检测设备及检测方法）；从检测领域来看，需重点关注的专利主要集中在医疗检测（55件）领域和车辆检测（28件）领域，构建了较强的专利壁垒，此外食品检测（15件）、生态环境检测（10件）、芯片检测（5件）、建筑工程检测（4件）及轨道检测（3件）领域的专利侵权壁垒相对较低。

表 7-2 需重点关注的专利列表

序号	一级技术分支	二级技术分支	公开（公告）号	标题	当前权利人	法律事件
1	检测方法、检测设备	油品检测	BRPI0517226A	Method to determine multi-fases fluid chains, and, system to monitor a multi-fases fluid chain	SHELL INTERNATIONALE RESEARCH MAATSCHAPPIJ B V	诉讼
2	检测设备	医疗检测	US20020012940A1	Expression monitoring by hybridization to high density oligonucleotide arrays	AFFYMETRIX INC；GENERAL ELECTRIC CAPITAL CORPORATION AS AGENT	转让、诉讼
3	检测方法、检测设备	医疗检测	JP2002078683A	Device and method for inspecting surface	OREAL	诉讼
4	检测设备	医疗检测	US7094595B2	Label-free high-throughput optical technique for detecting biomolecular interactions	X-BODY, INC.	转让、诉讼
5	检测设备	医疗检测	US20030027327A1	Optical detection of label-free biomolecular interactions using microreplicated plastic sensor elements	X-BODY, INC.	转让、诉讼
6	检测设备	医疗检测	US7465540B2	Multiple reporter read-out for bioassays	LUMINEX CORPORATION	转让、诉讼

续表

序号	一级技术分支	二级技术分支	公开（公告）号	标题	当前权利人	法律事件
7	检测方法	医疗检测	US7563584B2	Methods and compositions for detecting the activation state of multiple proteins in single cells	NATIONAL INSTITUTES OF HEALTH (NIH), U.S. DEPT. OF HEALTH AND HUMAN SERVICES (DHHS), U.S. GOVERNMENT	转让、诉讼
8	检测方法	医疗检测	EP1341928A1	Methods and kits for detecting protein kinases	CAMBREX BIO SCIENCE NOTTINGHAM LIMITED	诉讼、异议
9	检测方法、检测设备	医疗检测	US20030186310A1	Apparatus and methods of detecting features on a microarray	AGILENT TECHNOLOGIES INC.	转让、诉讼
10	检测方法	医疗检测	US20040137470A1	Methods for detection of genetic disorders	RAVGEN INC.	转让、诉讼
11	检测设备	医疗检测	US20050079486A1	Using liquid crystals to detect affinity microcontact printed biomolecules	NATIONAL SCIENCE FOUNDATION	转让、诉讼
12	检测方法	医疗检测	US7611842B2	Automated seed sampler and methods of sampling, testing and bulking seeds	MONSANTO TECHNOLOGY LLC.	转让、诉讼
13	检测方法	医疗检测	BRPI0410283A	Método de caracterizção de um gene de região variável de receptor de células t ou imunoglobulina rearranjado	MONOQUANT PTY LTD.	诉讼

续表

序号	一级技术分支	二级技术分支	公开（公告）号	标题	当前权利人	法律事件
14	检测方法	医疗检测	US7727720B2	Methods for detection of genetic disorders	RAVGEN, INC.	转让、诉讼
15	检测方法	医疗检测	EP1828412B1	Improved method of nucleotide detection	ILLUMINA CAMBRIDGE LIMITED	转让、诉讼、异议
16	检测方法	医疗检测	BRPI0412138A	Antibody, hybridoma, method of producing an antibody, pharmaceutical composition, methods to potentiate the activity of cell, of detecting the presence of NK and purify a sample NK, and, composition	INNATE PHARMA; UNIV GENOVA	诉讼
17	检测方法、检测设备	医疗检测	BRPI0412412A	Device and method for carrying out of the determination groups, blank and search test serum antibody	MEDION DIAGNOSTICS GMBH	诉讼
18	检测设备	医疗检测	US20070082340A1	Sequences for detection and identification of methicillin-resistant Staphylococcus aureus (MRSA)	GENEOHM SCIENCES INC.	转让、诉讼
19	检测设备	医疗检测	US20090325164A1	Microelectronic sensor device for dna detection	KONINKLIJKE PHILIPS ELECTRONICS N V	转让、诉讼
20	检测方法、检测设备	医疗检测	KR1020080007603A	Method for determination of analyte concentrations and related apparatus	AGAMATRIX INC.	诉讼

续表

序号	一级技术分支	二级技术分支	公开（公告）号	标题	当前权利人	法律事件
21	检测设备	医疗检测	US20080050731A1	Labeling and detection of nucleic acids	BANK OF AMERICA N A AS COLLATERAL AGENT；LIFE TECHNOLOGIES CORPORATION	转让、诉讼
22	检测方法	医疗检测	BRPI0712392A2	A novel transgenic corn event designated MIR162 is disclosed	SYNGENTA PARTICIPATIONS AG	诉讼
23	检测方法	医疗检测	US8314220B2	Methods compositions, and kits for detection of microRNA	AGILENT TECHNOLOGIES, INC.	转让、诉讼
24	检测方法、检测设备	医疗检测	BRPI0804853A2	A test device combined with a reading device, and method of carrying out an assay to determine the presence and/or extent of an analyte in a sample of liquid	INVERNESS MEDICAL SWITZERLAND	诉讼
25	检测方法	医疗检测	EP2236621B1	Methods and sequences for detection and identification of methicillin-resistant Staphylococcus aureus	GENEOHM SCIENCES CANADA, INC.	转让、诉讼、异议
26	检测设备	医疗检测	US7718395B2	Monitoring cleaning of surfaces	KLEANCHECK SYSTEMS, LLC.	转让、诉讼

续表

序号	一级技术分支	二级技术分支	公开（公告）号	标题	当前权利人	法律事件
27	检测设备	医疗检测	US20100190193A1	Diagnostic composition and its use in the determination of coagulation characteristics of a test liquid	DSM IP ASSETS B V	转让、诉讼
28	检测方法、检测设备	医疗检测	JP5852781B2	Sanitary swab sampling system, and a device for microfluidic assay diagnostic assay method	MICRONICS INCORPORATED	转让、诉讼
29	检测方法	医疗检测	BRPI0616466A2	Multicomponent nucleic acid enzymes and methods for their use	JOHNSON JOHNSON RES PTY LTD.	诉讼
30	检测方法	医疗检测	US20130330335A1	Bioinformatic processes for determination of peptide binding	IOGENETICS, LLC.	转让、诉讼
31	检测方法、检测设备	医疗检测	BRPI0820328B1	System and method for automated detection of a plurality of analytes in a sample of bodily fluid	LABRADOR DIAGNOSTICS LLC；THERANOS IP CO LLC；THERANOS INC.	诉讼
32	检测方法	医疗检测	US9228234B2	Methods for non-invasive prenatal ploidy calling	NATERA, INC.	转让、诉讼
33	检测设备	医疗检测	US10718026B2	Methylation assay	AIT AUSTRIAN INSTITUTE OF TECHNOLOGY GMBH	转让、诉讼

续表

序号	一级技术分支	二级技术分支	公开（公告）号	标题	当前权利人	法律事件
34	检测方法	医疗检测	BRPI0315775B1	Polinucleotãdeo do evento de algodão transgênico resistente a insetos cot102, processos de detecção de material vegetal do referido evento e kit	SYNGENTA PARTCIPATIONS AG	诉讼
35	检测方法	医疗检测	BRPI0206746B1	Composition understanding molecular sets for use as labels or label complements	LUMINEX MOLECULAR DIAGNOSTICS INC; TM BIOSCIENCE CORP.	诉讼
36	检测方法	医疗检测	BRPI0813814B1	Method and kit for the identification of an elite event in biological samples	BAYER BIOSCIENCE NV; BAYER CROPSCIENCE NV	诉讼
37	检测方法、检测设备	医疗检测	BRPI1009874B1	System and method of determining analyte concentration in fluid sample and biosensor	NIPRO DIAGNOSTICS INC; TRIVIDIA HEALTH INC.	诉讼
38	检测设备	医疗检测	US10822644B2	External files for distribution of molecular diagnostic tests and determination of compatibility between tests	BECTON DICKINSON AND COMPANY	诉讼
39	检测方法	医疗检测	CN101896620A	定量测定小而密LDL胆固醇的方法和试剂盒	电化株式会社	转让、无效

续表

序号	一级技术分支	二级技术分支	公开（公告）号	标题	当前权利人	法律事件
40	检测方法	医疗检测	CN101792792B	一种检测阴道分泌物中需氧菌群的试剂盒及其制备方法	北京中生金域诊断技术股份有限公司	无效、诉讼
41	检测方法、检测设备	医疗检测	CN102108406A	检测胚胎染色体拷贝数的试剂盒、装置和方法	杭州贝瑞和康基因诊断技术有限公司	转让、许可、无效
42	检测设备	医疗检测	CN102504027B	一种多表位TK1抗体的制备及其在人群体检筛查中早期肿瘤检测和风险预警中的应用	华瑞同康生物技术（深圳）有限公司	转让、无效、诉讼
43	检测方法	医疗检测	CN102776291A	基于Taqman-ARMS技术检测基因突变分型的方法和试剂盒	江苏为真生物医药技术股份有限公司	无效
44	检测设备	医疗检测	CN203705445U	一种新型的无生物污染的血气测试卡及其血气分析仪	深圳市理邦精密仪器股份有限公司	无效
45	检测设备	医疗检测	CN203732537U	一种具有三叉通道的测试卡及具有该测试卡的医疗设备	深圳市理邦精密仪器股份有限公司	无效
46	检测设备	医疗检测	CN104152349B	一种自动检测试剂卡盒	山东艾克韦生物技术有限公司	许可、无效
47	检测方法	医疗检测	CN104894220B	残粒样脂蛋白胆固醇的定量方法及用于其的试剂盒	电化株式会社	转让、无效

续表

序号	一级技术分支	二级技术分支	公开（公告）号	标题	当前权利人	法律事件
48	检测方法	医疗检测	CN105683756B	乙型流感病毒的测定方法	电化株式会社	转让、无效
49	检测方法	芯片检测	JP2005045194A	Probe-mark reader and probe-mark reading method	DAINIPPON SCREEN MFG；TOKYO ELECTRON LTD.	转让、诉讼
50	检测设备	芯片检测	US9601443B2	Test structure for seal ring quality monitor	TAIWAN SEMICONDUCTOR MANUFACTURING COMPANY, LTD.	转让、诉讼
51	检测方法、检测设备	芯片检测	CN103322915B	测量芯片管脚数量和管脚间距的测试仪及其测量方法	青岛歌尔声学科技有限公司	诉讼
52	检测设备	芯片检测	CN203688761U	一种FPGA芯片的错误检测电路	京微雅格（北京）科技有限公司	保全、诉讼
53	检测方法	芯片检测	CN104237771B	一种FPGA芯片的错误检测方法和电路	京微雅格（北京）科技有限公司	保全、诉讼
54	检测方法、检测设备	食品检测	US8271457B2	Database management system and method which monitors action results and adjusts user parameters in response	THE BANK OF NEW YORK MELLON TRUST COMPANY, N. A., AS COLLATERAL AGENT	转让、诉讼
55	检测方法	食品检测	JP4958369B2	Food antiallergenic, food and food allergy-inducing antiallergenic detection method for detecting method	NIPPON MEAT PACKERS INC	转让、诉讼

续表

序号	一级技术分支	二级技术分支	公开（公告）号	标题	当前权利人	法律事件
56	检测方法	食品检测	EP1399739A2	Methods and kits for diagnosing tumorigenicity and determining resistance to the antineoplastic effects of antiestrogen therapy	A & G PHARMACEUTICALS, INC.	转让、复审、诉讼
57	检测方法、检测设备	食品检测	US20040236199A1	Method and apparatus for remote blood alcohol monitoring	ALCOHOL MONITORING SYSTEMS, INC.；SILVER POINT FINANCE, LLC., AS COLLATERAL AGENT	转让、诉讼
58	检测设备	食品检测	US7317532B2	Flow sensing for determination of assay results	ABBOTT RAPID DIAGNOSTICS INTERNATIONAL UNLIMITED COMPANY	转让、诉讼
59	检测方法	食品检测	US8071845B2	Automated seed sampler and methods of sampling, testing and bulking seeds	MONSANTO TECHNOLOGY LLC.	转让、诉讼
60	检测方法	食品检测	BRPI0810786B1	Tools are also provided which allow rapid and unequivocal identification of the event in biological samples.	BAYER BIOSCIENCE NV；BAYER CROPSCIENCE NV	诉讼
61	检测设备	食品检测	US20100088232A1	Verification monitor for critical test result delivery systems	BAKER SCOTT HOLDINGS LLC.	转让、诉讼

续表

序号	一级技术分支	二级技术分支	公开（公告）号	标题	当前权利人	法律事件
62	检测设备	食品检测	US8381573B2	Sobriety monitoring system	BNP PARIBAS, AS ADMINISTRATIVE AGENT	转让、诉讼
63	检测方法	食品检测	US8078262B2	Method for imaging and spectroscopy of tumors and determination of the efficacy of anti–tumor drug therapies	THE JOHNS HOPKINS UNIVERSITY	转让、诉讼
64	检测方法	食品检测	BRPI0116036B1	Construtoconstruto of acid nucléiconucléico, vector of recombinant expression	DSM IP ASSETS BV	诉讼
65	检测方法	食品检测	BRPI0813814B1	Method and kit for identifying an event SWA in biological samples, primer pair, specific probe	BAYER BIOSCIENCE NV；BAYER CROPSCIENCE NV	诉讼
66	检测设备	食品检测	CN302253237S	呼气酒精测试仪（酒安1800）	潘卫江	无效
67	检测方法	食品检测	CN103488888A	体质类型和体质食品鉴别方法、鉴别系统及腕力测试方法	佛山市真红生物技术有限公司；郑好畛	转让、诉讼
68	检测方法	生态环境检测	CN101319999B	一种奈氏试剂及土壤铵态氮快速测定方法	河南农大迅捷测试技术有限公司	无效、诉讼
69	检测方法、检测设备	生态环境检测	CN101762421A	检测混凝土抗压强度的直拔装置及直拔方法	廊坊市阳光建设工程质量检测有限公司	转让、诉讼
70	检测方法、检测设备	生态环境检测	CN103822826B	拉脱法检测混凝土抗压强度的方法与仪器	建研科技股份有限公司；廊坊市阳光建设工程质量检测有限公司	转让、无效

续表

序号	一级技术分支	二级技术分支	公开（公告）号	标题	当前权利人	法律事件
71	检测设备	生态环境检测	CN203798703U	检测空气中悬浮颗粒物质量浓度的传感器	南昌攀藤科技有限公司	转让、许可、无效
72	检测方法、检测设备	生态环境检测	CN104067119B	一种空气质量数值切换方法、装置及空气质量检测仪	深圳市华盛昌科技实业股份有限公司	无效、诉讼
73	检测设备	生态环境检测	CN204116178U	空气检测仪	深圳市华盛昌科技实业股份有限公司	无效、诉讼
74	检测设备	生态环境检测	CN205333613U	一种空气质量检测仪	河北先河环保科技股份有限公司	无效
75	检测设备	生态环境检测	CN206848204U	一种空气离子检测仪传感器	北京沃斯彤科技有限公司	无效
76	检测设备	生态环境检测	CN209215369U	小型水质监测站	北京英视睿达科技有限公司	保全、诉讼
77	检测设备	建筑工程检测	US9749792B2	Water use monitoring apparatus	REIN TECH，INC.	转让、诉讼
78	检测设备	建筑工程检测	CN208672566U	一种曳引钢丝绳疲劳实验用在线无损探伤检测系统	洛阳泰斯特探伤技术有限公司	诉讼

续表

序号	一级技术分支	二级技术分支	公开（公告）号	标题	当前权利人	法律事件
79	检测方法、检测设备	轨道检测	BRPI0817105A2	Device microfluídico, method to determine coagulation time in a half fluid, as blood or plasma, device coagulômetro and method to manufacture a device	ILINE MICROSYSTEMS S L	诉讼
80	检测设备	轨道检测	CN205352921U	用于道边呼吸道空气质量监测系统中的红外信号检测装置	安徽庆宇光电科技有限公司	质押、无效
81	检测设备	轨道检测	CN207617734U	一种用于检测列车轴承故障的复合传感器	上海中利交通科技有限公司	无效
82	检测方法	医疗检测	BRPI0619748A2	Hybridoma cell line, and, test kit	AC IMMUNE SA	诉讼
83	检测方法	车辆检测	US6803861B2	Vehicle tracking unit with fault condition diagnosis and related methods	OMEGA PATENTS, LLC.	转让、诉讼
84	检测设备	车辆检测	US6542077B2	Monitoring apparatus for a vehicle and/or a premises	SMARTVUE CORPORATION	转让、诉讼
85	检测设备	车辆检测	KR1020020074485A	Road surface detection apparatus and apparatus for detecting upward/downward axis displacement of vehicle-mounted radar	FUJITSU TEN LIMITED	诉讼

续表

序号	一级技术分支	二级技术分支	公开（公告）号	标题	当前权利人	法律事件
86	检测设备	车辆检测	US6944543B2	Integrated collision prediction and safety systems control for improved vehicle safety	FORD GLOBAL TECHNOLOGIES, LLC.	转让、诉讼
87	检测设备	车辆检测	JP4108314B2	Perimeter monitoring device for vehicle	TOYOTA MOTOR CORP; AISIN SEIKI	诉讼
88	检测方法	车辆检测	US6594579B1	Internet-based method for determining a vehicle's fuel efficiency	VERIZON PATENT AND LICENSING INC.	转让、诉讼
89	检测方法、检测设备	车辆检测	US6651001B2	Method of and system and apparatus for integrating maintenance vehicle and service personnel tracking information with the remote monitoring of the location	JPMORGAN CHASE BANK, N.A., AS COLLATERAL AGENT FOR THE SECURED PARTIES	转让、诉讼
90	检测设备	车辆检测	US6847871B2	Continuously monitoring and correcting operational conditions in automobiles from a remote location through wireless transmissions	QUARTZ AUTO TECHNOLOGIES LLC.	转让、诉讼
91	检测设备	车辆检测	US6904796B2	Remote tire monitoring systems tool	BOSCH AUTOMOTIVE SERVICE SOLUTIONS LLC.	转让、诉讼

续表

序号	一级技术分支	二级技术分支	公开（公告）号	标题	当前权利人	法律事件
92	检测方法、检测设备	车辆检测	US8855405B2	System and method for detecting and analyzing features in an agricultural field for vehicle guidance	DEERE & COMPANY; UNIVERSITY OF ILLINOIS GRANT AND CONTRACT ADMINISTRATION	转让、诉讼
93	检测设备	车辆检测	US6972693B2	Vehicle security inspection system	BROWN BETTY J; MINTER ANNIE D	诉讼
94	检测方法、检测设备	车辆检测	US7202776B2	Method and system for detecting objects external to a vehicle	AMERICAN VEHICULAR SCIENCES LLC; UNIFICATION TECHNOLOGIES LLC.	转让、诉讼
95	检测设备	车辆检测	US9524439B2	Monitoring unit and assistance system for motor vehicles	CONTINENTAL AUTOMOTIVE GMBH; SIEMENS AKTIENGE-SELLSCHAFT	转让、诉讼
96	检测方法、检测设备	车辆检测	US8437902B2	Technical information management apparatus and method for vehicle diagnostic tools	SERVICE SOLUTIONS U. S. LLC.	转让、诉讼
97	检测设备	车辆检测	US7639122B2	Tire pressure monitor system tool with vehicle entry system	BOSCH AUTOMOTIVE SERVICE SOLUTIONS LLC.	转让、诉讼
98	检测设备	车辆检测	JP4980300B2	Collision determination device for vehicle	Denso Corporation4260; TOYOTA MOTOR CORP.	诉讼
99	检测设备	车辆检测	US9747575B2	Flow metering of vehicles using RTLS tracking	TEMPTIME CORPORATION; LASER BAND, LLC.; ZEBRA TECHNOLOGIES CORPORATION	转让、诉讼

续表

序号	一级技术分支	二级技术分支	公开（公告）号	标题	当前权利人	法律事件
100	检测方法、检测设备	车辆检测	US9896044B2	System and method for vehicle range extension on detection of a low fuel condition	FCA US LLC.（FORMERLY KNOWN AS CHRYSLER GROUP LLC）	转让、诉讼
101	检测方法、检测设备	车辆检测	US20160104330A1	Systems and methods for monitoring operative sub-systems of a vehicle	THE BOEING COMPANY	转让、诉讼
102	检测方法	车辆检测	CN101324667B	一种车辆速度检测雷达的设计和信号处理方法	嘉兴聚速电子技术有限公司	转让、许可、诉讼
103	检测设备	车辆检测	CN202676632U	一种鲜活农产品运输车辆检查设备	北京埃索特核电子机械有限公司；北京中盾安民分析技术有限公司	无效
104	检测方法	车辆检测	CN101526548B	一种利用环形线圈测量车辆速度的方法	上海宝康电子控制工程有限公司	诉讼
105	检测设备	车辆检测	CN203689144U	纯电动汽车电池管理系统主控单元的实验室测试系统	北京智行鸿远汽车技术有限公司	诉讼
106	检测设备	车辆检测	CN204322945U	一种基于汽车总线的轮胎气压监测装置	何喜新	无效、诉讼
107	检测设备	车辆检测	CN206848500U	一种车辆探测扫描系统	北京君和信达科技有限公司	无效
108	检测设备	车辆检测	CN209821410U	车辆底盘检查装置及车辆扫描系统	同方威视技术股份有限公司	无效

续表

序号	一级技术分支	二级技术分支	公开（公告）号	标题	当前权利人	法律事件
109	检测方法	其他	CN101509895B	一种钢丝绳载荷性能无损测评方法	洛阳威尔若普检测技术有限公司	转让、诉讼
110	检测方法、检测设备	医疗检测	CN101657159B	用于测量生物组织的粘弹性性质的设备及使用该设备的方法	回波检测公司	许可、无效
111	检测设备	车辆检测	CN203869667U	一种车辆外廓尺寸测量系统	深圳市安车检测股份有限公司	无效
112	检测方法	食品检测	CN104374762B	快速分析豆皮中碱性嫩黄含量的激光拉曼光谱检测方法	河北省食品检验研究院；欧普图斯（苏州）光学纳米科技有限公司	保全、诉讼
113	检测方法、检测设备	建筑工程检测	CN105937922B	一种建筑屋面的综合性能测试装置及方法	珠海安维特工程检测有限公司	无效
114	检测设备	医学检测	CN208795466U	一种用于内窥镜检测仪的初始原点定位机构	西安华强航天电子有限责任公司	转让、诉讼

7.2　企业培育及引进路径

7.2.1　东丽区内企业培育与整合路径

在我国产业向中高端迈进的道路上，龙头企业的带动作用越来越凸显。龙头企业能够带动产业转型升级、推动产业实现高质量发展。因此，天津检验检测产业发展需要多培育扶持龙头企业，激励企业通过技术改进实现转型升级，激发龙头企业自主创新，充分发挥其带动作用。

东丽区在检验检测领域，拥有一批具有核心技术的重点企业，建议对其进行重点培育，具体路径如下。

1. 综合性第三方检测企业培育

东丽开发区检验检测聚集区已引进国内第一家民营上市检测机构华测，其品牌影响力和社会公信力开始显现，在东丽已初步形成规模。从国际检测巨头的发展来看，大多起源于单一检测行业，在专业领域精耕细作后通过并购成长为综合性巨头。因此建议支持华测广泛参与国际合作与交流，开展企业并购、资产收购，并对中介服务费用给予一定资助。目前东丽综合性第三方检测企业华测、斯坦德优检验检测专利申请量分别为6件、3件，无论是专利申请数量、申请质量、覆盖技术范围均不具有优势，专利布局存在明显漏洞，建议对华测、斯坦德开展高价值专利培育、微观专利导航专项项目，为关键技术领域的创新提供路径选择和指引，支持开展原始创新、集成创新和消化吸收再创新，在创新的重要节点，开展创新成果的专利挖掘和布局，形成一定规模的高质量知识产权，并制定与华测、斯坦德优海外发展战略相匹配的海外专利布局策略，将其培育壮大成为具有国际竞争力的第三方检测领军企业。

2. 各检测领域优势企业培育

车辆检测领域：中汽研汽车检验中心（天津）有限公司（相关专利申请444项）位于东丽区，重点布局整车检测技术领域；天津索克汽车试验有限公司（相关专利申请3项）在车辆排放检测和汽车材料检测具有一定的技术积累，同时也涉及汽车及汽车部件检测设备的开发、制造。

生态环境检测领域：摩天众创（天津）检测服务有限公司（相关专利申请28项）在环境影响的评价及检测方法方面有一定数量的专利布局；天津华泽环境检测有限公司（相关专利申请15项）于2018年1月31日成立，是一家以水质检测、废水检测、污水厂检测为主的第三方环境检测公司；博易（天津）环境检测有限公司（相关专利申请14项）在空气污染、水污染、噪声污染、土壤质量监测方面提供相应检测服务；天津金晟天凯环境检测服务有限公司（相关专利申请11项）于2010年5月10日成立，其经营范围包括民用建筑节能工程现场检测、室内空气检测、消防设施及电器装置检测、防雷设施检测、节能建筑材料检测、环境检测、职业健康评价及检测、见证取样检测、加油站大气污染物检测、空调检测、食品检测等；天津滨世海通环境检测评价服务有限公司（相关专利申请9项）位于东丽区，涉及的检测领域包括环境、空气质量、农药残留、土壤、食品安全检测等。

医疗检测领域：中检科健（天津）检验检测有限公司（相关专利申请15项）是中国检验检疫科学研究院和天津市东丽区合作共同建立的国家级检验

检测高技术服务平台，其在医学检测领域已有一定的技术积累；天津迪安执信医学检验所有限公司（相关专利申请 14 项）位于东丽区，成立于 2001 年，是以提供诊断服务外包为核心业务的第三方医学诊断服务机构；天津康普森检验检测有限公司（相关专利申请 9 项）位于东丽区，是北京康普森生物技术有限公司的旗下核心产业化平台运营子公司，其专注于中国农业基因组产业化发展，提供创新型基因芯片和第二代高通量测序的技术服务；天津斯坦德优检测技术有限公司（相关专利申请 3 项）位于东丽区，是集轨道交通、防火阻燃、汽车零部件、电线电缆、高分子材料等服务领域于一体的综合型检测机构。

食品检测：摩天众创（天津）检测服务有限公司（相关专利申请 28 项）在食品检测领域也具有一定的技术实力；天津量信检验认证技术有限公司（相关专利申请 15 项）前身为成立于 1980 年的国家轻工业食品质量监督检测天津站（天津市质量监督检验站第四站）、国家轻工业香料洗涤用品质量监督检测天津站（天津市质量监督检验站第三站），其在食品检测领域具有较强的技术研发基础。

建筑工程检测：天津新滨工程技术检测有限公司（相关专利申请 7 项）位于东丽区，被评为建设工程检测 AA 级信用机构，是国家级高新技术企业，其检测领域涵盖建筑材料及工程、市政公路工程、主体结构检测工程、钢结构检测工程、特种设备检测、建筑节能检测工程等；天津联鉴建筑质量鉴定检测有限公司（相关专利申请 6 项）主要涉及建筑工程主体结构、钢结构及建筑节能现场检测。

油品检测：清研检测（天津）有限公司（相关专利申请 12 项）位于东丽区，是依托清华大学天津高端装备研究院–润滑与摩擦检测中心，进行对外服务的技术公司，其在油品检测领域具有较强的技术基础；天津华测检测认证有限公司（相关专利申请 6 项）是华测的分支机构，其在油品检测领域具有一定的技术积累。表 7-3 为东丽区各细分领域重点培育企业。

表 7-3 东丽区各细分领域重点培育企业的专利技术

技术分支	企业名称	专利量/项	专利技术
车辆检测	中汽研汽车检验中心（天津）有限公司	444	检测方法、整车检测、
	天津索克汽车试验有限公司	3	检测设备、排放检测、汽车材料检测

续表

技术分支	企业名称	专利量/项	专利技术
生态环境检测	摩天众创（天津）检测服务有限公司	28	检测方法
	博易（天津）环境检测有限公司	14	检测方法、大气检测、水质检测、土壤检测
	天津金晟天凯环境检测服务有限公司	11	检测方法
	天津滨世海通环境检测评价服务有限公司	9	检测方法
医疗检测	中检科健（天津）检验检测有限责任公司	15	检测方法、体液检测
	天津迪安执信医学检验所有限公司	14	检测方法、基因检测、体液检测、免疫检测
	天津康普森检验检测有限公司	9	检测方法
	天津斯坦德优检测技术有限公司	3	检测方法
食品检测	摩天众创（天津）检测服务有限公司	28	检测方法、食品本身的检测
建筑工程检测	天津新滨工程技术检测有限公司	7	检测方法、混凝土检测
油品检测	清研检测（天津）有限公司	12	检测方法
	天津华测检测认证有限公司	6	检测方法、油品检测

综上所述，目前除中汽研外，东丽区其他重点企业在各细分行业领域的专利布局量较少，缺乏综合实力强且多细分领域发展的第三方检验检测服务机构，且除了上述细分行业外，东丽区在芯片检测、纺织检测、轨道交通检测、计量校准检测及船舶检测领域缺乏相关实力企业。另外，东丽区的重点企业均为提供第三方检验检测服务的企业，缺少相应的检验检测设备制造的企业，产业链不完整。

因此，鉴于目前东丽区检验检测产业的技术创新能力不足，产业发展不均衡，产业链不完整，建议对天津市的重点企业进行培育，提升企业竞争力，同时根据具体企业情况制定差别化培育路径。建议针对位于第一梯队的中汽研汽车检验中心（天津）有限公司鼓励其加大品牌建设力度，支持企业整合相关资源，扩大检验检测服务能力，推进车辆检验检测认证服务标准体系建设，加强相关仪器设备和共性技术研发，并鼓励企业加大自主创新力度，开展高价值专利培育和专利导航项目，培育一批高质量专利，以高端发展为目标，培养成为国际的检验检测巨头，发挥龙头带头作用。对于位于第二梯队的摩天众创（天津）检测服务有限公司、中检科健（天津）检验检测有限责任公司、天津迪安执信医学检验所有限公司、天津金晟天凯环境检测服务有限公司等公司，已具备一定创新基础和专利意识，可支持其加大研发投入，进一步提升技术创新能力，寻求与国内外检验检测企业差异化的发展道路，分行业、分领域细分市场，开展个性化定制服务，并鼓励和产业链上下游企业协同合作，产学研用相结合，提升检验检测技术水平，鼓励其开展知识产权贯标工作，同时引导上述企业开展专利挖掘、专利布局工作，在提高专利数量的同时提高专利质量。

此外，鼓励上述重点企业发展成为面向制造业全过程的专业化检验检测认证服务提供商，加强检验检测认证服务机构的资质管理和能力建设，提升检验检测认证服务能力。鼓励有条件的认证机构创新认证服务模式，为制造企业提供全过程的质量提升服务。

7.2.2　国内优势企业引进路径

东丽区除了培育本市或本区内的重点企业外，也可引入国内检验检测领域的优势企业，壮大检验检测产业规模。天津市"十四五"规划指出，坚持把推动京津冀协同发展作为重大政治任务和重大历史机遇。京津冀地区拥有一批具有核心检验检测技术的创新主体，建议东丽区在引进时优先考虑表7-4和表7-5中的京津冀地区各细分行业第三方检验检测服务和检验检测设备的优势企业。

表7-6和表7-7分别为国内除京津冀地区外的各细分行业第三方检验检测服务和检验检测设备的优势企业，可对这些企业结合本土优势资源，利用天津东丽区的平台进行技术引进和合作，快速扩大东丽区优势特色产业的技术实力和影响力，并弥补劣势和填补空白。

表7-4　京津冀地区提供检验检测服务的优势企业

技术分支	企业名称
车辆检测	北京北方机动车检测场有限公司
	中机科（北京）车辆检测工程研究院有限公司
	北京卡达克汽车检测技术中心有限公司
	河北中航检测技术服务有限公司
	北京铁科英迈技术有限公司

续表

技术分支	企业名称
医疗检测	北京鑫诺美迪基因检测技术有限公司
	北京海思特临床检验所有限公司
	北京博奥医学检验所有限公司
	北京艾迪康医学检验实验室有限公司
	谱尼测试集团北京检验认证科学研究院有限公司
食品检测	中安高科检测科技（北京）有限公司
	谱尼测试科技（北京）有限公司
	河北翔致检测技术有限公司
	潍坊汇海农产品检测有限公司
生态环境检测	北京中科英曼环境检测有限公司
	谱尼测试科技（北京）有限公司
纺织检测	中纺标（北京）检验认证中心有限公司
	中纺协（北京）检验技术服务有限公司
	中国检验认证集团北京有限公司
建筑工程检测	中国建材检验认证集团股份有限公司
	中震（北京）工程检测股份有限公司
	北京市建设工程质量第二检测所有限公司
轨道交通检测	北京铁科英迈技术有限公司
	北京双河理声自动化检测技术有限公司
	北京鼎汉检测技术有限公司
油品检测	唐山爱特爱油液检测有限公司
	中国检验认证集团北京有限公司
	北京胜华泰石油检测服务有限责任公司

表7-5 京津冀地区检验检测仪器设备制造的优势企业

技术分支	企业名称
车辆检测	北京博科测试系统股份有限公司
	杰胜卡特汽车检测设备（北京）有限公司
	北京宝克测试系统有限公司
	石家庄华燕汽车检测设备厂
	北京宝克博特测试设备有限公司

续表

技术分支	企业名称
医疗检测	北京毅新博创生物科技有限公司
	北京卓诚惠生生物科技股份有限公司
	博奥生物集团有限公司
	博尔诚（北京）科技有限公司
食品检测	北京普析通用仪器有限责任公司
	北京吉天仪器有限公司
	河北中检之星仪器仪表有限公司
生态环境检测	河北科瑞达仪器科技股份有限公司
	河北德润厚天仪器制造有限公司
	北京耐尔得仪器设备有限公司
	北京华夏科创仪器股份有限公司
纺织检测	日之阳（北京）仪器制造有限公司
	北京智棉科技有限公司
	北京和众视野科技有限公司
	河北天辰仪器设备有限公司
建筑工程检测	北京北方建科仪器有限公司
	北京建科中技机电工程技术有限公司
	北京斯创尔建筑测试技术开发有限公司
	北京铁睿仪器科技有限公司
轨道交通检测	北京主导时代科技有限公司
	北京九方宏信交通装备有限公司
	唐山百川智能机器股份有限公司
	北京永兴精佳仪器有限公司
	北京时代新维测控设备有限公司

表7-6 国内（除京津冀地区外）提供检验检测服务的优势企业

技术分支	企业名称
车辆检测	深圳市安车检测股份有限公司
	中航电测仪器股份有限公司
	广州广电计量检测股份有限公司
	中国检验认证（集团）有限公司

续表

技术分支	企业名称
生态环境检测	谱尼测试
	苏州国环环境检测有限公司
	大连大公环境检测有限公司
	江苏恩测检测技术有限公司
医疗检测	广州金域医学检验集团股份有限公司
	艾迪康医学检验中心
	深圳华大基因股份有限公司
	广州达安基因股份有限公司
食品检测	安徽中青检验检测有限公司
	苏州市苏测检测技术有限公司
	中证检测科技（天津）有限公司
	浙江华才检测技术有限公司
芯片检测	江苏长电科技股份有限公司
	广东利扬芯片测试股份有限公司
	安拓锐高新测试技术（苏州）有限公司
	镇江矽佳测试技术有限公司
	上海利扬创芯片测试有限公司
	深圳市芯片测试技术有限公司
	第一检测有限公司
纺织检测	中纺联检（上海）检验技术服务有限公司
	中纺协检验（泉州）技术服务
	常州纺检检验有限公司
	浙江中鼎检测技术有限公司
建筑工程检测	中国国检测试控股集团股份有限公司
	厦门市建筑科学研究院集团股份有限公司
	上海建科集团股份有限公司
轨道检测	苏州高新城市轨道交通检验认证有限公司
	四川曜诚无损检测技术有限公司
	四川兴天源材料检测技术有限公司

续表

技术分支	企业名称
计量校准检测	广州广电计量检测股份有限公司
	深圳天溯计量检测股份有限公司
	南京紫金山分子医学技术研究院有限公司
	昆山恒准技术服务有限公司
油品检测	广研检测（广州）有限公司
	上海润凯油液监测有限公司
	江苏万标检测有限公司
船舶检测	上海船舶工程质量检测有限公司
	九江精密测试技术研究所
	宁波正信检测科技有限公司

表7-7　国内（除京津冀地区外）检验检测仪器设备制造的优势企业

技术领域	企业名称
车辆检测	深圳市安车检测股份有限公司
	佛山市南华仪器股份有限公司
	成都成保发展股份有限公司
生态环境检测	苏州苏试试验集团股份有限公司
	武汉天虹环保产业股份有限公司
	力合科技（湖南）股份有限公司
	广州市怡文环境科技股份有限公司
	聚光科技（杭州）股份有限公司
医疗检测	深圳迈瑞生物医疗电子股份有限公司
	广州万孚生物技术股份有限公司
	迪瑞医疗科技股份有限公司
	上海科华生物工程股份有限公司
食品检测	海能未来技术集团股份有限公司
	上海纤检仪器有限公司
	金利食安科技股份有限公司
	深圳市易瑞生物技术股份有限公司

续表

技术领域	企业名称
芯片检测	武汉精测电子集团股份有限公司
	长川科技
	睿励科学仪器（上海）有限公司
	上海精测半导体技术有限公司
	深圳中科飞测科技股份有限公司
	苏州天准科技股份有限公司
纺织检测	温州际高检测仪器有限公司
	温州市大荣纺织仪器有限公司
	宁波纺织仪器厂
	上海泛标纺织品检测技术有限公司
建筑工程检测	济南镭曼数控设备有限公司
轨道检测	优利德科技（中国）股份有限公司
	安徽安吉特轨道交通科技有限公司
	上海凯岩检测设备有限公司
计量校准检测	深圳华维计量检测有限公司
	上海恒刚仪器仪表有限公司
	东莞市艾弗特通讯科技有限公司
油品检测	大连世隆电子设备有限公司
	青岛瀚泰仪器有限公司
	森沙仪器（上海）有限公司
船舶检测	郁南县华杰西江船舶仪器有限公司
	东莞市科锐仪器科技有限公司
	东莞市科锐仪器科技有限公司

7.2.3 国外优势企业引进路径

以加快科技创新为导向，支持外商投资参与天津市东丽区检验检测产业创新体系建设，鼓励设立具有独立法人资格、符合产业发展方向的研发机构或技术转移机构。支持外商投资企业承担各级各类科技项目，建设研发中心、技术中心，申报设立博士后科研工作站，鼓励外资参与科技项目研发。鼓励企业"以民引外""以企引外""以侨引外"和增资扩股，积极探索设立外资产业基金，支持外资以兼并收购、设立投资性公司、融资租赁、股权出资、股东对外借款等形式参与东丽区企业改组改造、兼并重组，对境外世界500强和行业龙头企业并购或参股东丽区企业的重大项目，可实行"一事一议"的政策支持。支持天津市企业多渠道引进国际先进检验检测技术、管理经验和营销渠道。表7-8和表7-9中分别列出的国际第三方检验检测服务和检验检测设备的优势企业。

表7-8 国外提供检验检测服务的优势企业

技术领域	企业名称
车辆检测	莱茵
	天祥
	德商德凯检测有限公司
生态环境检测	EUROFINS SCIENTIFIC
	天祥
	UNDERWRITERS LABORATOR INC.
医疗检测	欧陆科技集团
	BIOMERIEUX S. A.
	ALS LTD.
	中智全球控股有限公司
食品检测	欧陆科技集团
	SGS瑞士通用公证行股份有限公司
	天祥
	APPLUS SERVICES SA
芯片检测	日月光
	AMKOR TECHNOLOGY, INC.
	新加坡联合科技公司（UTAC）
纺织检测	斯坦德优
	瑞士通用公证行
	天祥
建筑工程检测	必维
	APPLUS SERVICES
	天祥

续表

技术领域	企业名称
轨道交通检测	必维
	瑞士通用公证行
	莱茵
计量校准检测	瑞士通用公证行
	MEASUREMENTS INTERNATIONAL LIMITED
	梅特勒-托利多公开股份有限公司
油品检测	挪威船级社（DET NORSKE VERITAS AS）
	欧陆科技集团
	必维
船舶检测	美国安全检测实验室公司
	欧陆科技集团
	天祥

表7-9 国外检验检测仪器设备制造的优势企业

技术领域	企业名称
车辆检测	博世
	HORIBA, LTD.
	西门子
	ABB
生态环境检测	岛津
	美国安捷伦科技有限公司
	赛默飞世尔科技有限公司
	PERKINELMER HEALTH SCIENCES, INC.
	WATERS TECHNOLOGIES CORPORATION
医疗检测	赛默飞世尔科技有限公司
	WATERS TECHNOLOGIES CORPORATION
	岛津
食品检测	美国凯技公司
	日本INSENT公司
	日本佐竹株式会社
	赛默飞世尔科技有限公司
	PERKINELMER HEALTH SCIENCES, INC.
	沃特世科技公司

续表

技术领域	企业名称
芯片检测	日立
	爱德万测试
	泰瑞达有限公司
	精工爱普生株式会社
	KLA-TENCOR CORPORATION
	美国应用化学技术公司
纺织检测	美国锡莱亚太拉斯有限公司
	PERKINELMER HEALTH SCIENCES, INC.
	德国玛诺公司
建筑工程检测	QUALITEST INTERNATIONAL
	NL SCIENTIFIC INSTRUMENTS SDN BHD
	ELE INTERNATIONAL INC.
轨道交通检测	VOSSLOH-WERKE GMBH
	ADVANCED COMFORT SYSTEMS FRANCE SAS-ACS FRANCE
	ENSCO INTERNATIONAL, INC.
计量校准检测	KEYSIGHT TECHNOLOGIES, INC.
	TEKTRONIX, INC.
	瑞典海克斯康集团
油品检测	BECKMAN COULTER, INC.
	美国科勒油品检测仪器公司
	珀金埃尔默股份有限公司

7.3 创新人才培养及引进路径

7.3.1 创新人才培养路径

建议东丽区优先支持本地检验检测产业具有创新实力、拥有核心专利技术的创新人才，鼓励创新人才向关键产业环节集聚。

表 7-10 整理了天津市科研机构创新人才。可以看出，天津市检验检测产业研发创新的团队人员不断壮大，研发实力不断增强。培养了一批在全国有影

响力的检验检测产业优秀领军人才，形成了以领军人才为核心、具有一定规模的检验检测产业人才团队，比如在生态环境检测领域，形成了天津大学的邹强、天津城建大学的李顺群带头的领军人才团队；在食品检测领域，形成了以天津出入境检验检疫局的郑文杰、天津市农业科学院的王永带头的领军人才团队。因此东丽区可以利用天津市已有的人才基础，加强检验检测产业人才的培养。建议东丽区通过人才引进项目和产学研的对接，鼓励重点企业与科研院校共同培养实践型人才。另外，东丽区检验检测产业的企业要在现有人才团队的基础上，加强企业内部创新人才的培养。一方面，要积极关注内部员工的职业晋升和发展，制定技术创新奖励办法，将技术创新纳入职位考核和晋升体系；另一方面，积极鼓励骨干技术人员自主提升，定期为内部员工提供技术培训，提升员工专业技术水平，可以邀请产业资深专家学者到企业进行技术指导交流，也可以派遣员工参与产业界和学术界的课程培训学习。

表7-10　天津市科研机构创新人才

技术分类	发明人	申请量/项	研发团队	所属单位	主要研发方向	合作企业
生态环境检测	邹强	23	苏奇、马建国、付超、莫申童	天津大学	水质检测	
	李顺群	21	程宇、陈之祥、刘烨璇、潘林娜、高凌霞、柴寿喜、夏锦红	天津城建大学	土壤检测	新乡学院
食品检测	郑文杰	26	贺艳、陈其勇、程瑜、张宏伟、张灿、奚文辉、杜敬、韩宇宁、尹长城、刘斯奇、李宏虹、张亚莲	天津出入境检验检疫局动植物与食品检测中心	食品本身的检测，细菌及其代谢物的检测	南开大学
	王永	24	兰青阔、程奕、朱珠、赵新	天津市农业科学院	转基因制品的检测	中国农业科学院作物科学研究所、锦州医科大学
	季静	14	王罡	天津大学	转基因制品的检测	

续表

技术分类	发明人	申请量/项	研发团队	所属单位	主要研发方向	合作企业
医疗检测	赵祥平	23	王乃福、吴冬雪、黄晨、陈小金、王万骞、刘洋	天津出入境检验检疫局	微生物检测，基因检测	
医疗检测	王建华	17	董志珍、赵丹、王玉玲、赵祥平、肖妍、张俊哲、陈本龙	天津出入境检验检疫局	微生物检测，基因检测	
船舶检测	王为	12	杨靖平、李玉亮、乔立波、刘传奇	天津师范大学		
船舶检测	胡健波	6	彭士涛、赵宏鑫	交通运输部天津水运工程科学研究所		
纺织检测	刘皓	5	王瑞；孙艳丽；代二庆；刘星；徐磊；李孟轩	天津工业大学		
计量校准检测	裘祖荣	11	薛洁、胡文川、路遥环、尤悦、于振、崔超	天津大学		

7.3.2 创新人才引进及合作路径

天津市东丽区要重视高端技术人才的引进，通过组建以高端技术人才为核心的技术研发团队，整合区域内产业技术研发资源，提高技术创新的效率。目前天津市已出台《关于深入实施人才引领战略加快天津高质量发展的意见》《天津市"海河英才"行动计划》等政策来促进人才生态建设。东丽区已引进中国科学院生态环境研究中心、中国疾病预防控制中心、南开大学、天津大学、南京理工大学、首都医科大学等知名学府51名高素质的研发、检验检测技术及管理人才，推动东丽区在生态环境和医疗检测领域的研发、生产和应用的高质量发展。在此基础上，东丽区还要重视薄弱领域的创新人才，如食品检测、芯片检测、纺织检测、建筑工程检测、轨道交通检测、计量校准检测、油品检测和船舶检测等领域的检验检测服务及所有细分领域的检验检测设备的创新人才。京津冀地区为科院院校集中地区，尤其是北京在检验检测领域拥有较多的创新人才，见表7-11。

表7-11 京津冀地区建议优先引进的创新人才

技术领域	单位名称	专家
车辆检测	清华大学	许述财 教授
	北京理工大学	王志福 副教授
医疗检测	中国疾病预防控制中心传染病预防控制所	阚飙 副所长
	中国农业大学	许文涛 教授
生态环境检测	中国环境科学研究院	韩璐 研究员
	中国水利水电科学研究院	龚家国 教授级高级工程师
食品检测	中国检验检疫科学研究院	庞国芳 院士
	中国农业科学院农业质量标准与检测技术研究所	杨曙明 研究员
	中国农业大学	应义斌 教授
纺织检测	中国纺织信息中心	杨萍 副总工程师
	北京服装学院	刘莉 教授
芯片检测	北京工业大学	郭春生 副教授
	清华大学	黄国亮 教授
	中国科学院微电子研究所	朱慧珑 研究员
建筑工程检测	北京工业大学	李悦 教授
	中国建筑科学研究院	张仁瑜 研究员
轨道交通检测	北京交通大学	王平 教授
	石家庄铁道大学	赵维刚 教授
计量校准检测	中国计量科学研究院	关亚风 研究员
	北京理工大学	徐春广 教授
油品检测	中国石油大学（北京）	樊建春 教授
船舶检测	清华大学	安继刚 教授、吴志芳 教授

表7-12和表7-13中分别列出了国内在检验检测领域申请量较多的科研院所和企业的主要发明人。东丽区企业可以通过与这些创新人才进行产学研合作或通过人才引进，来提升自身的研发水平。另外，建议东丽区聘请这些科研院所或企业的专家，作为检验检测产业特邀学者，定期开展技术交流活动，指导东丽区检验检测产业的技术发展。

表 7-12 国内科研高校人才引进或合作列表

技术分类	发明人	所属单位	专利申请量/项	擅长领域
车辆检测	付锐	长安大学	19	检测方法、检测设备、碰撞检测
	周仲荣	西南交通大学	20	检测设备、整车检测
	杨殿阁	清华大学	18	检测方法、整车检测
	李建秋	清华大学	16	检测设备、整车检测、新能源汽车检测
	李克强	清华大学	30	检测方法、整车检测
	余卓平	同济大学	17	检测方法、新能源汽车检测
	何文华	浙江大学	25	发动机检测
	王飞跃	中科院自动化研究所	16	汽车行驶安全监控
	苏建	吉林大学	95	车辆智能检测与诊断
生态环境检测	李志清	中国科学院地质与地球物理研究所研究员	37	土壤检测
	刘建国	中国科学院合肥物质科学研究院院长	36	大气检测
	何勇	浙江大学	43	土壤检测
生态环境检测	郜洪文	同济大学	21	环境污染物检测
	全燮	大连理工大学	5	水质检测
食品检测	宛煜嵩	中国农业科学院生物技术研究所	42	转基因检测
	应义斌	浙江大学	87	农产品品质与安全快速感知和商品化处理智能装备、农业机器人
	罗云波	中国农业大学	46	转基因食品的检测
	彭彦昆	中国农业大学	65	食品本身的检测
	王巧华	华中农业大学	36	农畜禽产品无损智能检测及产地溯源

续表

技术分类	发明人	所属单位	专利申请量/项	擅长领域
食品检测	胥传来	江南大学	31	食品化学污染物残留检测与监控
	饶秀勤	浙江大学	53	机器视觉技术及其在农产品品质检测中的应用
医疗检测	刘湘涛	中国农业科学院	29	家畜口蹄疫、猪瘟重大疫病诊断技术
	胡超群	中国科学院	27	虾病病原快速检测
	李兰娟	浙江大学	25	感染性疾病诊治
	秦胜营	上海交通大学	23	生物芯片、新一代测序等高通量快速检测技术
	谢芝勋	广西壮族自治区兽医研究所	99	微生物检测、动物疫病诊断
	赵建龙	中国科学院上海微系统与信息技术研究所	21	基于微流控芯片技术的细胞通信研究与生物分子检测平台
船舶检测	杨建国	武汉理工大学	23	船舶远程监测与诊断
	余永华	武汉理工大学	15	柴电混合动力系统低噪声轴系设计与监测诊断技术
	郭春雨	哈尔滨工程大学	9	舰船跨尺度绕流场测试技术
纺织检测	于伟东	东华大学	16	纺织材料原位组合表征仪器
	汪军	东华大学	16	纺织品测试技术与性能评价
	景军锋	西安工程大学	14	视觉检测智能装备在纺织中的应用
	徐卫林	武汉纺织大学	20	纺织测试仪器的研发及标准的建立
轨道交通检测	王平	西南交通大学	23	重载铁路钢轨波形磨耗
	王泽勇	西南交通大学	18	电气化铁路安全光电检测技术
	何越磊	上海工程技术大学	19	轨道基础设施状态检测
	何旭辉	中南大学	12	桥梁智能监测与评估
	冯青松	华东交通大学	17	轨道交通振动与噪声

续表

技术分类	发明人	所属单位	专利申请量/项	擅长领域
计量校准检测	魏纯	广州计量检测技术研究院	4	计量校准检测
	陈兵	河南省计量科学研究院	9	计量校准检测
	王池	中国计量科学研究院	4	计量校准检测
	刘悦	上海市计量测试技术研究院	4	计量校准检测
建筑工程检测	孙振平	同济大学	7	混凝土检测
	罗尧治	浙江大学	8	结构健康监测技术
	陈增顺	重庆大学	6	结构/桥梁健康监测
芯片检测	张新宇	华中科技大学	42	智能化光学/光电芯片、光学射频复合成像探测
	倪中华	东南大学	9	先进制造技术领域与微创医疗器械数字化设计制造、生物力学性能分析和微流控芯片
油品检测	杜坚	西南石油大学	1	油气测试计量及标准化技术
	杨琨	武汉理工大学	3	动力机械在线监测与诊断

表7-13 国内企业高层次人才引进或合作列表

技术分类	发明人	所属单位	专利发明量/项
车辆检测	汪祖国	襄阳达安汽车检测中心	18
	关明义	北京博科测试系统股份有限公司	15
	杜泽宁	广州广电计量检测股份有限公司	11
	李京忠	洛阳西苑车辆与动力检验所有限公司	16
生态环境检测	陈志远	葛洲坝集团试验检测有限公司	11
	王疆	温州际高检测仪器有限公司	35
	崔晓晓	苏州国环环境检测有限公司	7
	关杰	大连大公环境检测有限公司	30
	赵列军	江苏恩测检测技术有限公司	10

续表

技术分类	发明人	所属单位	专利发明量/项
医疗检测	王淑一	艾迪康医学检验	142
	朱庆义	金域医学检验	9
	任绪义	迪安医学检验	21
	刘沛	北京鑫诺美迪基因检测技术有限公司	9
	张鹏	南京实践医学检验有限公司	8
食品检测	王媛媛	安徽中青检验检测有限公司	21
	蔡春明	苏州市苏测检测技术有限公司	27
	廖杰	浙江华才检测技术有限公司	14
	张志刚	厦门泓益检测有限公司	15
	岳鹏	中证检测科技（天津）有限公司	8
芯片检测	钱向东	广东利扬芯片测试股份有限公司	4
	周家春	安拓锐高新测试技术（苏州）有限公司	18
	刘增红	镇江矽佳测试技术有限公司	7
	张术利	上海利扬创芯片测试有限公司	6
	黄辉	深圳市芯片测试技术有限公司	8
纺织检测	王疆	温州际高检测仪器有限公司	44
	王汇锋	必维申优质量技术服务江苏有限公司	6
	林风喜	中纺协检验（泉州）技术服务有限公司	5
建筑工程检测	谢坤明	福建省永正工程质量检测有限公司	5
	刘立创	广东稳固检测鉴定有限公司	30
	刘正权	中国建材检验认证集团股份有限公司	5
轨道交通检测	宋峒桥	苏州高新城市轨道交通检验认证有限公司	8
	刘亚仑	四川曜诚无损检测技术有限公司	16
	刘长青	四川兴天源材料检测技术有限公司	9
计量校准检测	李文兴	广州广电计量检测股份有限公司	6
	龚敏	深圳天溯计量检测股份有限公司	4
	杨思凡	量质源检测有限公司	6
油品检测	冯伟	广研检测（广州）有限公司	6
	陈军	上海润凯油液监测有限公司	3
	张兴武	唐山爱特爱油液检测有限公司	2
船舶检测	周世良	宁波正信检测科技有限公司	2
	姚逸	上海优立检测技术股份有限公司	2

7.4 技术创新及引进路径

7.4.1 技术研发方向选择

通过对天津市及东丽区产业发展方向、整体态势、主要国家或地区申请热点、龙头企业研发热点、协同创新热点、新进入者热点及专利运用热点的分析（见表7-14），可以看出东丽区在车辆检测方向具有明显的产业优势、较好的技术基础、优越的资源条件和健全的支撑体系，但同时在其他检测行业领域存在着发展不均衡、产业聚集度不够、高端技术人才不足的问题。针对以上问题同时结合区域产业发展现状，建议天津市东丽区检验检测行业优先发展技术研发热点方向，即车辆检测中的整车检测和新能源汽车检测、医疗检测中的基因检测、食品检测中的食品本身的检测和细菌及其代谢物的检测、生态环境检测中的水质检测和土壤检测领域的检测方法和检测设备。东丽区对这些重点发展方向可以采用横向打造产业集群、优势细分产业打造上下游产业链的技术发展路径。

表7-14 东丽区技术研发方向

技术分类			天津市产业发展方向	东丽区产业发展方向	整体申请趋势	主要国家或地区申请热点	龙头企业研发热点	协同创新热点	新进入者热点	专利运用热点				东丽区未来重点发展的技术方向
一级技术分支	二级技术分支	三级技术分支								诉讼	许可	转让	质押	
检测方法	车辆检测	整车检测	■	■		■	■			■		■		■
		碰撞检测				■								
		车身检测												
		底盘检测												
		汽车材料检测						■						
		发动机检测												
		新能源汽车检测	■	■	■	■	■		■					■
		排放检测												

续表

一级技术分支	二级技术分支	三级技术分支	天津市产业发展方向	东丽区产业发展方向	整体申请趋势	主要国家或地区申请热点	龙头企业研发热点	协同创新热点	新进入者热点	诉讼	许可	转让	质押	东丽区未来重点发展的技术方向
检测方法	医疗检测	体液检测						■						
		微生物检测												
		免疫检测				■				■		■		
		基因检测	■		■	■		■		■		■		■
	食品检测	食品本身的检测	■	■	■	■		■		■		■		■
		食品包装的检测						■						
		转基因制品的检测					■							
		细菌及其代谢物的检测	■		■	■		■						
	生态环境检测	水质检测	■	■	■	■		■						■
		土壤检测	■		■	■		■						
		大气检测					■							
		噪声检测					■	■						
	芯片检测			■	■	■								
	纺织检测													
	建筑工程检测				■	■								
	轨道交通检测													
	计量校准检测													

续表

技术分类			天津市产业发展方向	东丽区产业发展方向	整体申请趋势	主要国家或地区申请热点	龙头企业研发热点	协同创新热点	新进入者热点	专利运用热点				东丽区未来重点发展的技术方向
一级技术分支	二级技术分支	三级技术分支								诉讼	许可	转让	质押	
检测方法	油品检测													
	船舶检测													
检测设备	车辆检测	整车检测	■	■	■	■	■			■	■	■	■	■
		碰撞检测				■								
		车身检测												
		底盘检测												
		汽车材料检测					■							
		发动机检测												
		新能源汽车检测	■	■	■	■	■							■
		排放检测	■		■	■	■							
	医疗检测	体液检测					■							
		微生物检测												
		免疫检测					■	■					■	
		基因检测	■		■	■			■		■	■		■
	食品检测	食品本身的检测	■	■	■	■								
		食品包装的检测						■						
		转基因制品的检测						■						
		细菌及其代谢物的检测	■		■	■			■			■		■
	生态环境检测	水质检测	■	■	■	■								
		土壤检测	■	■	■	■								■
		大气检测	■			■								
		噪声检测						■	■					
	芯片检测				■	■								

续表

一级技术分支	二级技术分支	三级技术分支	天津市产业发展方向	东丽区产业发展方向	整体申请趋势	主要国家或地区申请热点	龙头企业研发热点	协同创新热点	新进入者热点	诉讼	许可	转让	质押	东丽区未来重点发展的技术方向
检测设备	纺织检测													
	建筑工程检测				■	■								
	轨道交通检测		■											
	计量校准检测													
	油品检测													
	船舶检测													

横向打造产业集群：对东丽区车辆检测、生态环境领域、医疗检测和食品检测等领域进行横向汇聚，注重共性技术的融合和共享，形成大型企业和中小型企业共存发展的产业格局，在合作研发、合作申请、构建专利协同体方面建立长效机制，以技术创新同盟带动产业聚集，提升东丽区检验检测产业优势。

优势细分产业打造上下游产业链：东丽区的检验检测产业可尝试发展上下游产业聚集的完整产业链。例如，在医疗检测领域，东丽区可依托医疗器械产业园，引进医疗器械检测企业或服务机构，为医疗器械企业在产品技术检测过程中提供便利，打造集技术研发、生产加工、检验检测、销售为一体的综合性专业产业园区，提供产业链、市场链、服务链一站式创新服务。除了检验检测服务外，东丽区还要大力发展检验检测设备制造，尤其是在整车检测、新能源汽车检测、基因检测、食品本身的检测、细菌及其代谢物的检测、水质检测和土壤检测领域的检验检测仪器设备，完善天津市及东丽区的检验检测产业链。

7.4.2 技术创新发展路径

1. 自主研发

在车辆检测领域，中汽研是少有的能和国际检验检测巨头机构竞争的中国企业。鼓励中汽研加大自主创新力度，以高端发展为目标，培育其成长为全产业链型国际巨头。

（1）通过政策、资助、税收和奖励等综合手段，推动车辆检测企业加大对产品研发、技术创新的力度。每年组织开展多项科技和知识产权等类别的项目的申报工作，推动企业研发创新项目的设立，对于企业高质量、多数量的研发创新项目在达到一定指标以后给予奖励。

（2）鼓励中汽研充分利用专利信息等手段进行自主研发，开展技术研发、产品立项、产品上市等各个生产环节的专利态势预警评估，合理规划企业发展方向，避免技术产品侵权风险。可以委托专业的知识产权机构开展企业自有专利评估、主导产品专利态势分析等活动，把握检验检测产业细分领域技术发展最新现状，调整企业技术产品的发展方向。企业也可以根据企业发展需求，自行开展企业专利导航活动，避免重复研发工作，节省研发时间，提高研发效率。

（3）从东丽区的发明人状况来看，在新能源汽车检测和车辆检测设备领域，并没有研发实力特别突出的发明人，建议组建以高端技术人才为核心的技术研发团队，整合区域内产业技术研发资源，提高技术创新的效率。通过对这些技术领域发明人的分析与比较，建议这些技术领域可引进的相关人才见表7-15。

表7-15 车辆整车检测、新能源汽车检测的创新人才

发明人	所属单位	专利量/项	技术领域
高史贵、张君鸿	北京智行鸿远汽车技术有限公司	31	新能源车从控板硬件在环测试系统
李克强	清华大学	30	整车检测
欧阳明高	清华大学	27	燃料电池检测
侯中军	新源动力股份有限公司	27	燃料电池检测
郝义国	武汉格罗夫氢能汽车有限公司	27	燃料电池检测

续表

发明人	所属单位	专利量/项	技术领域
马天才	同济大学	24	燃料电池检测
王江峰、朱庆、路国卫	杭州威衡科技有限公司	22	电动汽车测试
周仲荣	西南交通大学	20	整车检测
唐德平	合肥科威尔电源系统股份有限公司	19	燃料电池检测
杨殿阁	清华大学	18	整车检测
程社林、曹诚军	四川诚邦浩然测控技术有限公司	17	混合动力检测
余卓平	同济大学	17	新能源汽车检测
李占江	南京越博电驱动系统有限公司	16	纯电动汽车检测
李建秋	清华大学	16	整车检测、新能源汽车检测
孙公权	中科军联（张家港）新能源科技有限公司	15	燃料电池检测
熊宗保	宁波拜特测控技术有限公司	14	燃料电池检测
陆群	北京长城华冠汽车科技股份有限公司	14	电动汽车动力系统测试
马万经	同济大学	5	网联汽车测试

2. 委托研发或联合研发

在生态环境检测领域，东丽区企业虽然有一定专利申请，但缺乏核心技术，而以天津大学和天津城建大学为代表的科研主体在该领域具有一定的技术优势，特别是在水质检测和土壤检测这两个技术领域分别形成了以邹强和李顺群带头的领军人才团队；在食品检测领域，东丽区企业的实力也较弱，而天津大学、天津出入境检测检疫局和天津市农业科学院为代表的科研主体具有较强的技术实力，特别是在食品本身的检测和细菌及其代谢物的检测技术领域，形成了郑文杰带头的领军人才团队。因此，在水质检测、土壤检测、食品本身的检测和细菌及其代谢物的检测的技术领域，鼓励东丽区检验检测企业通过委托研发或联合研发的方式，通过产学研合作开展这些技术方向的研发。企业可根据自身需求,由企业提供资金,委托具有较强互补优势的大学、科研院所或其他企业实验室进行技术研发,从而能够以较低的成本获得和使用先进技术(见图7-1)。另外,企业也可以特定科研课题为载体,企业和大学、科研院所各派出人员组成临时性研发团队,由企业提供资金开展合作研发;或者企业和大学、科研院所联合申请国家科技项目开展合作研发(见图7-2)。企业还可以与科研机构、大学分别投入一定比例的资金、人力或设备共同建立联合研发机构、联合实验室和工程技术中心等科研基地(见图7-3)。共建科研基地形式促使各方优势资源有机结合,共同开发研究新产品、新技术,提高各方的核心技术和竞争实力,是一种长期型的战略平台。

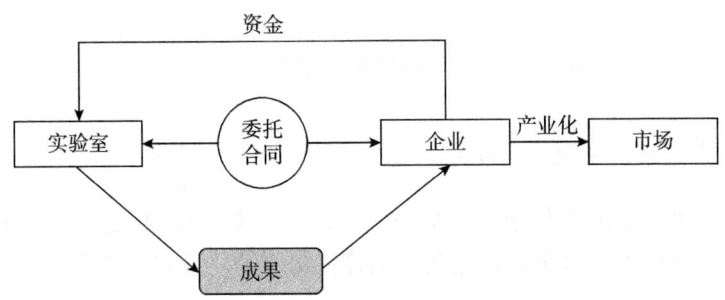

图7-1 企业委托研发运行形式

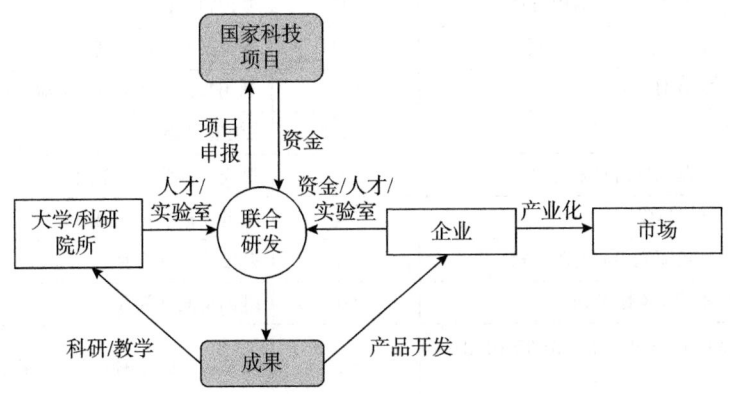

图7-2 企业和科研单位联合研发运行形式

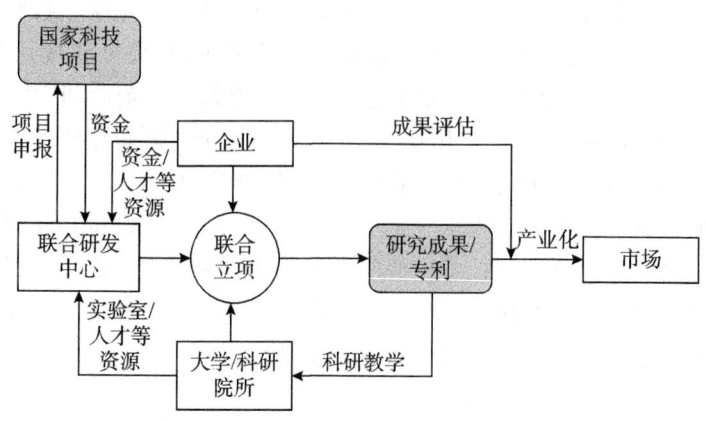

图 7-3 企业和科研单位共建科研基地形式

3. 技术引进——引进国际先进技术,快速提升自身实力

医疗检测的基因检测分支,东丽区无优势企业,建议加强招商引资工作,引入各细分领域的优势企业,尤其是国外优势企业。建议重点引进的国内外优势企业见表 7-16。

表 7-16 医疗检测-基因检测优势企业

企业名称	申请数量/项	专利技术方向
杭州艾迪康医学检验中心有限公司	137	基因检测试剂盒
芮屈生物技术(上海)有限公司	132	原位杂交检测试剂盒
GENOMIC HEALTH INC	117	利用基因表达的方法来确定前列腺癌
ARKRAY INC	80	EGFR 基因
中山大学达安基因股份有限公司	75	肝炎基因检测试剂盒
GENOMICTREE INC	74	甲基化标志物基因的诊断
北京诺赛基因组研究中心有限公司	70	基因检测试剂盒
益善生物技术股份有限公司	60	基因检测试剂盒
THE REGENTS OF THE UNIVERSITY OF CALIFORNIA	60	多基因中的预测分析用于肺癌症
SOURCE PRECISION MEDICINE INC	58	基因表达图谱用于鉴定结肠直肠癌
GENENTECH INC	52	基因检测测定 ErbB 拮抗剂的癌症
亚能生物技术(深圳)有限公司	50	基因检测试剂盒
武汉海吉力生物科技有限公司	50	探针、引物及试剂盒
上海赛安生物医药科技有限公司	50	基因突变检测试剂盒

续表

企业名称	申请数量/项	专利技术方向
KOREA HYDRO NUCLEAR POWER CO LTD	48	基因检测试剂盒
AVELLINO LAB USA INC	45	眼病相关的基因检测
解码（上海）生物医药科技有限公司	40	基因突变的检测探针、检测试剂盒

7.5 专利布局及专利运营路径

7.5.1 专利布局路径

相对于北京、上海、深圳等城市，天津在检验检测产业各细分领域的专利申请量明显落后，核心专利较少，专利质量有待提高，东丽区也存在相应问题。

1. 提升专利质量

转变专利布局是以量为先的观念，稳抓专利质量，实现专利申请量到质的转变。专利申请文件撰写时应充分考虑技术、产品对市场的垄断，尽可能维护企业利益扩大保护范围，对可能的技术方案、技术路线进行仔细研究和分析，在申请文件提交前进行新颖性检索分析，学习借鉴相关先进技术，突显自身的技术优势，确保专利能够获得授权，促进行业和企业专利质量的提高。着力培育企业的高价值专利，通过优质专利培育掌握一批核心技术专利。

2. 加强专利布局

东丽区检验检测企业要在深入了解、把握各细分领域的发展现状和趋势前景的基础上，分析企业发展的外部机会与威胁，根据自身的发展状况，剖析企业发展的优势与劣势，准确合理地定位所处产业链地位，以"数量布局，质量取胜"为理念，做好专利布局规划，明确未来的发展路径。车辆检测、医疗检测、食品检测和生态环境检测等领域有基础的细分领域，企业可在保持自身技术优势的基础上，积极进行新技术开发。根据国外国内行业技术的发展，及时调整企业技术研究和产品开发的方向，同时扩大企业在关键技术领域的专利储备规模，增强企业参与市场竞争的技术和知识产权优势。

对于车辆检测、医疗检测、芯片检测、轨道交通检测等技术含量高的检验检测领域，采取专利类型多样化，"核心专利＋外围专利"形成专利网的方式进行专利组合，构建相关核心技术领域的专利池；对于各个细分领域检测技术的设备和方法进行专利组合，同时兼顾其后续研发的基础性工作和规避风险的法律性工作进行组合。

另外，东丽区检验检测行业申请人在海外市场进行专利申请数量较少，因此，需推动全区检验检测创新主体加大海外专利布局，推动东丽区检验检测产业形成具备国际竞争优势的知识产权领军企业，尤其是涉及出口的重点企业，一方面在客户所在国进行专利申请，降低知识产权风险，确保产品顺利出口，另一方面要在竞争对手所在国进行专利布局，确保市场的占有。总之，现有产品出口的国家要申请布局专利，保障产品出口，降低知识产权风险；未来企业需要扩张的国家也要布局专利，有效地推进产品出口。

7.5.2 专利运营路径

根据东丽区检验检测产业专利运营实力分析的结果，可知东丽区专利运营整体活跃度不高，主要存在以下问题：

（1）从专利运营数量上看，车辆检测、医疗检测、食品检测和生态环境检测是专利运营活跃度较高的领域，而芯片检测、纺织检测、建筑工程检测、轨道交通检测、计量校准检测、油品检测、船舶检测的专利运营活跃度较低。

（2）从运营方式上看，主要以转让为主，其他方式包括许可、质押、诉讼、无效的运营数量均为个位数。

（3）从运营主体上看，高校、个人及知识产业运营机构参与度低，所有运营主体的运营方式均以转让为主，运营积极性不高。

（4）从运营实力及潜力上看，与其他对标城市相比，排名较靠后。在专利质量上略差，专利的转化应用工作开展落后，专利运营基础较弱，运营潜力低于对标城市。

考虑到以上问题，建议天津市可以考虑通过推动产学研合作强化专利运营，促进科技成果转化，以解决专利运营困难的问题；通过建立知识产权服务平台，开展知识产权运营服务，为专利权人提供运营助力，以解决运营积极性不高的问题，推动检验检测产业创新发展。

以下是专利运营路径详细建议：

（1）建立检验检测行业联盟，构建检验检测专利池。

目前东丽区检验检测企业以中小企业为主，普遍存在专利申请数量少、缺乏高价值专利的问题，可以借助东丽区经开区国家检验检测认证公共服务平台的产业集群优势,形成产业技术创新联盟。通过企业间的互相合作,实现资源尤其是技术资源的共享,从而提升产业技术创新和推动产业转型升级。构建检验检测专利池,对东丽区的中汽研及其相关企业的核心专利进行筛选研究,形成构建知识产权联盟所需的专利池。进一步联合天津市在检验检测行业拥有较多核心专利的天津港湾工程质量检测中心、天津台信检测技术有限公司、天津业洪检测技术发展有限公司、天津欣维检测技术有限公司加入知识产权联盟。

(2) 推动产学研合作,强化专利运营。

高校、科研院所、专家与企业对接和合作可形成较明显的优势互补,帮助企业解决技术难题、促进科技成果转化。促进企业和高校科研机构对接方面可以采取以下措施:一是建立产学研合作信息平台,及时提供企业技术研发需求和高校科研机构信息,促进产业内企业与科研机构的信息对接;二是对知识产权运营服务公司开展的专利运营项目,政府给予一定项目资金支持,将高校科研机构、知识产权运营机构及企业形成有效联动,盘活全市创新主体的专利价值,推动专利有效实际运用于产业;三是引导国内重点高校和科研机构进入产业集聚区,与产业集聚区共建工程研发中心、专业化实验室等,为产业集聚区提供技术支撑,整合产业集聚区研发资源,例如,可考虑引导东丽区内的企业与区内的高校中国民航大学在车辆检测、轨道交通检测、舱内空气质量检测等领域创建产、学、研相结合的技术创新体系,共享研究资源,促进科研成果相互转化、共享共赢。

(3) 深挖企业专利价值,支持企业专利质押融资。

完善知识产权评估、流转体系,建设知识产权评估数据服务系统,设立知识产权质权处置周转金和知识产权投资基金,积极探索实现知识产权债券化、证券化;设立知识产权质押融资风险补偿基金,引导银行业金融机构实施知识产权质押专营政策。

7.6 政策建议

1. 建议加强检验检测质量基础设施体系建设

建议东丽区加强标准计量、认证认可、检验检测、试验验证等质量基础设施体系建设。建议未来三年内,重点开展汽车、医疗、生态环境、食品、芯片和船舶6个领域的检验检测平台建设,打造一批国家级和省级质量标准实验室、认证检测中心和产业计量测试中心，完善食品药品安全检验检测体系，积极推进高端医疗器械检测实验室，发展新一代检验检测和高端计量仪器设备，形成国有和民营检测机构为主，高校、外资机构为辅的市场化多元体系。

建议推动京津冀地区质量基础共性技术能力和检验检测认证数据结果互认，开展检验检测产业重点领域的紧密合作。建议东丽区搭建与国外检验检测认证机构的沟通平台，推动检验检测结果采信与认证机构国际互认，提高市场主体的贸易便利化水平，帮助企业应对国外技术壁垒，提供认证认可政策，技术、信息的重点支持，为中国企业提供包括进出口相关的检验检测、认证认可、标准计量等方面服务，帮助企业更好地"走出去"，拓展国际市场。

2. 加大推动检验检测产业发展专项扶持政策

东丽区检验检测行业以中小微企业为主，要充分利用天津市现有的小微企业的扶持政策，如《关于进一步支持中小微企业和个体工商户健康发展的若干措施》《天津市支持中小企业高质量发展的若干政策》等，同时建议出台《促进检验检测服务业发展若干意见》等政策，从产业促进优惠（所得税、增值税、营业税、扶持和奖励、知识产权等）、人才吸引优惠（购房补贴、优惠租房、薪酬补贴、博士后补贴、专项补助、落户、入学、出入境便利、人民币汇兑、后勤服务等）、租金优惠、科技经费、投融资等方面给予专项扶持优惠政策，扶持东丽区检验检测服务业高速高质发展。

3. 加大招商引资力度

加强对长三角、珠三角地区经济、产业、劳动力、政策等方面的研究，制定并实施承接转移政策。加强对国内外知名检测设备制造商的研究与对接，吸引其在东丽区检验检测聚集区建立制造、研发基地。重点引进和培育一批带动作用强、产业关联度大、产品附加值高、市场前景好的第三方检验检测龙头企业。

4. 推动检验检测机构监督管理平台建设

建议东丽区推动检验检测机构监督管理平台建设，规范检测认证市场秩序，形成检验检测认证公平竞争和高度自律环境，提升检验检测机构服务质量，真正形成具有全国影响力的检验检测认证服务品牌。

建议推动天津市检验机构管理的立法研究，加强对检测认证机构的监管。通过立法可进一步明确检验机构的设立程序和检验行为规范，检验机构不得超范围出具报告，检验机构未经审批不得擅自增扩检验场所，如果经质量监督部门能力验证不合格，相关检验资质将被暂停。

建议东丽区在"十四五"期间初步形成符合市场经济导向的、适应天津经济社会发展的检验检测认证产业的制度体系、诚信体系和监管体系，基本形成检验检测认证市场公平竞争环境，并形成产业结构完整、布局合理、市场化和国际化程度较高的检验检测认证产业体系。

附录　申请人名称缩略表

缩略名称	申请人或专利权人全称
瑞士通用公证行	瑞士通用公证行股份有限公司
必维	法国必维国际检验集团
中汽研	中国汽车技术研究中心有限公司
天祥	天祥集团
莱茵	莱茵集团
华测	华测检测认证集团股份有限公司
谱尼测试	谱尼测试集团有限公司
岛津	日本岛津制作所
梅里埃	生物梅里埃公司
爱德万测试	爱德万测试股份有限公司
日月光	日月光半导体制造股份有限公司
斯坦德优	斯坦德优检测技术有限公司
丰田	丰田自动车株式会社
西门子	西门子公司
三菱	三菱电机株式会社
日立	株式会社日立制作所
松下	松下电器产业株式会社
东芝	株式会社东芝
博世	罗伯特·博世有限公司
富士通	富士通株式会社
三星	三星电子株式会社
大众	大众汽车有限公司
本田	本田技研工业株式会社

续表

缩略名称	申请人或专利权人全称
奥迪	奥迪股份公司
现代	现代自动车株式会社
大宇	大宇电子株式会社
宝马	宝马股份有限公司
奇瑞汽车	奇瑞汽车股份有限公司
福特汽车	福特汽车公司
北京汽车	北京汽车股份有限公司
戴姆勒	戴姆勒集团有限公司
标致雪铁龙	标致雪铁龙集团有限公司
苏州艾杰生物科技	苏州艾杰生物科技有限公司
雅培	雅培制药有限公司
罗氏制药	上海罗氏制药有限公司
宝灵曼	BOUCHARA S. A.
基因泰克	基因泰克公司
中山大学达安基因股份	中山大学达安基因股份有限公司
千禧制药	千禧制药有限公司
孟山都	孟山都技术有限公司
蒙牛	内蒙古蒙牛乳业（集团）股份有限公司
无锡艾科瑞思	无锡艾科瑞思产品设计与研究有限公司
百奥森（江苏）食品安全科技	百奥森（江苏）食品安全科技有限公司
广东利扬芯片测试	广东利扬芯片测试股份有限公司
英飞凌	英飞凌科技股份有限公司
夏普	夏普株式会社
索尼	索尼公司
海力士半导体	爱思开海力士有限公司
IBM	国际商业机器公司
日本电气	日本电气株式会社
吉利汽车	浙江吉利控股集团有限公司
一汽	一汽奔腾轿车有限公司
宝钢	宝山钢铁股份有限公司

续表

缩略名称	申请人或专利权人全称
中国石油化工	中国石油化工股份有限公司
上汽	上海通用汽车有限公司
长安汽车	重庆长安汽车股份有限公司
江淮汽车	安徽江淮汽车集团股份有限公司
比亚迪	比亚迪股份有限公司
ABB	ABB 瑞士股份有限公司
日产	日产自动车株式会社
乌斯特	乌斯特技术股份公司
钟纺	日本钟纺合纤株式会社
东阳纺	台湾东洋纺股份有限公司
特吕茨勒	TRÜTZSCHLER NONWOVENS GMBH
尼康	尼康株式会社
埃克森	埃克森公司
斯伦贝谢	SCHLUMBERGER TECHNOLO
壳牌	荷兰皇家壳牌石油公司
哈里伯顿	哈里伯顿公司
中国石油天然气	中国石油天然气集团有限公司